ESCRITOS DE OUTUBRO

Aleksandr Blok ⁊ Aleksandr Bogdánov ⁊ Aleksandr Vorônski
Aleksandra Kollontai ⁊ Anatóli Lunatchárski ⁊ Andrei Biély
David Vygódski ⁊ Evguiéni Zamiátin ⁊ Isaac Bábel
Iúri Tyniánov ⁊ Ivan Búnin ⁊ Liev Lunts ⁊ Liev Trótski
Liev Vygótski ⁊ Maksim Górki ⁊ Marina Tsvetáieva
Nikolai Berdiáev ⁊ Nikolai Bukhárin ⁊ Óssip Mandelstam
Piotr Suvtchínski ⁊ Platón Kérjentsev ⁊ Sofia Parnók (Andrei
Poliánin) ⁊ Téffi ⁊ V. V. Rózanov ⁊ Velimir Khlébnikov
Vladímir Ilítch Lênin ⁊ Vladímir Maiakóvski ⁊ Zinaída Guíppius

BRUNO BARRETTO GOMIDE [ORG.]

ESCRITOS DE OUTUBRO

os intelectuais e a Revolução Russa

(1917-1924)

© da edição, Boitempo, 2017

Direção editorial	Ivana Jinkings
Edição	Bibiana Leme
Assistência editorial	Thaisa Burani e Artur Renzo
Tradução	Bruno Gomide, Cássio de Oliveira, Cecília Rosas, Gabriela Soares da Silva, Mário Ramos, Paula Vaz de Almeida, Priscila Marques e Rafael Frate (conforme identificação em cada texto)
Revisão	Thais Rimkus
Índice onomástico	Luca Jinkings
Coordenação de produção	Livia Campos
Capa	Ivana Jinkings (sobre estudo de Liubov Popova para o figurino do ator n. 7 da peça *Le cocu magnifique*, de Fernand Crommelynck, encenada por Vsiévolod Meyerhold no Teatro do Estado, em Moscou, 1921)
Diagramação	Crayon Editorial

Equipe de apoio: Allan Jones / Ana Yumi Kajiki / Camilla Rillo / Eduardo Marques / Elaine Ramos / Frederico Indiani / Heleni Andrade / Isabella Barboza / Isabella Marcatti / Ivam Oliveira / Kim Doria / Marlene Baptista / Maurício Barbosa / Renato Soares / Thaís Barros / Tulio Candiotto

CIP-BRASIL. CATALOGAÇÃO NA PUBLICAÇÃO
SINDICATO NACIONAL DOS EDITORES DE LIVROS, RJ

E73

Escritos de outubro : os intelectuais e a revolução russa, 1917-1924 / organização Bruno Gomide ; [tradução Cecília Rosa et al.]. - 1. ed. - São Paulo : Boitempo, 2017.
il.

Tradução de: Tradução de artigos diversos
Inclui índice
ISBN 978-85-7559-571-8

1. Ensaio brasileiro. I. Gomide, Bruno. II. Rosa, Cecília.

17-43184 CDD: 869.94
CDU: 821.134.3(81)-4

É vedada a reprodução de qualquer
parte deste livro sem a expressa autorização da editora.

1ª edição: setembro de 2017

BOITEMPO EDITORIAL
Jinkings Editores Associados Ltda.
Rua Pereira Leite, 373
05442-000 São Paulo SP
Tel./fax: (11) 3875-7250 / 3875-7285
editor@boitempoeditorial.com.br | www.boitempoeditorial.com.br
www.blogdaboitempo.com.br | www.facebook.com/boitempo
www.twitter.com/editoraboitempo | www.youtube.com/tvboitempo

SUMÁRIO

Apresentação 9
Bruno Barretto Gomide

Aleksandr Blok 15
A *intelligentsia* e a revolução. 18

Piotr Suvtchínski 29
Prefácio a "Os doze", de Aleksandr Blok 32

Liev Trótski 41
Aleksandr Blok. 44

Andrei Biély 51
Revolução e cultura (trecho) 54

Ivan Búnin. 63
Dias malditos (trechos) 66

Velimir Khlébnikov. 81
União indo-russa 84

Isaac Bábel 87
Os mortos. 90
O palácio da maternidade. 93
Mosaico. 96

David Vygódski 99
A revolução e a cultura 102

Liev Vygótski 107
Outubro na poesia. 110

V. V. RÓZANOV 115
O apocalipse do nosso tempo (trechos) 118

ALEKSANDR BOGDÁNOV 125
Carta de Bogdánov a Lunatchárski 128

MARINA TSVETÁIEVA 133
Do diário (trechos) 136

VLADÍMIR ILÍTCH LÊNIN 147
Projeto de resolução sobre a liberdade de imprensa
(novembro de 1917) 150
Um livrinho de talento 152
Sobre a purificação da língua russa (Reflexões feitas nas
horas vagas, ou seja, ao ouvir discursos em assembleias) 154

NIKOLAI BUKHÁRIN 155
Intervenção na reunião sobre a política do partido para a literatura . . 158

ZINAÍDA GUÍPPIUS 163
Os cadernos negros (1917-1919) (trechos) 166

PLATÓN KÉRJENTSEV 179
A arte nas ruas 182

TÉFFI 191
Memórias (trecho) 194

EVGUIÉNI ZAMIÁTIN 207
Sobre a literatura, a revolução, a entropia e outros assuntos 210

LIEV LUNTS 219
Sobre a ideologia e a publicística 222

IÚRI TYNIÁNOV 227
Revista, crítico, leitor e escritor 230

ALEKSANDRA KOLLONTAI 235
Os popes ainda trabalham 238

VLADÍMIR MAIAKÓVSKI............................... 243
Recolham a história................................. 246

ÓSSIP MANDELSTAM.................................. 249
O humanismo e o presente........................... 252

NIKOLAI BERDIÁEV.................................. 255
Sobre a liberdade e a dignidade de expressão........ 258

MAKSIM GÓRKI...................................... 265
De: *A Vida Nova*................................... 268

ANATÓLI LUNATCHÁRSKI............................... 271
O poder soviético e os monumentos do passado........ 274

ALEKSANDR VORÔNSKI................................ 281
F. Dan, *Dois anos de vida errante* (1919-1921)..... 284

ANDREI POLIÁNIN................................... 289
Dias da lírica russa................................ 292

Índice onomástico................................... 301
Sobre o organizador................................. 309
Sobre os autores dos textos de capa................. 309

Nota da edição
As notas de rodapé com asteriscos acompanhadas de (N. E.) são da edição brasileira; as numeradas, dos próprios autores; (N. E. R.) refere-se à edição russa original.

É importante lembrar que, à época da Revolução de Outubro, a Rússia utilizava o calendário juliano, cuja diferença em relação ao calendário gregoriano era ajustada periodicamente. No caso das datas consideradas nesta obra, a diferença é de doze dias a menos ao longo do século XIX e de treze dias a menos no século XX, até 1918, quando a URSS passa a adotar o calendário gregoriano. Sempre que possível, optamos por indicar ambas as datas; nos casos em que, pela antiguidade dos documentos, não pudemos detectar de que calendário se tratava, optamos por conservar apenas a data original.

APRESENTAÇÃO[1]

O vínculo entre escrita e revolução chegava, no ano de 1917, a um ponto decisivo na Rússia. Embora realçado pelo fluxo dos acontecimentos deflagrados em fevereiro, não era, em si, uma novidade. O nexo já vinha se urdindo desde a gênese do escritor russo moderno. Era fruto das tensões existentes no projeto de cultura de corte desenhado pelas reformas petrinas no século XVIII e passara por uma série de etapas "clássicas" na história do pensamento russo – o reinado de Catarina II, a campanha de 1812, o movimento dezembrista, as cisões intelectuais de meados do século XIX, a formação e as metamorfoses do populismo, a imensa Revolução de 1905... Eram propostas que misturavam democracia e autoritarismo, insurreição e acomodação, aristocracia intelectual e conduta modelada segundo padrões hagiográficos de martírio.

A fusão de texto e transformação social, a noção de que a escrita implica interferência direta no mundo, era um componente obrigatório da paisagem mental de qualquer membro da *intelligentsia*, uma categoria tão quintessencialmente russa quanto adaptável em latitudes que contivessem intelectuais transfixados por dilemas identitários graves. Na Rússia, desde os primórdios da cultura letrada, pressupunha-se que a palavra escrita e a transmissão de verdades superiores fossem correlatas.

Mas nem todo escritor ou pensador russo era um revolucionário de nascença, como fez crer certa vulgata, difundida não só por setores da esquerda. Escrever a revolução podia ser também escrever contra a revolução, ou acossado por ela. Ou ainda, como Dostoiévski bem demonstrou, contrastar os elementos reacionários dos textos a uma revolução na forma artística. O Estado tsarista inspirava uma mescla complexa de sedução e repulsa entre os pensadores e os escritores

---

[1] O organizador agradece a Ekaterina Vólkova, Serguei Serebriany e a Maria Nadiárnykh pelas sugestões.

russos, mas havia um consenso quase total sobre o anacronismo daquela entidade. Se o "atraso" era coisa boa ou ruim, cabia a eslavófilos, ocidentalistas e seus inúmeros graus intermédios decidirem.

Entre fevereiro e outubro de 1917, porém, houve um curto-circuito nas maneiras pelas quais os intelectuais conduziam sua missão política, cultural e social: o Estado, ao menos oficialmente, propunha avançar as causas célebres pelas quais a *intelligentsia* se constituíra. Papéis foram redefinidos, novas sínteses se formaram.

Esta antologia espera contribuir para a compreensão dos debates intelectuais travados no primeiro tempo de 1917. Apesar da indiscutível importância dos processos revolucionários daquele ano, que impulsionaram a russofilia brasileira ao longo de boa parte do século XX, ainda há por aqui pouca presença textual, em tradução, de alguns textos e autores relevantes.

A russística brasileira tem, sem dúvida, um repertório bastante considerável de tradução e comentário em torno de 1917 e das duas décadas posteriores, as das culturas da Nova Política Econômica (NEP) e do stalinismo. Esse repertório esteve centrado em um paradigma maiakovskiano[2], resultante, em linhas gerais, da intervenção de Boris Schnaiderman. O professor, crítico e tradutor, falecido em 2016, colocou em patamares mais sofisticados uma preferência já detectável na crítica literária brasileira desde o período do Estado Novo – e possivelmente, de forma mais tênue, mesmo antes.

Esta antologia se orienta por tal paradigma ao mesmo tempo que espera ampliá-lo e, em alguma medida, discuti-lo, ao trazer outros personagens e vertentes. Ao fazer isso, segue uma indicação do próprio Boris Schnaiderman[3] relativa à necessidade de combinar Maiakóvski a Búnin para que possamos ter um quadro ainda mais complexo.

Os textos aqui traduzidos não são, salvo em alguns poucos casos, manifestos artísticos das linhagens futurista, construtivista nem formalista, gêneros que já dispõem de uma presença razoável no Brasil, mas interpretações da cultura russa tecidas em ensaios, resenhas, diários e reportagens feitas para jornais, de autoria de intelectuais pertencentes a grupamentos muito diversos.

---

[2] O nome do poeta russo aqui é tomado, claro, como um signo de vanguarda que inclui outros artistas e escritores afins.
[3] *Os escombros e o mito: a cultura e o fim da União Soviética* (São Paulo, Companhia das Letras, 1997).

A escolha do marco cronológico final não implica a sugestão de que o fim do momento leninista tenha sepultado o que haveria porventura de mais aceso na cultura soviética, certamente mais variada do que o conceito monolítico do totalitarismo, de tão larga fortuna na sovietologia da Guerra Fria, fez supor. A opção por um recorte cronológico que vai de 1917 a 1924 tenta captar o calor da hora, a escrita em meio ao turbilhão, a um momento em que, sempre é bom repetir, apesar da obviedade, aqueles indivíduos não tinham a mínima certeza sobre a continuidade da nova Rússia soviética, então vista com temor, ceticismo, fascínio e entusiasmo em cenários tão trágicos como o da Petrogrado faminta e enregelada ou em meio à experiência traumática da Guerra Civil, para muitos historiadores o evento definidor da quadra revolucionária.

Evitou-se, portanto, recorrer à vasta memorialística gerada no transcurso do século XX sobre as atribulações pessoais e nacionais da revolução, bem como a um uso extenso da produção textual feita pela emigração, um fenômeno cultural da maior importância, objeto de revisões recentes fundamentais, mas que necessitaria de um volume à parte. Aqui, ela aparece implícita na atividade de intelectuais que depois se tornaram referências da cultura *émigré*.

Outros critérios para esta antologia foram a brevidade dos textos e o ineditismo dos autores (ou dos textos de autores já conhecidos; buscou-se, ainda, novas traduções de textos famosos) em português. A presença relativamente diminuta de escritoras se deve à existência de outra antologia da mesma editora dedicada exclusivamente a elas[4].

Aliás, seria possível e desejável trazer outras perspectivas de leitura daquelas mudanças culturais radicais, tais como as feitas pelos integrantes de grupos étnicos não russos e as dos intelectuais das províncias – a dispersão do capital intelectual russo por outros sítios que não as duas capitais tradicionais foi uma das características mais notáveis da cultura posterior a 1917. Todas essas vozes apontam para respostas diferentes e ofereceriam um panorama ainda mais rico. A concentração de textos desta antologia no eixo Petrogrado-Moscou não significa encampar a ideia de que o processo revolucionário russo foi apenas um resultado dos quartéis, das fábricas e dos intelectuais daquelas cidades centrais. Trata-se unicamente da maneira escolhida para, no

---

[4] Graziela Schneider (org.), *A revolução das mulheres: emancipação feminina na Rússia soviética* (São Paulo, Boitempo, 2017).

âmbito de uma antologia, suprir algumas falhas em nossa bibliografia e apresentar, de forma condensada e introdutória, algumas linhas de força dos debates sobre cultura, arte e sociedade. Optou-se por não enfileirar os textos em ordem cronológica, mas sim agrupá-los em blocos de afinidade intelectual ou temática. Ressalve-se a dose de arbitrariedade empregada, que certamente permitiria a remontagem a partir de outros parâmetros.

A antologia começa com Aleksandr Blok, o aedo dos "anos terríveis da Rússia", e um ensaio cujo título encapsula a tensão fundamental desenvolvida nos escritos subsequentes. Segue-se uma discussão sobre seu poema "Os doze", o texto literário mais polêmico naquela altura, o qual mantinha a tradição russa de friccionar história, mística (tanto a de origem popular quanto a oficial) e estética na gestação de grandes imagens da cultura e do destino nacionais. Piotr Suvtchínski, um dos teóricos do movimento eurasianista, e Liev Trótski reagem diretamente ao texto, mas, de certo modo, ele ecoará em praticamente todo o livro.

Andrei Biély, ao lado de Blok, é outro grande representante do simbolismo, movimento cultural que, na Rússia, para além de transcender uma mirada puramente estética, teve a peculiaridade de conviver com a revolução e tentar interpretá-la a partir de cifras herméticas. Ele abre uma sequência de textos que confrontarão interpretações do significado da revolução para a cultura. Surgem, então, as metáforas metafísicas do próprio Biély e de Rózanov, este último carregando nas tintas da catástrofe, as leituras simpatizantes feitas pelos primos Vygódski (o sobrenome original de Liev Vygótsky, o mais famoso dos dois, grafava-se originalmente com o "d"), a recusa radical manifestada por Búnin, o registro naturalista de Isaac Bábel, exuberante e contido a um só tempo, o ímpeto cósmico de Khlébnikov.

Na continuação, Bogdánov, Tsvetáieva, Lênin, Bukhárin, Guíppius, Kérjentsev e Téffi intercalam opiniões muito divergentes, como seria de se esperar, sobre os resultados práticos de Outubro no campo da arte e da cultura, e três intelectuais (Zamiátin, Lunts e Tyniánov) representativos da brilhante vida literária da Petersburgo de começos dos anos 1920, ligados ao grupo conhecido como Irmãos Serapião, discutem os caminhos em zigue-zague disponíveis para a nova literatura, bem como o sentido da heresia, da transgressão, naquele novo contexto.

Perpassa os ensaios e as intervenções de Kollontai, Maiakóvski, Mandelstam, Berdiáev, Górki e Lunatchárski a ansiedade relativa à destinação dos remanescentes da cultura pré-revolucionária e aos problemas correlatos a noções como as de patrimônio cultural, humanismo, liberdade de expressão e memória histórica.

Encerram o volume duas resenhas, de Vorônski e Parnók, que põem frente a frente Marx e Deus em leituras da revolução feitas por meio da análise inflamada de um relato de viagem e da interpretação da poesia como "justificação da palavra". O gênero poético fecha o círculo aberto por Blok no começo deste volume e reafirma a centralidade da literatura na *forma mentis* russa.

Um dos resultados mais impressionantes das discussões travadas por esses textos é sua irradiação transacional. Não se duvida de que muito do que foi dito ali determinou o futuro da cultura russa e soviética. Mas versões transfiguradas desses debates sobre a produção, a circulação e a crise das culturas produziram, instantaneamente, avatares mundo afora – e seguem cada vez mais decisivas ainda hoje.

Bruno Barretto Gomide
julho de 2017

ALEKSANDR
BLOK

Blok aos 26 anos, em retrato de 1907.

ALEKSANDR ALEKSÁNDROVITCH BLOK (1880-1921) • Poeta, tradutor e crítico literário, um dos principais representantes do simbolismo russo. Nasceu em São Petersburgo, no dia 16 (28) de novembro de 1880. Entrou na faculdade de direito da Universidade de São Petersburgo, mas, em seguida, transferiu-se para o departamento de letras eslavas e russas. Escreveu seus primeiros versos ainda na infância; aos dezesseis anos, interessou-se por teatro. Em 1903, casou-se com Liubóv Mendeléieva, a quem dedicou seu primeiro livro, *Стихи о Прекрасной Даме/ Stikhí o prekrásnoi dame* [Versos sobre a bela dama]. A lírica de Blok se aproxima da música, em especial da romança, e sua obra apresenta uma combinação do místico e do cotidiano, do excepcional e do rotineiro. Blok demonstrou apoio e entusiasmo pelas revoluções de Fevereiro e de Outubro e chegou a trabalhar para o então recém-formado governo soviético, mas recuou em 1921. No mesmo ano, o poeta pediu autorização para ir à Finlândia a fim de realizar um tratamento de saúde. O pedido foi negado. Por insistência de Lunatchárski e de Górki, a autorização finalmente saiu, em 6 de agosto; no entanto, Blok faleceu no dia seguinte.

Este texto, publicado em janeiro de 1918, logo nos primeiros tempos após a tomada de poder pelos bolcheviques, é uma das tentativas mais marcantes feitas pela *intelligentsia* de definir seu papel diante dos eventos revolucionários, já que escrito por um dos representantes máximos da cultura russa (uma peculiaridade do simbolismo russo era a coexistência da geração simbolista com as novas configurações artísticas e culturais em torno das revoluções de 1917). De modo mais específico, o texto traz as marcas do movimento "Cita", do qual Blok e Biély foram participantes: tratava-se de um grupo que propunha a união de mística e revolução e, no plano político, tinha ligações com os socialistas revolucionários (SR) de esquerda.

(Por Priscila Marques.)

A *INTELLIGENTSIA* E A REVOLUÇÃO*

"A Rússia está morrendo", "a Rússia não existe mais", "memória eterna à Rússia" é o que escuto ao redor.

Mas a Rússia continua diante de mim, aquela Rússia que vi nos sonhos terríveis e proféticos de nossos grandes escritores, a Petersburgo que Dostoiévski viu, a Rússia que Gógol chamou de troica em disparada.

A Rússia está em meio à tempestade. A democracia chega encintada por tempestades, segundo [Thomas] Carlyle.

A Rússia está destinada a viver a agonia, a humilhação, a divisão. Mas sairá dessas humilhações renovada e – de uma nova maneira – grandiosa.

Na torrente de pensamentos e pressentimentos que se apossou de mim há dez anos, havia sentimentos ambivalentes em relação à Rússia: angústia, horror, penitência e esperança.

Aqueles foram os tempos em que o poder do tsar conseguiu pela última vez o que queria. Witte e Durnovó deram um nó na revolução. Stolýpin enrolou firmemente essa corda em sua aristocrática mão nervosa. Sua mão enfraqueceu e, quando esse nobre se foi, o poder passou para os "peões", para usarmos a expressão de um figurão. Foi aí que a corda afrouxou e se desenrolou facilmente, por conta própria.

Tudo isso durou poucos anos, mas esses poucos pesaram em nossos ombros como uma noite longa, insone e repleta de fantasmas.

Raspútin é tudo, Raspútin está em todos os lugares. Os Azefs foram desmascarados e não o foram. E, por fim, os anos da carnificina europeia. Por um minuto era como se ela fosse limpar o ar. Ou assim achamos nós, gente excessivamente impressionável. Na realidade, ela pareceu digna da coroa daquelas mentiras, sujeiras e infâmias nas quais se banhava nossa pátria.

O que é a guerra?

---

* Tradução de Rafael Frate. (N. E.)

Lodaçal, lodaçal, lodaçal, fechado pela relva ou coberto pela neve. A oeste, o extenuado refletor alemão – tateante –, noite após noite. Num dia de sol, aparece o Fokker alemão. Teimosamente ele voa só e pela mesma rota. Ali bem no céu é possível tatear e adivinhar o caminho. Ao redor, dispersam-se fumaças brancas, cinzentas, avermelhadas (somos nós atirando nele, quase nunca acertando, assim como os alemães em nós). O Fokker se intimida, balança, mas tenta manter-se em seu asqueroso caminho. Vez por outra ele metodicamente lança uma bomba. Isso significa que o lugar onde ele mira foi marcado no mapa por dezenas de oficiais de Estado-maior alemães. A bomba acerta ora num cemitério, ora num rebanho de animais, ora num rebanho de pessoas. Com mais frequência, é claro, cai num lodaçal. Milhares de rublos do povo jogados no lodaçal.

As pessoas olham para tudo isso fatigadas pelo tédio, perecendo pela inércia. Já conseguiram arrastar para cá toda a infâmia dos apartamentos de antes da guerra: traições, carteado, bebedeira, brigas, intrigas.

A Europa perdeu o juízo. A flor da humanidade, a flor da *intelligentsia*, senta-se por anos a fio no lodaçal, senta-se com convicção (não seria isso um símbolo?) em um vau estreito de mil verstas* que se chama "*front*".

As pessoas são minúsculas, a terra, gigantesca. É uma estupidez que a guerra mundial seja tão perceptível. Um pequeno lote de terra, o canto de um bosque, uma clareira, para depositar centenas de cadáveres de homens e cavalos. E quantos deles se podem enfiar numa pequena fossa que será fechada pela relva e coberta pela neve! Eis aí um dos motivos manifestos de a "Grande Guerra Europeia" ser tão miserável.

É difícil dizer o que é mais nauseabundo, se o banho de sangue ou o *ócio*, o *tédio*, a *vulgaridade*. Todos se chamam "a grande guerra", "a guerra patriótica", "a guerra pela libertação das nacionalidades subjugadas" – o que mais? Não, sob esse estandarte ninguém vai se libertar.

Aos poucos, sob o jugo da sujeira e da infâmia da desolação, sob o fardo do tédio enlouquecedor e do ócio sem sentido, as pessoas acabaram se dispersando, calaram-se e recolheram-se como se houvessem se sentado sob uma redoma da qual aos poucos o ar foi se exaurindo. Foi aí que de fato a humanidade se embruteceu – os patriotas russos em especial.

---

* Medida russa antiga correspondente a pouco mais de um quilômetro. (N. E.)

19

A torrente de pressentimentos que se turbou sobre alguns de nós entre as duas revoluções também se enfraqueceu, emudeceu e sumiu em algum lugar debaixo da terra. Creio que não fui o único a experimentar a sensação de doença e tédio nos anos de 1909 a 1916. Agora, quando todo o ar europeu foi substituído pela Revolução Russa, que começou como o "idílio sem sangue" dos dias de fevereiro e cresceu ininterrupta e terrível, às vezes parece que não existiram aqueles anos recentes, já tão remotos e longínquos. E a torrente que se tornara subterrânea, que fluíra em silêncio em profundezas e trevas, está de volta a turbar-se, e em seu rumor há uma nova música.

Nós amávamos essas dissonâncias, esses urros e esses ressoares, essas transições inesperadas... em uma orquestra. Mas, se os amássemos realmente, e não apenas tilintássemos nossos nervos em uma sala de teatro chique depois do almoço, deveríamos também ouvir e amar esses sons de agora, quando eles emanam de uma orquestra mundial, e, ao ouvi-los, compreender que se tratada mesma coisa, sempre da mesma coisa.

Pois a música não é brincadeira, e aquele tratante que pressupôs que a música era um brinquedo que se comporte agora como um tratante. Que trema, rasteje e cuide do que é seu!

Nós russos estamos passando por uma época pouco comparável em grandeza. Lembremo-nos das palavras de [Fiódor Ivánovitch] Tiútchev:

> Feliz o que pisou no mundo,
> Em seus minutos mais funestos,
> Chamaram-no os bem-aventurados,
> Como conviva num banquete,
> Ele é espectador de grandes espetáculos...

Não é tarefa do artista vigiar o modo como as intenções são realizadas nem se afligir com sua eventual realização. No artista, tudo que é cotidiano, mundano e velozmente transitório encontra sua expressão depois, quando se consumir na vida. Aqueles de nós que permanecem intactos, a quem "o vórtice tumultuoso não esmaga", se tornarão detentores de incontáveis tesouros espirituais. Provavelmente, apenas um novo gênio, um Árion puchkiniano, poderá dominá-los por completo. "Largado pelas ondas na beira-mar", ele cantará "hinos de outrora" e "sua clâmide molhada" secará "no sol sob um penhasco"*.

---

* Trechos do poema "Арион" [Árion], de Púchkin. (N. E.)

A tarefa do artista, a *obrigação* do artista, é ver aquilo que é concebido, ouvir aquela música pela qual ribomba "o ar rasgado pelo vento".

Mas o que é o concebido?

Refazer tudo. Fazer com que tudo se torne novo, de modo que nossa vida mentirosa, suja, tediosa e horrível se torne uma vida justa, pura, alegre e bela.

Quando tais intenções ocultas desde tempos imemoriais na alma humana, na alma do povo, arrebentam os caminhos que as enjaulavam e lançam-se em um fluxo tempestuoso, rompendo as barragens, inundando os rebotalhos das margens, isso se chama revolução. O que é menor, mais comedido, mais rebaixado, chama-se revolta, rebelião ou golpe de Estado. Mas *isso* se chama *revolução*.

Ela é semelhante à natureza. Ai daqueles que creem encontrar na revolução apenas a realização de seus sonhos, não importa quão elevados e nobres. A revolução, tal como um vórtice tormentoso, como uma tempestade de neve, sempre traz o novo e o inesperado. Ela engana brutalmente muitos, aleija facilmente em seu redemoinho quem é digno, amiúde traz à terra firme, ileso, o indigno. Mas esses são seus pormenores, não mudam a orientação geral do fluxo nem aquele estrondo tempestuoso e ensurdecedor que a torrente libera. Esse estrondo sempre será sobre algo *grandioso*.

A extensão da Revolução Russa, desejosa de abranger o mundo inteiro (menos que isso uma autêntica revolução não pode desejar; se esse desejo se cumpre ou não, não nos cabe adivinhar), é tamanha que ela nutre a esperança de provocar um furacão mundial, que trará um vento ameno e um odor delicado de laranjal aos países encobertos pela neve e umedecerá as estepes do sul áridas de sol com uma chuva nortenha refrescante.

"Paz e fraternidade dos povos" – é o signo sob o qual passa a Revolução Russa. É isso que sua torrente urra. Essa é a música que aqueles que têm ouvido precisam escutar.

Os artistas russos tiveram "premonições e pressentimentos" suficientes para que esperassem da Rússia exatamente essas tarefas. Jamais duvidaram do fato de que a Rússia é um grande navio destinado a uma grande jornada. Assim como a alma do povo que os nutria, eles jamais se distinguiram pela prudência, pelo discernimento e pela boa ordem: "tudo o que ameaça destruição" ocultava para eles "uma estranha fruição" (Púchkin)*. A sensação de descontentamento, de incerteza sobre o dia de amanhã, era sua companheira constante. Para eles, como para o povo, em seus anseios mais profundos, era *tudo* ou *nada*. Eles sabiam que se deve pensar apenas no que é belo, ainda que "o belo seja difícil", como ensinou Platão.

Os grandes artistas russos – Púchkin, Gógol, Dostoiévski, Tolstói – mergulharam nas trevas, mas também tiveram forças para permanecer ocultos e calados nessas trevas, pois acreditavam na luz. Eles conheciam a luz. Cada um deles, como todo o povo que os carregara no útero, rangia os dentes nas trevas, no desespero e, com frequência, no ódio. Mas eles sabiam que cedo ou tarde tudo *se renovaria*, porque a *vida é bela*.

A vida é bela. De que serve viver para um povo ou uma pessoa que no íntimo se desiludiu de tudo? Que se desapontou com a vida, que vive "de caridade" ou "de compaixão"? Que pensa que viver não é "particularmente nem ruim nem muito bom", pois "tudo segue seu caminho", o caminho... da evolução, e que as pessoas geralmente são tão ordinárias e imperfeitas e que, portanto, Deus as ajude a levar sua existência resmungando por aí, se amontoando na sociedade e no governo, isolando-se umas das outras pelas paredes do direito e das necessidades, das leis e das relações convencionais...

Não vale a pena pensar assim. E para quem pensa assim não vale a pena nem viver. É fácil morrer. Pode-se morrer sem adoecer. Agora, na Rússia, isso acontece como nunca. Dá até para abrir mão do pope – ele não ofenderá pedindo suborno para as exéquias...

Viver somente vale a pena se fizermos exigências imensuráveis da vida: é tudo ou nada. Se esperarmos o inesperado, acreditarmos não "naquilo que não há no mundo", mas naquilo que deve existir, ainda que não seja agora nem por um longo tempo. A vida proverá, pois ela é *bela*.

O cansaço mortal é substituído pelo vigor vivaz. Depois de um sono profundo vêm os pensamentos frescos, lavados pelo sono. À luz de um dia claro esses sonhos podem se mostrar *estúpidos*. O dia claro mente.

---

* Versos da peça "Пир во время чумы"/ "Pir vo vrémia tchumy" [Festim em tempo de peste], de Púchkin, aqui em tradução de Boris Schnaiderman, "Tudo o que ameaça destruição/ Guarda uma estranha fruição". Disponível em: <http://jornal.usp.br/cultura/leia-a-ultima-traducao-publicada-de-boris-schnaiderman/>, acesso em: jun. 2017. (N. E.)

É preciso que se sinta de onde fluem esses pensamentos. É preciso enfim compreender que o povo russo é como Ivan, o bobo*, que acabou de sair da cama e em cujos pensamentos, que para seus irmãos mais velhos são estúpidos, embora não hostis, há uma grande força criadora.

Por que chamar de "Assembleia Constituteira"**? (A propósito, isso nem é tão ofensivo; entre os camponeses, há a popular "assembleia consumeira".) Porque nós mesmos arbitramos sobre as "agitações eleitorais" e julgamos os funcionários por "má-fé" devido a essas agitações; porque os países mais civilizados (América, França) engasgaram agora no estelionato e na corrupção eleitorais.

Porque (falarei à maneira de um bobo) eu mesmo quero "controlar" tudo, quero fazer tudo, não admito que me "representem" (há uma grande força vital nisso, a força de Tomé, o incrédulo). E também porque, em determinado momento, em um salão de colunas, soará a voz de trombeta de um alto dignitário: "O projeto de lei número tal foi rejeitado depois da 39ª leitura". Nessa voz de trombeta haverá um sono tão obtuso, tão terrível, um bocejo tão retumbante da "sociedade organizada", tamanho horror sem nome, que cada vez mais os mais sensíveis, os mais musicais de nós (russos, franceses, alemães, todos indistintamente), se lançarão ao individualismo, à "fuga da sociedade", à noite profunda e solitária. Porque, enfim, só Deus sabe como, quem e para que a atual Rússia iletrada elegeria. A Rússia à qual é impossível assimilar que a Assembleia Constituinte não é um tsar.

Por que o "abaixo os tribunais"? Porque há tomos de "códigos" e tomos de "interpretação"; porque o senhor juiz e o senhor "adevogado" deliberaram sobre o "delicto". Depois vem o "tribunolóquio" e cai na cabeça infeliz do vigarista. O vigarista, bom, ele é mesmo um vigarista. Ele já pecou e perdeu a alma. Restaram somente a maldade ou as lágrimas de arrependimento, a fuga ou a ida para as galés, qualquer coisa para sumir de vista. Para que, ainda por cima, fazer troça dele, desse desgraçado?

---

* Personagem do folclore russo geralmente apresentado como tolo em comparação a seus irmãos mais velhos. Tendo alma pura, no entanto, o menino sempre acaba bem, sobressaindo-se aos irmãos. (N. E.)

** No original, *Utchredilka*, forma pejorativa de se referir à Assembleia Constituinte, *Utchredítelnoie sobránie*. (N. E.)

Dostoiévski já descreveu o "adevogado liberal". Pisaram em Dostoiévski enquanto ele viveu, mas depois de sua morte chamaram-no de "o bardo dos humilhados e ofendidos". Tolstói também descreveu aquilo de que falo. Mas quem cercou com uma gradezinha o túmulo desse excêntrico? Quem agora grita para que não o profanem? E como saberiam se Liev Nikoláievitch não seria feliz se as pessoas cuspissem ou jogassem bitucas de cigarro em seu túmulo? Cusparadas são de Deus, já a gradezinha... nem tanto.

Por que esburacam a catedral antiga? Porque nela, por cem anos, um padre obeso, soluçando, recebeu propinas e traficou vodca.

Por que defecam nas queridas propriedades senhoriais? Porque lá estupravam e açoitavam servas. Se não na propriedade daquele senhor, na de seu vizinho.

Por que destroem parques centenários? Porque ao largo de cem anos, sob seus frondosos bordos e suas tílias, os senhores mostraram seu poder: enfiaram a bolsa no nariz do mendigo e, no do ignorante, a educação.

Só por isso.

Eu sei o que falo. Não há como contornar. Não há possibilidade de calar-se; e todos, no entanto, se calam.

Eu não duvido da nobreza pessoal nem do luto pessoal de ninguém, mas acaso nós não respondemos pelo passado? Somos os elos de uma só corrente. Ou os pecados de nossos pais não recaem em nós? Se nem todos sentem isso, então "os melhores" deveriam sentir.

Não se preocupem. Será possível que nem sequer um grão de valor verdadeiro se perca? Nós teremos amado pouco se nos acovardarmos diante do que amamos. "O amor supremo afugenta o temor."* Não temam a destruição das fortificações, dos palácios, dos quadros e dos livros. É preciso preservá-los para o povo, mas ao perdê-los o povo não perde tudo. Um palácio destruído não é um palácio. Um *kremlin* apagado da face da Terra não é um *kremlin*. Um tsar que cai do trono por conta própria não é um tsar. Temos os *kremlins* no coração e os tsares na cabeça. As formas eternas que se abriram para nós só podem ser levadas junto com a cabeça e o coração.

O que vocês pensavam? Que a revolução seria um idílio? Que a criação não destrói nada em seu caminho? Que o povo é "bonzinho"? Que centenas de meros vigaristas, provocadores, Centúrias Negras** e

---

* De 1 João 4:18. (N. E.)
** Grupo de extrema-direita existente na Rússia tsarista, também conhecido como Cem-Negros ou Centenas Negras. (N. E.)

aproveitadores não tentariam se apossar do que está dando sopa? E, finalmente, que se resolveria sem sangue e sem dor uma contenda milenar entre o sangue azul e a ralé, entre educados e ignorantes, entre a *intelligentsia* e o povo?

Talvez sejam vocês agora que precisem despertar do "sono milenar"? Não é para vocês o grito de *noli tangere círculos meos* [não toquem em meus círculos]*? Pois vocês amaram pouco, e de vocês cobra-se muito mais do que de qualquer um. Não manifestar amo tilintar de cristal, a música do amor. Vocês insultaram o artista – certo, que seja o artista –, mas através dele vocês ofenderam a alma do povo. O amor opera milagres, a música encanta as feras. Mas vocês (todos nós) viveram sem música e sem amor. É melhor se calar agora se não há música, se não se escuta a música. Pois hoje tudo, afora a música, tudo que está desprovido de música, toda a matéria seca, apenas acordaria e enfureceria a fera. No ponto em que estamos, sem música não se chega ao ser humano.

Contudo, a gente de escol diz: "Estamos desapontados com nosso povo". A nata é maliciosa, desdenhosa e rancorosa, não vê ao redor nada além de brutalidade e selvageria (enquanto uma pessoa real está logo ali ao lado). A nata diz até que "não houve revolução nenhuma". Os que não se continham de ódio contra o tsarismo estão prontos a se lançar de novo a seus braços só para esquecer o que está acontecendo agora. Os "derrotistas" de ontem se afligem, mas nada fazem com a dominação alemã. Os "internacionalistas" de ontem choram pela "Santa Rus"**. Ateus de nascença estão prontos a acender velas e a rezar pela derrota do inimigo interno e externo.

Não sei o que é mais terrível, se os incêndios criminosos e os linchamentos, de um lado, ou essa opressiva falta de musicalidade, do outro.

Dirijo-me à *intelligentsia*, não à burguesia. Esta não sonhou com nenhuma outra música além de pianos. Para ela, tudo é muito simples: "Em um futuro próximo, nosso lado vai tomar conta", haverá "ordem" e tudo será como antes. O dever civil consiste em cuidar dos bens e da própria pele. Os proletários são uns canalhas. A palavra "camarada" é um xingamento. Cuidamos do que é nosso, e aí mais

---

* Fala tradicionalmente atribuída a Arquimedes: quando os romanos conquistaram Siracusa, o sábio, entretido com seus círculos, teria dito isso para os soldados que invadiam sua casa. (N. E.)

** Nome dado à Rússia medieval. (N. E.)

um dia se passou, podemos rir daqueles idiotas que pensaram em revirar toda a Europa, damos uma risada daquelas de chacoalhar a pança e conseguimos até lucrar algum.

Com isso não dá para discutir, pois o negócio deles é indiscutível: encher a pança. Mas vejam que essa é uma gente semi-ilustrada ou totalmente sem ilustração. Ouviram somente o que a família e a escola enfiaram em sua cabeça. Repetirão o que foi enfiado.

Família: "Obedeça ao papai e à mamãe"; "Guarde dinheiro para a velhice"; "Aprenda a tocar piano, filhinha, logo você se casa"; "Não brinque com os meninos da rua, filhinho, para não envergonhar seus pais e não rasgar o casaco".

Ensino primário: "Obedeça aos preceptores e respeite o diretor"; "Delate os meninos maus"; "Tire as notas mais altas"; "Seja o melhor aluno"; "Seja prestativo e obsequioso"; "Acima de tudo, a lei de Deus".

Ensino Médio: "Púchkin é nosso orgulho nacional"; "Púchkin adorava o tsar"; "Ame o tsar e a pátria"; "Se vocês não confessarem e comungarem, chamaremos seus pais e abaixaremos suas notas de comportamento"; "Notem se algum de seus colegas lê livros proibidos"; "Empregada bonitinha, hihi".

Ensino Superior: "Vós sois o sal da terra"; "É impossível demonstrar a existência de Deus"; "A humanidade se move pelo caminho do progresso, e Púchkin cantou os pezinhos das mulheres"; "Ainda é cedo para vocês participarem da vida política"; "Mostrem o dedo ao tsar dentro do bolso"; "Notem quem faltou na assembleia".

Serviço Civil: "O inimigo interno é o estudante"; "A mocinha não é feia"; "Eu vou te mostrar como ter opinião"; "Hoje virá Sua Excelência, todos fiquem a postos"; "Sigam o Ivánov e relatem para mim".

O que cobrar de quem obedeceu e acreditou em tudo isso de boa vontade? A *intelligentsia* não deveria ter reavaliado todos esses valores? Eles não teriam ouvido outras palavras? Pois a ciência, a arte e a literatura não os iluminaram? Pois não beberam eles não apenas daquelas fontes poluídas, mas também de fontes cristalinas e vertiginosamente insondáveis, para onde é perigoso olhar e onde a água canta canções inaudíveis para os não iniciados?

O solo sob os pés do burguês é tão definido quanto o esterco o é para o porco: família, capital, posição civil, medalhas, patentes, Deus no ícone, o tsar no trono. Retire isso, e tudo fica de ponta-cabeça.

O *intelligent* sempre se vangloriou de nunca ter tido esse solo. Seus valores são imateriais. Seu tsar só pode ser retirado junto com sua própria cabeça. Habilidades, conhecimentos, métodos, práticas e talentos são propriedades passageiras e aladas. Somos sem-teto, sem-família, sem-patente, miseráveis. O que temos a perder?

É vergonhoso empertigar-se, dar risinhos, chorar, ficar indiferente ou suspirar pela Rússia agora que ela passa pelo ciclone revolucionário.

Então quebraram o galho em que estávamos sentados? É uma situação lamentável. Com toda a voluptuosidade do sarcasmo, botamos lascas e raspas por baixo dos ramos umedecidos pela neve e pela chuva, mas, quando as chamas de súbito acendem e alçam os céus (como uma bandeira), corremos em círculos e gritamos: "Ai, ai, estamos queimando".

Eu não falo de ativistas políticos para os quais "a tática" e "o momento" não permitem mostrar a alma. Acho que já não são poucas as pessoas na Rússia que têm a alma alegre, mas que franzem o cenho pelas obrigações.

Eu falo daqueles que não fazem política, dos escritores, por exemplo (se eles fazem política, então pecam contra si mesmos, porque "quem corre atrás de duas lebres não pegará nenhuma": tanto não fazem política como perdem a própria voz). Penso que eles têm não apenas o direito, mas a obrigação de ser indelicados e "descompassados"*, de ouvir aquela grande música do futuro de cujos sons o ar está repleto, sem procurar apenas as notas esganiçadas e falsas no grandioso rugido e no soar da orquestra do mundo.

Parece que um urso esmagou os ouvidos da *intelligentsia* russa: medos mesquinhos, palavrinhas miúdas. Não é vergonhoso zombar do analfabetismo de alguma proclamação ou nota escrita por uma mão boa, mas desajeitada? Não é vergonhoso ignorar orgulhosamente perguntas "idiotas"? Não é vergonhoso pronunciar a bela palavra "camarada" entre aspas?

Isso qualquer comerciante consegue. Isso pode apenas exasperar um indivíduo e despertar nele a fera.

Aqui se faz, aqui se paga. Se você considera que todos são vigaristas, então só vigaristas o procurarão. Centenas de vigaristas são visíveis, e milhões de pessoas estão invisíveis, ainda ignaras, ainda vivendo no "escuro". Mas elas vão se esclarecer, e não será por sua causa.

---

* No original, *netaktítchnymi* e *bestaktnymi*, ambas com significado de "falta de tato"; é um trocadilho com a palavra "tato" (*takt*), que em russo é tanto o sentido físico quanto o compasso musical. (N. E.)

Entre essas há as que perdem o juízo por causa dos linchamentos, que não podem suportar o sangue que derramaram por ignorância. Há as que batem os punhos na cabeça infeliz: "Somos burros, não conseguimos entender". Mas também há aquelas em que ainda repousam forças criativas. Elas poderão no futuro dizer as palavras que nossa literatura cansada, desgastada e livresca há muito tempo não diz.

A politicagem arrogante é um grande pecado. Quanto mais a *intelligentsia* ficar enaltecida e sarcástica, mais terríveis e sangrentas as coisas se tornarão. É medonha e perigosa essa "dogmática sem dogma" seca, elástica e insípida, temperada por uma cordialidade condescendente. Atrás da cordialidade está o sangue. A alma atrai o sangue. Apenas o espírito pode lutar contra o horror. Para que obstar com a cordialidade o caminho para a espiritualidade? O belo já é difícil sem isso.

E o espírito é música. O *daimon* certa vez mandou Sócrates obedecer ao espírito da música.

Com todo o corpo, com todo o coração, com toda a consciência, ouçam a revolução.

Fonte: Aleksandr Blok, "Интелигенция и Революция"/ "Intelliguéntsia i Revoliútsia" [A *intelligentsia* e a Revolução], em *Знамя Труда/ Znâmia Trudá* [A Bandeira do Trabalho], Petrogrado, n. 122, 9 jan. 1918.

PIOTR
SUVTCHÍNSKI

Retrato de Piotr Suvtchínski de data e autoria desconhecidas.

PIOTR PETRÓVITCH SUVTCHÍNSKI (1892-1985) • Nasceu em 5 (17) de outubro de 1892, em São Petersburgo. Foi músico, além de ter escrito teoria e ensaios sobre música. Cursou a Universidade de São Petersburgo, fez aulas de piano e de canto e se preparou para ser cantor de ópera. Participou do movimento artístico **Мир искусства**/ Mir Iskússtva [O mundo da arte], ao lado de Meyerhold, Serguei Diáguilev e Blok; em 1915, fundou o periódico *Музыкальный современник*/ *Muzikálnyi Sovremiénnik* [O contemporâneo musical]. A partir de 1918, ao deixar a Rússia, viveu em Berlim, Sófia e Paris. Foi redator do jornal *Vióstry* [Verstas]. Escreveu libretos e ensaios sobre literatura. Obteve visto para ir à União Soviética em 1937, mas, por não estar de acordo com a política cultural do país, decidiu não mais retornar. Em 1953, fundou com Pierre Boulez e Jean-Louis Barrault a sociedade Le Domaine Musical [O domínio musical], dedicada à música contemporânea. Morreu aos 92 anos, em 24 de janeiro de 1985, em Paris.

O ensaio aqui publicado, importante na alentada fortuna crítica sobre o poema de Blok, serviu de prefácio a uma edição do autor publicada na Bulgária em 1920, quando Suvtchínski já estava na emigração.

(Por Priscila Marques.)

PREFÁCIO A "OS DOZE", DE ALEKSANDR BLOK[*]

> *O passado olha furiosamente para o futuro.*
> A. BLOK

> *Mas é preciso ser mais sábio que os antigos...*
> *e mais reto que os antepassados.*
> V. MAKKAVÉISKI

Grandes vates e profetas russos pressentiram a Revolução Russa desde tempos remotos. Os eventos futuros da revolução, como uma dor inevitável, foram sentidos pelo coração e pela consciência russos como paixões predeterminadas segundo um "conselho predestinado". Sabiam que haveria um golpe, selvagem. Sabiam que ela elevaria cinzas e chamas até o céu – e que o céu de todo o mundo se enegreceria pelo furor do fogo; sabiam que a revolução não apenas alçaria voo, mas também rastejaria. Em relação a ela, misturaram o que era irreconciliável, pois compreendiam que, quando se escancarasse o "funesto abismo" de paixões havia muito represadas, esse abismo se mostraria em um novelo emaranhado, feito teia de aranha, em uma força escorchante que drenaria seu mofo oxidado, decrépita, mas terrivelmente pungente. Sabiam que o rebento disforme desse abismo se desentocaria e sairia rastejando, que seduziria até os simples de coração – a traição, a provocação. Cada um atraiçoaria o outro. O indivíduo negaria o próximo. Negaria o dia anterior, que de súbito se tornaria um "ontem distante". Pressentiam que se concretizaria, enfim, o maior dos horrores, que a revolução inevitavelmente repudiaria e atraiçoaria os que a geraram, e estes, aterrorizados, abandonariam seu rebento. Nos últimos anos, a espera tornou-se particularmente torturante. Não foi por esses pressentimentos mortais que a alma boa e luminosa de Tchékhov ficou paralisada e intimidada? Não foram proféticas sua

---

[*] Tradução de Rafael Frate. (N. E.)

sapiente timidez e sua aguda sensação de vazio e tédio? O tédio antes do medo? Essa foi uma tímida quietude, uma santa tranquilidade, após as visões proféticas e selvagens de Dostoiévski e antes da iminente tempestade dos acontecimentos reais... Muitos pressentiram, quase todos. Mas, quando chegou a revolução, pareceu que não a reconheceram. Apreenderam-na apenas no início, quando não havia sangue, quando "Cristo estava nas ruas". Assim que começaram a ocorrer as profecias resultantes havia muito anunciadas, de repente a negaram; todos abriram mão dela e fugiram como de algo pernicioso. Acaso não a reconheceram? É claro que não. Teriam de reconhecer o que lhes pertencia... Dissimularam. Mas dissimularam porque temeram. Temeram inclusive a si próprios. Não havia forças para a terrível ofensa que é a traição, ainda que, talvez, entendessem que não havia como passar sem ela. Temeram, perderam-se, calaram-se. Calaram-se todos. Os que ainda falavam alto na véspera da catástrofe, sem restrições e com autoridade, tornaram-se mudos ou passaram a praguejar baixinho. Alguns tentaram elevar a voz, mas viram que voz lhes faltava. O vento levou embora as palavras e conturbou tudo. Outros esperaram, mas, ao não alcançar nada, por medo, perplexidade e indignação, começaram a "sabotar" tudo que podiam e a ficar atrevidos, enquanto as coisas não estivessem muito perigosas. Mas, quando começaram a *ordenar*, sem nada compreender, submeteram-se ao jugo. A um *alheio*...?

Quando há muito medo, a consciência e o corpo se envergonham. Todas as sensações se entorpecem, sente-se que não há sensação de vida. Quase toda a *intelligentsia* ficou assim paralisada de medo em relação à revolução. Quem muito sabia se atemorizava mais que todos. Apenas os mais experientes, que haviam passado por fervores talvez ainda maiores – as paixões da força elementar da natureza –, não temeram, não se abalaram pela acometida do vento bestial e puseram-se a respirar sedentos seu sopro e a reconhecer intensamente em seus ritmos ferozes o "caos agitador". Um desses foi Aleksandr Blok.

Não gostaria de mencionar outros junto com Blok, em particular – como muito se faz hoje – Andrei Biély. Os caminhos de Blok e de Biély no acolhimento da revolução são totalmente distintos. Andrei Biély foi pelos caminhos das errâncias torturadas do espírito, enquanto Blok foi pela revolta da sensualidade.

Como outros, Aleksandr Blok havia muito pressentira. Toda a conturbação não resolvida de 1905, sua oculta tempestade e sua decepção, ele expressou nas admiráveis palavras:

Ainda é lindo o céu cinzento,
Ainda sem esperança a cinza amplidão.
Ainda do pobre ao pedir pão
Ninguém tem dó, ninguém tem dó!
E sobre a baía a negra voz
Caiu, dispersou-se no sono do Nevá.
E gritos selvagens: Abaixo! Abaixo! –
Não dão pena à onda sonolenta...
E no céu cinza frias luzes
Vestiram o palácio de inverno do tsar,
E a armadura negra não responde,
Enquanto a aurora não o surpreende.
Então, a aleia sobre o abismo das águas,
Que ele triste saque a espada
para que com a ralé selvagem na luta sem sentido
caia morto atrás da lenda antiga.
1905

Ele sempre falou sobre sua geração: "Somos os filhos dos anos terríveis da Rússia". Havia muito percebera que "dos dias da guerra, dos dias da liberdade, há um reflexo sangrento nos rostos". Pressentiu, ainda que de forma obscura e agourenta, a proximidade da colérica "cisão das forças da realidade":

Passam, passam nuvens assustadas,
O poente ensanguentado!
O poente ensanguentado! Flui do coração o sangue!
Chora, coração, chora...
Não há paz! Égua da estepe
É trazida para pular!

Por isso, o poema "Os doze" não foi uma surpresa. Aleksandr Blok estava preparado, de forma a não se espantar e a ouvir "o que canta o vento" irrompido de calabouços seculares, alegre e mau, e arrojando ao céu tudo o que há na terra.

* * *

Tendo iniciado as melodias impetuosas, mas um tanto incertas e confusas, sobre *Незнакомка/ Neznakomka* [A desconhecida] e *Стихи о прекрасной даме/ Stikhí o prekrasnoi dame* [Versos sobre a bela dama], Blok, ao cruzar os horríveis tormentos da insatisfação sensual, encontrou para sua inspiração a impressionante forma do *realismo sensual*. A lírica do terceiro volume é tão tensa e ardentemente dissoluta quanto concretamente precisa, vívida e realisticamente simples. Nisso está seu principal encanto e força. O mesmo não pode ser dito sobre a essência religiosa de sua obra. Certamente, Blok, como romântico, como cantor de versos sensuais contraditórios com a religião, mas ao mesmo tempo fatalmente relacionados à apreensão, ao conhecimento e à sugestão do mundo, pode ser chamado de poeta religioso. Mas para Aleksandr Blok a religião é apenas uma sensação incerta e conturbada, que apenas por momentos adquire uma corporificação real, quase sempre reflexiva e ditada por motivações estéticas. Não há *realismo místico* na obra de Blok, e não é preciso procurá-lo em "Os doze", no caráter do Cristo condutor. A essência religiosa de "Os doze" está apenas na conclusão geral, no arremate de todas as sensações da revolução. Não há um sentido dogmático-religioso nesse poema, pois o dogma precisa de uma concretização religiosa que nunca esteve presente em Aleksandr Blok. Tudo ficou no plano das sensações. Não há corporificação, uma vez que a figura de Cristo "na coroa branca das rosas" é impassível, opaca, alheia, casual, irresponsável, até intoleravelmente irresponsável e blasfema.

A justificativa de Blok está apenas no fato de que toda a sua época e sua cultura estética tinham a mesma relação de irresponsabilidade e vício. O culto da sensação e do subconsciente elevado até a total falta de restrição, a aceitação de tudo, é uma fatuidade perigosa. E nem falemos de que, na arte, ele conduz a um tipo confuso de reflexão, a princípios estéticos defeituosos do ponto de vista da pureza do estilo, ele efemina e corrompe a força da real inserção artística, substitui sua sábia e firme vigilância por uma doença aperfeiçoada pela capacidade de observação.

Pelo culto da fruição das próprias sensações, o principal se torna o desejo irresistível de defini-las, de formulá-las até a precisão mais absoluta, a qualquer custo e sem considerar os meios.

A partir daí, em uma época de sensação de mundo decadente, dispersiva e febril, quando está ausente uma apreensão de vida firme, verdadeira e totalmente penetrante, mas ao mesmo tempo plenamente sábia, singular e sintética (e assim foi a época inteira do simbolismo pré-revolucionário), todos os aspectos de uma obra tornam-se comprometidos e confusos. Se um aspecto da arte faz empréstimos irresponsáveis de outro, em quaisquer campos da arte e das revelações sagradas, destrói a pureza dos princípios particulares de composição. Nisso Aleksandr Blok frequentemente pecou, nisso ele pecou em "Os doze", e nisso está toda a deterioração e, talvez, a vida breve de seu poema como uma obra artística.

Quão doentios, irrequietos, incomodados e forçados soam os versos de "Os doze", se comparados aos versos maciços, decididos e estrondosos de Vladímir Maiakóvski, como que forjados de um metal duro! Blok se utilizou de um complexo esquema de dramatização, de encenação multifacetada, para a expressão de suas sensações, ao passo que todas as sensações de Maiakóvski são sintetizadas por ele em palavras curtas, timbres de um aspecto puro da palavra artística. Essa fraqueza é sentida sobretudo no fim do poema. Como meio estético, a figura do Cristo tomada da religião dogmática, da Grande Revelação, resulta infeliz. Nesse empréstimo vê-se até certa dissolução, a ininteligibilidade e o desprezo para com os meios apenas para atingir-se o efeito de uma expressão completa de sensações particulares refinadas. Blok tomou a figura de Cristo, mas poderia ter pego qualquer outra. O mais importante é que ele achava indispensável expressar suas confusas sensações religiosas, ainda não esclarecidas para si mesmo.

Pressupor que a figura de Cristo foi tomada exclusivamente para a ampliação de justaposições estéticas é evidentemente impossível. Blok tem bom gosto demais para isso. Blok sentiu a concentração religiosa inerente à grande noite russa de vendaval, quando, em combate aberto, como essências reais, postam-se frente a frente o bem e o mal, a blasfêmia má e consciente e a santidade frenética. Sentiu-a porque sempre cultivou em si a possibilidade de sentir o todo, porém não pôde concretizar essas sensações sem o torturante compromisso de blasfemar.

Mas tanta cegueira e insensibilidade foram e são manifestadas por outros em relação à revolução que mesmo essa meia resposta a ela já é um grande mérito.

Se Blok sentisse autenticamente na concepção de "Os doze" uma essência de Cristo real e corporificada, participante concreta como forma e vontade, teria encontrado decerto outra imagem ou outro ícone. No fundo, não é importante para o sentido geral do poema se é Cristo quem conduz ou atira. A imagem de Cristo é apenas uma faísca brilhante, casual e momentânea, uma luminescência de auréola passageira em meio ao horror do vento noturno, somente, quiçá, um símbolo de pacificação: Cristo estará mesmo com eles? E apenas nessa concepção a imagem pode ser em parte justificada. Mesmo do ponto de vista da construção geral, o fim do poema de nenhum modo se justifica como intensificação e culminação. Ele é displicentemente prolixo, vago e com excessivas repetições de imagens e palavras.

Deve-se reconhecer também como menos feliz a nona parte, que tem o caráter de um vívido julgamento. A essência do poema está na tremeluzente primeira parte. A grande desordem, quando parecia que tudo ficara de pernas para o ar e sublevara-se em meio à ventania da noite a varrer "todo o mundo de Deus", e a perplexidade concomitante de tudo que é "consciente", uma perplexidade lastimável, desajeitada e covarde, até desavergonhada, foram sentidas e transformadas admiravelmente. Todo o "consciente" rasteja, cai, cede espaço, enterra-se, sussurra, naquele tempo em que o vento, sem cerimônia, "ruge, esmaga, carrega" o último símbolo do governo "consciente" anterior – o grande cartaz de "Todo poder à Assembleia Constituinte". Apenas doze pessoas "inconscientes", "sem pena de nada", prontas para tudo, mantêm-se em pé e caminham contra o vento e o tumulto, por entre fogo e nevasca, errantes, sozinhas nas ruas desertas, como um espectro concreto, a proclamar *o escuro céu escuro, o ódio escuro, o santo ódio* dos dias vindouros.

Nas partes intermediárias, somente em frases fragmentárias curtas, aspergidas pela extensão de toda a narrativa como exclamações incontidas, perpassa a mesma introdução direta no misterioso tema dos acontecimentos da revolução...

> Camarada, sem temor pega a espingarda
> Senta bala na Sagrada Rus –
> Na troncuda,
> Na casebruda,
> Na bunduda!
> [...]
> Pro terror de toda burguesia.
> O fogaréu global a gente atiça
> O fogaréu global no sangue habita
> Abençoai, Senhor, a nossa vida!
> [...]
> Olha lá!
> Não é pecado farrear!

Tranque as portas sem demora,
Vai rolar assalto agora!
Escancare seu porão
Vai passando o povão!
[...]
Ai, ai, é dor demais!
Pasmaceira pura,
De matar!
[...]
Bebo logo um sanguezinho
À saúde do amorzinho
E dos seus belos olhinhos...
Guardai, Senhor, a alma da vossa serva...
Tédio!

E só de raro em raro certa voz perspicaz, em tom de reproche, com agitação e em segredo, como um aceno silencioso da cabeça suspirante, fica a repetir: "Eheh, sem cruz". Sim, um símbolo real da cruz não há, mas quem dirá que não há o atoleiro russo da cruz e o caminho russo da cruz nesses montes de neve e "becos sem saída" onde apenas a nevasca arde e aonde vão os doze homens cegados pela tempestade, prontos para atirar na nevada escuridão, não sabendo em quem, talvez em si próprios? Como expressão de sensação, isso é admirável! Quanto ao arrojo na exposição da ação desenvolvida, sem dúvida nele estão as maiores seduções da abordagem estética. Sente-se que a saciedade estética foi atraída para outro nível de desenfreamento e de rudeza. Há uma admiração e uma lascívia pela força bruta que aparecem como uma nova faceta do deleite de um observador cansado. Aleksandr Blok entediou-se, enfastiou-se de aparições e espectros sensoriais. Era estreito o ciclo mágico e apaixonado da nevasca escorchante e terna, das trombetas e dos pandeiros tonitruantes, das peles geladas e do vento azul, do grito dos violinos e das gaitas, do brilho das xícaras culpadas, dos lábios ébrios, do sussurro das sedas, do murmúrio das pérolas, do retinir dos colares; no ciclo de *Незнакомка/ Neznakomka* [A desconhecida], *Стихи о прекрасной даме/ Stikhi o prekrásnoi dame* [Versos sobre a bela dama], *Снежная Дева/ Snejnaia Dieva* [A virgem de neve], *Фаина/ Faina* [Faina], *Мэри/ Meri* [Mary] e *Кармен/ Carmen* [Carmen], no ciclo dos encontros primaveris do primeiro amor, dos duelistas simples, comoventes e torturantes de *Черная кровь/ Tchórnaia krov* [Sangue negro].

Era estreito porque tudo isso eram sombras de seu espírito ardente, sedento e irrefreável. Foram sonhadas em meio a uma solidão aflitiva, umas com a graça divina, outras com a indignação e a vingança. Ele mesmo ficou assustado. Queria mais ser um observador da selvageria alheia do que vivenciá-la.

Aleksandr Blok quis arrancar-se desse ciclo, renegando as tentações antigas do esteticismo. Queria uma ruptura, mas saiu uma continuidade. Não há um primitivismo intencional nas *tchastuchkas** de "Os doze", mas há sempre em Blok uma representação da orgia erótica sensualmente refinada ("pela rubra pinta no ombro direito" pode ser tomado como exemplo desse detalhe estético-sensual). Por isso Katka, ao lado de outras sombras torturadas da erótica blokiana, está entretecida em uma corrente sensual mais ampla.

Acaso há em "Os doze" um, por assim dizer, louvor maldoso e profissional dos acontecimentos obscuros da revolução? Falou-se muito a esse respeito. Blok foi muito condenado por isso. É evidente que não. Nessa procissão de "Os doze" – na distância da escuridão nevada que queima seus olhos, tornando-os cegos – "sem nome santo, sem cruz", há algo de fadado, de predeterminado, em que não são bem eles que se movem, mas são movidos por certa vontade oculta.

Eles são dignos de pena, fracos:

Ai, ai, é dor demais
Só na vida mansa!
Casaco esfarrapado,
Espingarda austríaca.

Até os brinquedinhos, os soldadinhos de latão: "Nos ombros espingardinhas.../ seus fuzis de aço". Mas quando Blok diz que "lá avançam com passo soberano" ou traz reflexões "conscientes" banais e falsificadas do tipo:

Alienado, realmente...
Endireita tua postura!
Te controla, meu rapaz!
Agora não está na hora
De a gente te pajear!
O fardo está mais pesado
Para a gente, meu camarada...

---

* Canção popular curta, marcada pela sátira ou pelo humor. (N. E.)

Então ele se torna inconvincente. Nesse momento há contradição e autoengano. Justamente a "soberania", o poder e a vitória dessa "procissão" residem em sua ignorância, cegueira e vontade alheia.

Blok não faz justiça e não condena, apenas sente. Ele sentiu, compreendeu, comiserou-se e pediu perdão. E pôde sentir porque não temeu. Não teria sido por isso que Blok foi um dos primeiros a ser agraciado com a alegria do perdão, quando tudo ao redor estava tomado por revolta e vingança, que ao lado de versos furiosos ele pode escrever sobre "meninos e meninas, velazinhas e salgueirinhos", sobre quartinhos de criança, sobre o brilho de lâmpadas verdes...? O *Perdão* e a sensação da premonição e da concentração religiosas – é onde está a ideia religiosa de "Os doze".

Virá o tempo em que a geração dos insanos, vingativos e temerosos será substituída pela dos tranquilos, dos pacíficos e dos que recobraram a visão – e esse tempo não está longe.

Só então será resolvido o pesaroso pecado da Revolução Russa e, quem sabe, talvez enfim a reconheçam, a proclamem e a perdoem. Mas, para que venha a pacificação, é preciso, como Blok, aproximar-se dela sem medo, olhá-la fixamente no sombrio centro de seus pecados frenéticos, captar pelo som tenso e transfigurado o bater de seu coração exaurido e corrompido, embora justo. Não aceitar a revolução, não aceitar o que lhe é próprio, cabível e meritório, é não aceitar a Rússia passada e futura. Não perdoar a revolução é não perdoar a Rússia.

Apenas no perdão está a expiação de seu grande pecado.

Fonte: Piotr Suvtdúnski, "Предисловие"/ "Predislôvie" [Prefácio], em Aleksandr Blok, Двенадцать/ *Dvenádtsat* [Os doze]. Sófia, Россииско-болгарское книгоиздательство/ Rossíisko-bolgárskoie knigoizdátelstvo, 1920.

**LIEV
TRÓTSKI**

Tróstki aos 55 anos, em retrato de janeiro de 1935 tirado em um estúdio profissional em Paris.

LEON TRÓTSKI (nome verdadeiro: Liev Davídovitch Bronstein) (1879-
-1940) • Nasceu em 26 de outubro (7 de novembro) de 1879, em
Iánovka (atual Bereslávka, na Ucrânia). Em 1896, participou de círculos de propaganda revolucionária e da fundação da União Operária do Sul da Rússia. Em 1898, foi preso pela primeira vez, devido a atividades revolucionárias. Aproximou-se do marxismo na prisão em Odessa. Em 1905, fundou o Soviete de São Petersburgo. Como revolucionário marxista, ligou-se aos mencheviques internacionalistas do Partido Operário Social-Democrata Russo, mas acabou juntando-se aos bolcheviques pouco antes da Revolução de Outubro e tornou-se líder do Partido Comunista. Ocupou o cargo de Comissário do Povo para Assuntos Internacionais, liderando a delegação soviética durante as negociações de paz de Brest-Litovsk. Na condição de Comissário do Povo para Assuntos Militares, fundou e comandou o Exército Vermelho. Liderou a oposição de esquerda contra as políticas de Josef Stálin. Em 1927, foi afastado da política e expulso do partido. Foi exilado da União Soviética em 1929 e assassinado, por ordem de Stálin, no México, em agosto de 1940.

O ensaio aqui publicado é parte do livro *Литература и революция/
Literatura i revoliutsiia* [Literatura e revolução] (1923), o principal esforço de interpretação literária feito por um bolchevique do primeiro escalão, em um momento de grande efervescência e tensão cultural, em que ainda não havia regras definidas pelo Partido Comunista para o campo da arte. Com a queda de Trótski, o livro foi proibido na URSS, mas se tornou muito traduzido e comentado em todo o mundo.

(Por Priscila Marques.)

ALEKSANDR BLOK*

Blok pertenceu inteiramente à literatura pré-revolucionária. Todos os seus arroubos – seja o turbilhão místico, seja o turbilhão revolucionário – provêm não de um espaço vazio, mas de uma atmosfera bastante concreta da cultura da velha *intelligentsia* nobre russa. O simbolismo de Blok foi a transfiguração desse meio ao mesmo tempo próximo e repulsivo. O símbolo é uma imagem generalizada da realidade. A lírica de Blok é romântica, simbólica, mística, informe, irreal, mas pressupõe uma vida bastante real com formas e relações bem determinadas. O simbolismo romântico é o abandono da realidade apenas quando desvia de sua concretude, dos traços individuais e dos nomes particulares; em sua base, o simbolismo é um método de transformação e elevação da existência. A lírica tempestuosa, estelar e informe de Blok reflete um meio e uma época determinados, seu modo de ser, sua estrutura, seu ritmo, e fora dessa época ela pende como uma mancha de nuvem. Essa lírica não viverá para além de seu tempo e seu autor.

Blok pertenceu à literatura pré-revolucionária, mas a sobrepujou e entrou na esfera de Outubro com "Os doze". Por isso, ocupa um lugar particular na história da futura criação artística russa.

Não se pode permitir que Blok seja encoberto por aqueles pobres-diabos poéticos e semipoéticos que se dependuram em torno de sua memória, mas até agora – ó veneráveis idiotas – eles não podem entender que Blok, ao reconhecer o gigantesco talento de Maiakóvski, bocejava abertamente diante de Gumiliov. O mais "puro" dos líricos, Blok não falava de arte pura e não colocava a arte acima da vida. Pelo contrário, ele reconhecia "a indissociabilidade e a confluência de arte, vida e política". "Estou acostumado", diz Blok no prefácio a *Возмездие/ Vozmiézdie* [Retribuição], escrito em 1919, "a sobrepor todas as esferas da vida acessíveis a nossos olhos em cada momento e estou certo de

---
* Tradução de Rafael Frate. (N. E.)

que todas elas juntas soltam um acorde musical". Isto é, algo mais alto, mais forte e mais profundo que o esteticismo autossuficiente, a bobagem sobre a independência da arte em relação à vida social.

Blok conhecia o valor da *intelligentsia*: "Eu, de qualquer modo, tenho uma ligação de sangue com a *intelligentsia*", dizia ele, "mas a *intelligentsia* sempre se ausentou. Mesmo se eu não fosse para a revolução, para a guerra é que não valeria ir". Blok não foi "para a revolução", mas se alinhou a ela em sua alma. Já a proximidade de 1905 revelou a Blok a "фабрика"/ "Fábrika" [Fábrica] (1903), pela primeira vez elevando sua obra acima da nebulosidade lírica. A primeira revolução o penetrou e o arrancou da autossatisfação individualista e do quietismo místico. O malogro ocorrido entre as duas revoluções fez-se sentir em Blok como um vazio da alma, uma incompletude da época, como uma farsa com suco de framboesa em vez de sangue. Blok escreveu sobre a "verdadeira penumbra mística dos anos precedentes à primeira revolução" e sobre a "irreal ressaca mística que teve lugar logo após ela" (em *Retribuição*). A segunda revolução lhe deu a sensação de despertar, de movimento, de objetivo, de sentido. Blok não foi um poeta da revolução. Perecendo na aporia obtusa da vida e da arte pré-revolucionária, Blok agarrou as rodas da revolução. O fruto desse toque acabou sendo o poema "Os doze", a mais significativa das obras de Blok, a única que sobreviverá pelos séculos.

Segundo suas próprias palavras, por toda a vida Blok levou o caos dentro de si. Ele fala sobre isso de modo tão amorfo quanto foram amorfas sua atitude em geral diante do mundo e sua lírica. Ele sentiu como um caos a impossibilidade de combinar o subjetivo com o objetivo, sua circunspecta e expectante falta de vontade para com a época, quando se preparavam e depois se liberavam os grandes abalos. Em todas as reencarnações, Blok permaneceu um autêntico decadente, se tomarmos essa palavra de modo historicamente amplo, no sentido da oposição do individualismo decadente ao individualismo da ascensão burguesa.

A caoticidade tempestuosa de Blok puxava para duas inclinações principais: a mística e a revolucionária. E nenhuma das inclinações ele resolveu até o fim. Sua religião era difusa, instável, não imperativa – assim como sua lírica. A revolução, que desabou sobre o poeta em uma chuva de pedras dos fatos, uma avalanche de acontecimentos, claramente não negou, mas sim deslocou e marcou o Blok pré-revolucionário que se evolava em tormentos e pressentimentos.

Ela sufocou a delicada e aguda nota de individualismo na música uivante e exaltada da destruição. Então, foi preciso escolher. Ou seja, as poéticas de câmara podiam prosseguir com seus gorjeios sem fazer uma escolha, adicionando-lhes lamúrias sobre a pesada existência. Mas Blok, que se contaminou com a época e a traduziu para sua língua interior, teve de escolher. E ele fez isso ao escrever "Os doze".

Esse poema é sem dúvida a mais alta realização de Blok. Em seu cerne, é um grito de desespero por um passado que está morrendo, mas um grito de desespero que se alça na esperança pelo futuro. A música dos terríveis acontecimentos inspirou Blok e lhe disse: tudo o que você escreveu até agora não está certo; veio gente nova, portam outros corações, e aquilo lhes é inútil. Sua vitória sobre o mundo velho significa também uma vitória sobre si mesmo, sobre sua lírica, que até então foi apenas a aflição de um mundo velho às portas da morte... Blok ouviu e aceitou. Mas, porque era difícil aceitar, porque procurava em sua fé revolucionária ajuda para sua descrença e porque queria se fortalecer e se convencer, ele expressou sua aceitação da revolução nas imagens mais extremas possíveis, para destruir todas as pontes que possibilitariam uma retirada. Em Blok não há nem sombra da tentativa de açucarar pudicamente o golpe revolucionário. Pelo contrário, ele o toma nas mais grosseiras – e apenas nas grosseiras – expressões: a greve das prostitutas, o assassinato de Katka por um guarda vermelho, o saque de um apartamento burguês, e diz "Aceitarei" e, de forma provocante, santifica tudo isso com a bênção de Cristo – ou talvez tente salvar uma imagem artística de Cristo ao escorá-lo com a revolução.

Contudo, "Os doze" não é um poema da revolução. É o canto do cisne de uma arte individualista que se achegou à revolução. E esse poema ficará. A lírica crepuscular de Blok ficou no passado e de lá não voltará: esses tempos não voltarão de jeito nenhum, mas "Os doze" permanecerá com seu terrível vento, os cartazes, Katka na neve, a marcha revolucionária e o velho mundo como um cão sarnento.

O fato de ter escrito "Os doze" e depois se calado ao parar de escutar a música decorre inteiramente tanto do caráter de Blok como daquela música incomum que ele captou no ano 1918. O convulso e patético rompimento com todo o passado foi uma ruptura fatal para o poeta. Talvez somente os eventos incessantes e crescentes da revolução, a poderosa espiral de abalos que abarcou o mundo inteiro, pudessem sustentar Blok, se desconsiderarmos os processos destrutivos que ocorriam em seu organismo. Mas o curso da história não é adaptável às necessidades psíquicas de um romântico penetrado pela revolução. Para se manter de pé sobre as dunas do tempo, seria preciso outra têmpera, outra fé na revolução, uma compreensão de seus ritmos regulares, não apenas da música caótica de suas marés. Blok não tinha nada disso, e não havia como ele ter. Os guias da revolução eram pessoas inteiramente alheias a ele em conformação psicológica e em modo de vida. E por isso, após "Os doze", ele se recolheu e se calou. E aqueles com quem sempre vivera espiritualmente, sábios e poetas, estes "se ausentaram" e o rejeitaram com maldade e ódio. Não lhe puderam perdoar o "cão sarnento". Pararam de apertar sua mão, como se faz com um traidor, e somente após sua morte "fizeram-lhe as pazes" e se puseram a demonstrar que "Os doze" não tinha em essência nada de inesperado, que não provinha de Outubro, mas do velho Blok, que todos os elementos desse poema já se encontravam no passado e que os bolcheviques não imaginariam que o autor fosse um deles. E realmente não é difícil extrair de Blok diversos períodos, palavras, ritmos, consonâncias e estrofes que depois foram desenvolvidos em "Os doze". Mas é possível encontrar no Blok individualista ritmos e disposições também totalmente distintos. No entanto, o próprio Blok encontrou em si mesmo (claro que não nas ruas, mas dentro de si), precisamente em 1918, a música quebrada de "Os doze". Para isso, foram necessárias as ruas de Outubro. Outros correram delas para o estrangeiro ou se mudaram para ilhas internas. Esse é o cerne da questão, e eis por que não perdoaram Blok!

> Assim se indigna tudo que é bem nutrido,
> Entristece a saciedade dos buchos importantes:
> Pois sua baia foi entornada,
> Perturbando sua pútrida pocilga.[1]

Contudo, "Os doze" não é um poema da revolução. Pois o sentido da força elementar revolucionária (se quisermos falar apenas da força elementar) não é dar uma saída para os impasses em que o individualismo se meteu. O sentido interno da revolução permanece em algum lugar fora do poema – ele é excêntrico, no sentido mecânico

---

[1] Aleksandr Blok, "Сытые"/ "Sytye" [Os saciados].

– e por isso Blok o coroou com Cristo. Só que Cristo não vem de jeito nenhum da revolução, apenas do passado de Blok.

Quando Aikhenvald, ao expressar a atitude burguesa em relação a "Os doze", diz de modo franco e bastante maldoso que as ações dos heróis de Blok caracterizam os "camaradas", mantém-se inteiramente nos limites da tarefa imposta a ele, caluniar a revolução. O guarda vermelho mata Katka por ciúmes... isso é possível ou impossível? É claro que é possível. Mas esse guarda vermelho seria condenado pelo tribunal revolucionário, se este o pegasse. A revolução, ao empregar a terrível espada do terror, protege severamente esse seu direito de Estado: a destruição instantânea a ameaçaria se os meios do terror fossem liberados para fins particulares. Já no início de 1918, a revolução fazia justiça contra a desordem anárquica e conduzia uma implacável e triunfante luta contra os métodos corruptores da guerrilha. "Abram as adegas, os pés-rapados vão fazer a farra." E isso aconteceu. Mas quantas altercações sangrentas ocorreram nesse ínterim entre os guardas vermelhos e os saqueadores! No estandarte da revolução estava escrito "sobriedade". A revolução foi ascética, principalmente em seu período mais tenso. Sendo assim, Blok não pinta uma revolução, e certamente tampouco o trabalho de sua vanguarda revolucionária, mas os acontecimentos circundantes, evocados por ela, ainda que em essência contrários a ela. O poeta parece querer dizer que também lá ele a sente, seu ímpeto, o terrível abalo dos corações, os despertares, a audácia, o risco e tudo o mais que nessas manifestações repulsivas insanas e sangrentas reflete o espírito da revolução, que para Blok é o espírito indomável de Cristo.

De tudo que foi escrito sobre Blok, o mais insuportável calha de ser o do sr. Tchukóvski. Seu livrinho sobre Blok não é pior do que seus demais livros. Ele tem uma vivacidade exterior associada à impossibilidade de dar um mínimo de ordem a seus pensamentos, uma exposição esfarrapada, uma estrofização de jornal provinciano, ao mesmo tempo que é de um pedantismo esquálido e de um esquematismo construído sobre antíteses exteriores. E Tchukóvski sempre descobre o que ninguém notou. Alguém viu em "Os doze" um poema sobre a revolução, aquela que ocorreu em outubro? Deus pai, não. Tchukóvski agora explica tudinho e, assim, reconcilia enfim Blok com "a opinião pública". "Os doze" não louva a revolução, mas a Rússia apesar da revolução. "Aqui está o nacionalismo teimoso que não se perturba com nada e quer ver a santidade mesmo na torpeza, se essa torpeza for a Rússia." Sendo assim, Blok toma a Rússia apesar da revolução ou, para ser mais preciso, apesar da torpeza da revolução? Conclui-se que é assim mesmo. Isso parece bem estabelecido. Entretanto, acontece que Blok sempre (!) foi um bardo da revolução, mas não daquela revolução que está ocorrendo agora, e sim de outra, nacional e russa. Da lama ao atoleiro. Pois bem, em "Os doze", Blok não cantou a Rússia apesar da revolução, mas sim cantou uma revolução, só que não aquela que ocorreu, e sim outra, cujo endereço é certamente conhecido por Tchukóvski. Assim, lê-se no talentoso rapaz: "A revolução que ele cantou não é aquela revolução que aconteceu ao redor, mas outra, autêntica e ardorosa". Ora, ele cantou a torpeza, como nós acabamos de ouvir, e de nenhum modo o ardor, e essa torpeza ele cantou porque é russa, não porque é revolucionária. E agora então nós descobrimos que não foi com a torpeza da autêntica revolução que ele se reconciliou, apenas porque ela é russa, mas que ele cantou entusiasticamente a revolução, só que outra, autêntica e ardorosa, somente porque ela era orientada contra a torpeza existente.

Vanka mata Katka com o fuzil que lhe foi dado por sua classe para a defesa da revolução. Nós dizemos que isso é acidental à revolução, mas não é a revolução. Blok quer que seu poema signifique: isso eu também aceito, pois também aqui escuto a dinâmica dos fatos e a música da tempestade. Chega o intérprete Tchukóvski e esclarece que o assassinato de Katka por Vanka é a torpeza da revolução. Blok aceita a Rússia mesmo com essa torpeza porque isso é a Rússia. Mas, ao mesmo tempo que canta o assassinato de Katka por Vanka e o saque dos apartamentos, Blok canta a revolução, mas não esta torpe, atual, real, russa, e sim outra, autêntica e ardorosa. O endereço dessa revolução autêntica e ardorosa Tchukóvski nos informará logo, logo.

Mas se, para Blok, a revolução é a própria Rússia, do jeito como ela é, então o que significa o "orador" que considerava a revolução uma traição, o que significa o pope que passa de fininho, o que significa o "velho mundo como um cão sarnento"? O que significam Deníkin, Miliukóv, Tchernóv e a emigração? A Rússia se cindiu em duas, e essa é a revolução. Metade Blok chamou de "cão sarnento", a outra ele abençoou com as bênçãos que tinha à disposição: os versos e Cristo. Mas Tchukóvski declara que tudo isso é um simples mal-entendido. Que charlatanismo verbal, que indecente preguiça mental, que devastação espiritual, que tagarelice barata, imprestável e vergonhosa!

É claro que Blok não é um dos nossos. Mas ele se projetou em nossa direção. Ao se projetar, ele se dilacerou. O fruto desse dilaceramento, porém, calhou de ser a obra mais significativa de nossa época. O poema "Os doze" ficará para sempre.

Fonte: Liev Trótski, "Александр Блок"/ "Aleksandr Blok", em *Литература и Революции/ Literatura i revolíutsii* [Literatura e revolução]. Moscou, Красная Новь/ Krásnaia Nov, 1923.

**ANDREI
BIÉLY**

Retrato do autor aos 33 anos, em 1914.

ANDREI BIÉLY (nome verdadeiro: Borís Nikoláievitch Bugáiev) (1880-1934) • Romancista, poeta e crítico literário nascido em 14 (26) de outubro de 1880, em Moscou. Em 1899, ingressou na faculdade de física e matemática da Universidade de Moscou. Em 1901, aproximou-se dos simbolistas Briússov, Merejkóvski e Guíppius. Dois anos depois, fundou o círculo literário Argonautas. Estreou na literatura em 1902, com *Симфония (2-я, драматическая)/ Simfônia (2-ia, dramatítcheskaia)* [Sinfonia (segunda, dramática)], seguido de *Северная симфония (1-я, героическая)/ Siévernaia simfônia (1-ia, gueroítcheskaia)* [Sinfonia do norte (primeira, heroica)]. Colaborou com as publicações *Мир искусства/ Mir Iskússtva* [O Mundo da Arte], *Новый путь/ Novyi Put'* [O Novo Caminho], *Бесы/ Becy* [Demônios], entre outras. Suas ideias foram fortemente influenciadas pela geometria, pela probabilidade e pela noção de entropia. O romance *Петербург/ Peterburg* [Petersburgo] é considerado sua obra-prima e um marco da prosa simbolista. Foi influenciado pela antroposofia de Rudolf Steiner. Apoiou a revolução e deu aulas de teoria da poesia e da prosa na seção moscovita do movimento Proletkult para jovens escritores proletários. Participou do comitê organizacional da União dos Escritores Soviéticos. Escreveu alguns volumes de memórias (*На рубеже двух столетий/ Na rubejié dvukh stoliéti* [No limiar dos séculos], de 1930; *Начало века/ Natchálo veká* [Começo do século], de 1933; e *Между двух революций/ Miéjdu dvukh revoliútsi* [Entre duas revoluções], de 1934), além de importantes trabalhos teóricos. Faleceu em 8 de janeiro de 1934, em Moscou.

O texto aqui apresentado é um trecho de um opúsculo publicado em 1917. Assim como o de Blok, trata-se de um esforço feito pela *intelligentsia* do fim de século para entender a revolução a partir dos moldes estéticos e filosóficos fornecidos pela Era de Prata (nome dado ao momento cultural compreendido entre a década de 1890 e 1917) e seus parâmetros musicais, espirituais, escatológicos e antimaterialistas.

(Por Priscila Marques.)

REVOLUÇÃO E CULTURA (TRECHO)*

Como um abalo subterrâneo que a tudo arrasa, ergue-se a revolução: ergue-se um furacão que varre as formas e a forma escultural congela-se como uma estátua de pedra. A revolução lembra a natureza: é tempestade, enchente, queda-d'água. Tudo nela jorra além da medida, tudo é desenfreado.

No uso hábil do "pouquinho", forma-se a harmonia dos contornos da estátua de Apolo.

A abundância de obras de arte geralmente ocorre em tempos pré e pós-revolucionários. A intensidade das artes, por sua vez, se enfraquece no momento da revolução.

Entre as revoluções e a arte, há uma ligação muito estreita, que não é fácil de descobrir. Ela está resguardada. Não se pode captar a dependência direta das criações artísticas arrematadas das ondas da revolução. As direções do crescimento do caule e da raiz provindos de um mesmo centro são opostas. O crescimento de uma forma artística manifesta e o crescimento da revolução também o são.

Mas o centro do crescimento é um só.

As obras de arte são formas de cultura que pressupõem um culto, isto é, um cuidado diligente que presume um desenvolvimento ininterrupto. Toda a cultura das artes é condicionada por uma evolução.

Como um abalo subterrâneo que a tudo arrasa, ergue-se a revolução. A evolução está na ininterruptibilidade da formação da vida. Na evolução, a lava revolucionária se solidifica em terra fértil, para que da semente desponte o verdejante jovem broto.

A cor da cultura é verde, e a da revolução é a do fogo.

Desse ponto de vista, a evolução humana é feita aos pedaços pelas explosões revolucionárias. Ora corre uma lava incandescente em um fluxo de sangue pelas costas verdejantes do vulcão, ora por elas desponta o bosque renovado da cultura, cobrindo a lava arrefecida

---

* Tradução de Rafael Frate. (N. E.)

que se tornou terra; as explosões revolucionárias substituem a onda da evolução, mas são cobertas pelos véus das culturas que lhes sucedem com rapidez. Após os verdes véus, fulgura a chama sangrenta e, após tais chamas, outra vez verdejam as folhas; a cor verde é complementar à vermelha.

A intersecção das energias revolucionárias e evolucionárias, do verde com o vermelho, está no brilhante alvor da luz apolínea: na arte. Mas essa é uma luz invisível (visível, como sabemos é a superfície da luminescência): o artístico é o espiritual.

A expressão material dela é a breve e temporária corporificação da cultura. Aí, a arte, o produto da cultura, é um objeto de uso. É valor de mercadoria, fetiche, ídolo, troca sonora de dinheiro. Esses produtos da cultura, semelhantes a uma carga lançada no ar, ao se assentarem caem como um cão na espoleta. A energia da explosão revolucionária responde ao processo criativo que a gera.

A transformação do uso cultural gerador de forças em produto transforma o pão da vida em uma ressecada pedra morta. Ele se forja em moeda e acumula capital. As formas da cultura mudam de aspecto. A ciência adquire um sentido técnico, estritamente prático, e a estética floresce como gastronomia. Elas se enriquecem ao brilho dourado do sol, como *tchervóntsy**, e feito seda vestem-se nos tenros coloridos da aurora. No obrar das relações jurídicas reina o chicote coercitivo, uma medida policial para a restrição do egoísmo que floresce dos sentimentos refinados. Aquilo que fora um jogo de fantasias morais passa a ser o poder. A força do poder sem criação, por sua vez, se concretiza como poder de uma força coercitiva; e como um martelo punitivo ela fere no peito o fogo prometeico.

O fogo espiritual prometeico é a lareira da revolução nos tempos pré-revolucionários. Ele é a revolta contra as falsas substituições: da forma fluida e plástica da revolução por uma carcaça material. E a revolução começa no espírito. Nela nós vemos a insurreição contra o corpo material. O aparecimento da imagem espiritual vem depois. Na revolução das relações jurídicas e econômicas vemos a consequência da onda espiritual revolucionária; ela começa em um ardente entusiasmo; seu final é outra vez na alma, na aurora de sete cores que nasce de respingos: no arco-íris romântico, plácido e brilhante da cultura recém-nascida.

---

* Antiga unidade monetária do Império Russo e da União Soviética, em que se adicionava uma quantidade de ouro. O termo provém da expressão *tchervônnoe zôloto* [ouro puro]. (N. E.)

O aspecto informe do conteúdo da revolução ocasionalmente ameaça a cultura. Inversamente, o carimbo forçado nos valores e produtos da cultura, o olhar voltado para eles como a uma mercadoria almejada, tem uma propriedade mágica, ele se transforma com um toque de Midas. O toque de Midas, conta a mitologia, tornava objetos em pedaços de metal imóveis; o toque do poder bruto na cultura comprime o fluxo da vida. No capitalismo de Estado, a cultura é um produto; na revolução, a cultura é um processo que não tem forma clara, manifesta. Aqui produto e processo são opostos. A força turbulenta e pulsante é oposta à estagnação dormente e pesada.

A cor verde da cultura e a cor vermelha da revolução são igualmente derivações de uma cor branca materialmente invisível: a cor apolínea da arte é, na verdade, uma luz espiritual. Ela é um farol para o mundo.

Entre as formas culturais perfeitas, a arte também é uma forma cultural. Entretanto, em seu cerne ocorre o processo espiritual revolucionário. A contradição foi reconhecida por [Friedrich] Nietzsche em seu tempo, e nós a aceitamos. A reconciliação está na tragédia da alma criadora. Aqui, o processo de criação é a forja de uma espada que deve, em nosso favor, arrebentar as correntes do destino que estão entrelaçadas ao passado. O encontro com o destino, como se fosse com o próprio sósia, é uma gigantesca força da tragédia. A dicotomia na vida das artes se reconcilia com a consciência da divisão do "eu" do homem. Em seu "eu" mais supremo começa a luta com o "eu" inerte. A partir do resultado da luta muda-se todo o curso das obras da cultura do passado. O embate entre revolução e cultura é o diálogo de dois "eus" humanos nas manifestações da vida social.

O núcleo de todos os embates trágicos é certamente o encontro de mim mesmo com meu próprio "eu"; o núcleo de toda obra artística é a tragédia. E por isso compreendemos: a luta entre o homem e o destino se reflete na construção da tragédia das formas nascentes. Da tragédia primordial decaíram todas as formas primordiais; sua duplicidade assinala tudo. Essa duplicidade consiste no fato de que, por um lado, a obra de arte não está restrita ao tempo, ao lugar e à forma e, ilimitada, expande-se nas profundezas de nossa alma. Por outro lado, ela é uma forma no tempo, em um espaço determinado, e está estaticamente forjada no material.

O lugar de uma estátua é definido. No museu, as paredes a preservam do olhar. Para vê-la, preciso realizar uma viagem para um local específico e, talvez, procurar por muito tempo seu museu abscôndito.

Em compensação, retiro essa estátua de seu invólucro e a carrego em minha percepção. A percepção estará para sempre comigo. Sobre ela eu trabalharei. De meu trabalho nascem os ativos brotos das imagens mais grandiosas. A estátua imóvel flui neles, cresce como a semente no prado florescente batido pelo vento e verte por uma série de estátuas e sons coloridos, transborda em chuvas de sonetos; sua impressão se recria nas almas de quem a observa. A estátua imóvel é revivida no processo de formação. Em certo momento, uma forma de arte unificada se abre nela como uma rosa. Nela, pois, é revelada a natureza dos processos que a criam, uma segunda natureza – da natureza que nos é dada; a natureza e as formas da arte –, que faz correr em mimo ardente processo revolucionário, que não tem forma, é uma trincheira invisível: a estátua outrora enrijecida tecerá em mim e nas almas sensíveis os claros fios de sentimentos de milhares de ideias.

A vida do rosto está nas expressões. O centro do rosto não são os olhos, mas o olhar que por um momento se inflama. Ele está e não está de todo. Não se pode talhá-lo no mármore. A vida do rosto não é representada na arte diretamente, mas por seus próprios meios condicionais. E por esses mesmos meios é expressa a tempestade da vida social. Aqui não há jamais correspondências diretas. As construções habituais de paralelos entre a arte e os jorros da revolução são todas racionalizantes, e é abstrata a imputação de estéticas tendenciosas, como pintar a revolução por uma série de protocolos e fotografias ou tomá-la como um enredo etc. A inspiração é a construção de imagens não coincidentes com a imagem inspiradora. A imagem inspiradora da Madona Sistina irrompe na alma uma tempestade de imagens e arabescos, uma gradação de sons sinfônicos. Sob sua espuma escancara-se uma mudez silenciosa azul. A Madona não está no desenho da Madona; não, ela está, antes, nas modulações que inspiram a lira de Novalis.

A revolução, vertendo-se na alma dos poetas, de lá cresce não como uma imagem que realmente existiu; não, ela cresce, antes de tudo, feito as flores azuis do romântico e o ouro do sol. Tanto o ouro do sol como o delicado fluxo do azul puxam de volta a revolução com mais espontaneidade que o enredo revolucionário absurdamente constituído.

Eu lembro ao leitor o ano 1905 na vida da criação – o que ele nos deu realmente? Uma variedade de relatos empalidecidos sobre bombas, fuzilamentos e policiais. No entanto, refletiu-se vivamente mais tarde – e mesmo agora continua a se refletir. A revolução, em relação aos relatos empalidecidos da época revolucionária, tornou-se cheia de vida, um rosto fixado em nós. Todas as suas imagens são retratos sem olhar. O ano 1905 ganhará vida mais tarde, nas estrofes conturbadas da poesia de Guíppius. Mas essas estrofes são escritas livremente e nelas não há fotografia. A obra de arte com um enredo por tema são moldes de gesso de um rosto vivo, e assim parecem os apagados panegíricos dos poetas em versos rimados de "*svoboda*" [liberdade] e "*naroda*" [povo]. Mas sei com certeza que em uma época próxima a Grande Revolução Russa será refletida em imagens colossais com tanto mais força quanto menos os artistas da palavra a profanarem nestes nossos dias assombrosos.

Apreender o enredo da revolução é praticamente impossível na época de seu desenrolar. É impossível exigir de poetas, artistas, músicos que a louvem em ditirambos e hinos. Nesses hinos, escritos imediatamente e publicados no dia seguinte em papel barato de jornal, confesso que não acredito. O abalo, a alegria e a euforia nos submergem em mudez. Sabiamente eu me calo sobre os acontecimentos sagrados de minha vida interior, por isso achei repugnantes os berros de poetas sobre o tema da guerra. Por isso todos aqueles que derramam a superfície de sua alma em versos rimados bastante monótonos a propósito de um acontecimento mundial jamais falarão sobre ele a palavra verdadeira. É possível que pronunciem uma palavra, mas não no momento, só depois, principalmente quem estiver calado.

A revolução é o ato da concepção das formas criadoras amadurecidas nas décadas. Depois do ato da concepção, com o tempo, ela se empalidece. Sua vida não está no florescimento, mas na afluência dos sucos nutrientes para... o recém-nascido. No momento da revolução, temporariamente empalidecem as flores das artes que vemos despontar. Seu invólucro murcha: assim murcha a face das mulheres grávidas. Mas no esvanecimento do brilho exterior há o lampejo de uma beleza oculta. É maravilhoso o silêncio das obras no minuto em que a vida fala. A interferência de suas vozes em sua fala tempestuosa aparece no momento em que a fala é pronunciada.

Vejo delinear-se o gesto do artista no período revolucionário. É um gesto de entrega de si, de esquecimento de si, como um sacerdote da beleza, o sentimento de si como mero cidadão de uma causa comum. Lembrem-se do gigantesco Wagner: ao ouvir a canção da turba revolucionária, ele interrompe uma sinfonia com o bater da batuta e, abandonando o púlpito do maestro, corre para a multidão. Ele fala, e salva-se fugindo de Leipzig. Wagner poderia ter escrito maravilhosos ditirambos e os regido... na Suíça. Mas ele não escreve ditirambo nenhum, e sim... interrompe sinfonias. Ele se esquece da dignidade do guardião culto, sente-se um agitador qualquer. Mas isso não quer dizer que a vida da revolução não se refletiu no artista. Não, ela se assentou profundamente – tão profundamente se assentou na alma que no momento da revolução o gênio de Wagner se emudeceu. Essa era a mudez do abalo. Ela irrompeu mais tarde em gigantescas explosões, com a tetralogia dos Nibelungos, com a pintura da derrubada dos ídolos e com o triunfo do homem sob a ira dos deuses arcaicos. Refletiu-se na encantada explosão do fogo da revelação que se apossou do Valhalla.

Wagner é um autêntico revolucionário em sua esfera, como [Henrik] Ibsen, que viveu os acontecimentos de 1848 com ardor voluntarioso. No diálogo de Ibsen está a explosão da dramaturgia. A marca do espírito revolucionário lá refulge. Tanto Wagner quanto Ibsen refletiram o elemento. Entre a revolução e o aparecimento de suas produções não há uma ligação explícita, ainda que ela seja estreita. Mas é ainda maior a ligação deles com a época revolucionária que se iniciava. Os tempos pré-revolucionários estão tingidos com os reflexos das chamas revolucionárias que se aproximam. Esses reflexos jazem nas artes.

A revolução é a revelação das forças criadoras. Nas consolidações da vida não há espaço para tais forças, pois o conteúdo da vida é fluido. Ele escapa de sob as formas, que secaram há muito. Nelas, a desfiguração pulsa desde o subterrâneo. A consolidação é o aparecimento do conteúdo para fora. Mas em condições normais de vida o processo de consolidação é substituído por uma corporificação que cria incrustações estáticas no lugar das formas. Todas as abstrações e as formas materiais são em si incrustações de formas, sedimentações anormais nas formas, lembrando a sedimentação da pele, um tipo de casca queratinosa. Nas consolidações da vida elas formam um lastro estático e de crescimento defeituoso. Assim é o esqueleto dentro de nós. Sua imagem representa a morte. Nosso esqueleto não é o sinal vivo de uma imagem plástica viva na matéria mineral. Nesse sentido, ele é um cadáver, nós o sedimentamos. Ao sedimentá-lo, nós o carregamos, como se agrilhoados ao cadáver da vida. Mas isso não significa que sejamos esqueletos. Enquanto ainda vivemos, o esqueleto está oculto. Nossa "morte" só aparece mais tarde, quando se esvai o suspiro do último movimento dos tecidos em decomposição. Logo, a aparição do "esqueleto", a partir da forma vivente, antes da morte, constituía substituição do processo criativo por um detrito, por um produto material. A mesma aparição do "esqueleto" antes da morte é a desintegração da dialética do pensamento em suas partes separadas, em conceitos mortos. Esses conceitos são ossos: a criação do esqueleto. Nós engendramos nossa morte pré-mortal, mecanizamos o processo evolutivo. Em nosso pensamento moribundo, a carne da vida está disposta em elementos da matéria, por isso as leis de movimento de produtos materiais tornam-se também leis de manifestações da vida social. Assim, a redução das forças a meras relações econômicas revela precocemente nosso esqueleto, no qual despejamos nossas terríveis inspirações, e o cadáver mecanicamente nos arrasta para o mundo da produção maquinal. O símbolo da morte é o esqueleto; similar ao esqueleto é a máquina. Esse nosso homúnculo, a máquina, surgindo de nós, conduz para a morte. A relação descuidada com as máquinas, sua superestimação, é a fonte das catástrofes da realidade circundante. Em consequência, os processos de criação da vida já não desempenham papéis substanciais na realidade evolutiva. Na evolução, tal como a compreendemos, estudamos apenas o movimento dos vagões de mercadorias e o carregamento deles com grãos. Não estudamos os processos da vida do grão dentro da espiga nem o amadurecimento desta.

No olhar mecânico para a vida da revolução há uma explosão que precipita a forma morta rumo ao caos disforme. Mas sua expressão é bem outra. Ela é, mais precisamente, o processo da força do crescimento do broto, a arrebentação pelo broto da semente, a passagem do organismo materno no enigmático ato do nascimento. A revolução, nesse caso, pode ser chamada de *involução* – a corporificação do espírito na condição de vida orgânica. A expressão revolucionária da vida orgânica é um caso particular dos processos involutivos. Mais exatamente, ela é o choque da força do broto com a casca da forma, de espessura anormal. Tem-se, então, o descarte violento da forma-carcaça.

O ato da revolução é ambivalente. Ele é violento, é livre, é a morte das velhas formas e o nascimento de novas. Mas essas duas manifestações são dois ramos de um mesmo núcleo, no qual não há dissociação entre conteúdo e forma. Ele combina a dinâmica do espírito (processo) com a estaticidade do corpo (produto). Apreendemos o pensamento como um exemplo de tal possibilidade de combinação paradoxal. No pensamento, o sujeito, a atividade ideal, está substancialmente identificado com o objeto, com a ideia que é produto dessa atividade, por isso ele não traz nenhum rompimento entre o conteúdo e a forma. E por isso, para nós, o pensamento precede a forma incessantemente fluida – a forma está no movimento.

A involução é a mesma forma fluida. Ela se liga nos núcleos do conteúdo revolucionário com as formas evolucionárias. Em seu mundo, o solavanco da revolução é o indicador de que *o feto chuta dentro do útero*.

As forças revolucionárias são correntes de fontes artesianas. No início, a fonte cospe sujeira, e a estagnação da terra se solta nas correntes. Porém, depois, elas se tornam puras. A purificação revolucionária é a organização do caos na flexibilidade do movimento das formas recém-nascidas. O primeiro momento da revolução é a formação de vapores, enquanto o segundo é sua condensação em uma forma flexível e fluida como uma nuvem. A nuvem em movimento pode ser tudo o que se queira: um gigante, uma cidade, uma torre. Ela faz reinar a metamorfose e aparecerem cores. Ela fala pelo trovão. As vozes trovejantes no vapor mudo e disforme são o milagre do nascimento da vida no seio da revolução.

A época revolucionária precede a turbulenta compreensão das formas futuras da realidade pós-revolucionária... na névoa fantástica das artes. Lá, na indistinta história pronunciada, eleva-se conturbadamente a história que virá. Ora ela é mitologia, ora está sob os véus do passado transfigurado pela auréola do conto de fadas. Esse passado, em essência, nos diz o que nunca aconteceu. Todo o romantismo da recordação do passado é na realidade um anseio. O futuro, por não possuir uma forma completa, põe-se para nós sob a máscara do passado. E por isso tal passado nunca aconteceu: ele é o País dos Sonhos. O *Embarquement pour Cythère* [Embarque para Citera]* reflete o enlanguescer da realidade pré-revolucionária.

No romantismo, na fantasia, na névoa dos contos de fadas das artes, já há uma greve. Ela mostra que em algum lugar da consciência acumulou-se a energia da explosão revolucionária, que logo, das ondas nebulosas do romantismo, aparecerá... um relâmpago. O período revolucionário do início do século passado corre pela Europa

---

* Pintura de 1717 do francês Jean-Antoine Watteau. (N. E.)

na onda do romantismo; e nossa época passa diante de nós na onda do simbolismo.
A revolução no campo das formas é a consequência do romantismo. A sensação do inefável e do inexprimível para sempre a acompanhará. O enigma da forma futura não está desvendado, mas as formas existentes estão gastas e cairão. A revolução no campo das formas é ilusória: ela é a evolução da decomposição das carcaças mortas e enrijecidas sob a pressão de impulsos internos que não mostram a face.
Nos tempos pré-revolucionários, a alma de artistas refinados abre-se a impulsos femininos internos ao espírito. O ato de concepção pelo espírito ocorre na alma, e os mistérios das futuras formas de vida sobrevivem nas imagens. Os tempos pré-revolucionários não se veem distintamente, mas são penetrados pelo sentimento profético do artista. E eles vestem a história em algum momento futura com a plumagem de histórias e com as dobras da realidade presente. Desse modo, essa realidade adquire um sentido ambivalente, e ela mesma se converte em símbolo sem se decompor em partes, tornando-se cada vez mais transparente. São assim os dramas de Ibsen – um grande anarquista dos tempos pré-revolucionários, e por isso esses dramas ribombam pela Europa em trovoadas de avalanches voadoras e abalam com demolições, ascensões, canções e gritos endoidecidos. Os dramas de Ibsen são o ponteiro da bússola. A queda de Solness, Brand e Rubeck das alturas das geleiras é a queda do ponteiro da bússola diante da tempestade que assoma. No estrondo da avalanche de toda a dramaturgia de Ibsen já ouvimos outros estrondos distantes: aqueles dos canhões da guerra mundial inaudita, o trovão da revolução.
[...]

Fonte: Andrei Biély, *Революция и Культура/ Revoliútsia i Kultura* [Revolução e cultura]. Moscou, Издание Г. А. Лемана и С. И. Сахарова/ Izdánie G. A. Lemana i S. I. Sakhárova, 1917.

IVAN BÚNIN

Retrato de 1901 de Bunin, aos 30 anos.

IVAN ALEKSÉIEVITCH BÚNIN (1870-1953) • Nasceu em 10 (22) de outubro de 1870, em Vorônej. Foi escritor e poeta. Sua estreia literária se deu com o livro de poemas intitulado *Над могилой С. Я. Надсона/ Nad moguíloi S. Ia. Nadsona* [Sob o túmulo de S. Ia. Nadson], de 1887. Recebeu o Prêmio Púchkin em 1903 e em 1909. Na virada do século, passou a dedicar-se à prosa. A partir de 1920, emigrou para a França, onde se tornou um dos principais autores da literatura russa na emigração e uma voz contra o regime soviético, com o qual, contudo, em certos momentos, tentou construir algumas pontes, tornando-se um escritor parcialmente publicado na URSS. Autor, entre outros, do romance autobiográfico *Жизнь Арсеньева/ Jízn Arsiêneva* [A vida de Arsiênev], da novela *Митина любовь/ Mítina liubóv* [O amor de Mítia] e dos contos "Господин из Сан-Франциско"/ "Gospodin iz San-Frantsisko" [O senhor de São Francisco] e "Лёгкое дыхание"/ "Liógkoe dykhánie" [Respiração leve]. Em 1933, foi o primeiro escritor russo a ser laureado com o Prêmio Nobel de Literatura. Morreu em 1953, em Paris.

Escrito em 1918 a partir dos diários do autor durante a revolução, *Dias malditos* foi publicado em 1925. O fragmento aqui selecionado é o trecho inicial do livro.

(Por Priscila Marques.)

*DIAS MALDITOS**
(TRECHOS)

MOSCOU, 1918

1º de janeiro (velho calendário)
Acabou esse ano amaldiçoado. Mas o que vem depois? Talvez algo ainda mais terrível. É até bem provável.

A minha volta está acontecendo algo surpreendente: por algum motivo, quase todos estão extraordinariamente felizes – não importa quem você encontre na rua, o rosto simplesmente emana um brilho.

— Chega disso, meu caro! Daqui a duas, três semanas você mesmo vai ter vergonha...

Energicamente, com uma ternura alegre (de pena de mim, o bobo), aperta minha mão e segue correndo.

Hoje, tive de novo um encontro desses – com Speránski, do *Русские ведомости/ Rússkie Viédomosti* [Notícias Russas]. Depois dele, encontrei uma velha na travessa Merzliakóvski. Ela parou, apoiou-se na muleta com mãos trêmulas e começou a chorar:

— Paizinho, me leve com você! Para onde é que a gente vai agora? A Rússia está perdida, dizem que por treze anos estará perdida!

7 de janeiro
Estive numa reunião da Editora dos Escritores – uma notícia graúda: dissolveram a Assembleia Constituinte!

Sobre Briússov: vai cada vez mais para a esquerda, "já está quase um bolchevique rematado". Isso não me surpreende. Em 1904, exaltava a autocracia, exigia (como [Fiódor] Tiutchev!) a imediata tomada de Constantinopla. Em 1905, apareceu com "Кинжал"/ "Kinjál" [O punhal] na [revista] *Борьба/ Borbá* [A Batalha], de Górki. Quando a guerra com os alemães começou, tornou-se um grande patriota. Agora é bolchevique.

---
* Tradução de Cecília Rosas. (N. E.)

5 de fevereiro
Desde 1º de fevereiro mandaram usar o novo estilo. Assim, segundo eles, agora já é dia 18.
Ontem estive na reunião da Sredá*. Havia muitos "jovens". Maiakóvski, comportando-se, no geral, de maneira bastante decente, ainda que o tempo todo tivesse uma espécie de independência ultrajante, gabando--se da estreiteza cabeça-dura de suas opiniões, estava com uma camisa macia sem gravata e, por alguma razão, com a gola da jaqueta levantada, como costumam usar os indivíduos de barba malfeita que vivem em quartos nojentos e de manhã vão às latrinas públicas.
[Iliá] Ehrenburg e Vera Ínber recitavam. Sacha Koiranski disse sobre eles:

Ehrenburg ulula,
Ínber ávida capta seu apelo –
Nem Moscou nem Petersburgo
Substituirão Berdítchev para eles.

6 de fevereiro
Nos jornais, escreve-se sobre o começo do ataque dos alemães contra nós. Todos dizem: "Ah, quem dera!".
Fomos para a Lubianka**. Aqui e ali havia "comícios". Um ruivo, com um sobretudo de gola redonda de astracã, sobrancelhas ruivas espessas, rosto recém-barbeado, empoado e com dentes de ouro na boca, monótono, como se lesse, falava sobre as injustiças do velho regime. Um senhor de nariz arrebitado e olhos saltados replicava com raiva. Mulheres intervinham ardentemente e sem propósito, interrompiam a discussão (de princípios, segundo a expressão do ruivo) com particularidades, relatos apressados de sua vida privada que deviam demonstrar que estava acontecendo o diabo sabe o quê. Vários soldados que, pelo visto, não entendiam nada, mas, como sempre, duvidavam de algo (melhor dizendo, de tudo) e balançavam a cabeça desconfiados.
Um mujique se aproximou; era um velho com bochechas pálidas, inchadas e um cavanhaque grisalho, que, ao passar, enfiou-se com curiosidade na multidão, cravando o cavanhaque entre as mangas de

---
* Círculo literário moscovita existente entre 1899 e 1916, do qual participavam Ivan Búnin, Maksim Górki, Leonid Andréiev, Aleksandr Kuprin, entre outros. (N. E.)
** Praça em Moscou onde se localizava o prédio da Tcheká, a polícia secreta soviética. (N. E.)

dois senhores que estavam o tempo todo calados, apenas escutando: pôs-se a escutar com atenção, mas também, pelo visto, sem entender nem acreditar em nada nem em ninguém. Um trabalhador alto e de olhos azuis se aproximou, além de mais dois soldados com sementes de girassol nas mãos. Os soldados, ambos de perna curta, mastigavam e olhavam desconfiados e sombrios. No rosto do trabalhador, brincava um sorriso malvado e alegre, de desprezo; estava fora da multidão, de lado, fingindo que havia parado apenas por um momento, por diversão; como se dissesse: de antemão, já sei que é tudo besteira.

Uma dama se queixava apressadamente de que agora não tinha um pedaço de pão; antes tinha uma escola, mas agora havia dispensado todas as alunas porque não tinha nada para dar de comer a elas.

— Quem melhorou de vida com os bolcheviques? Todos pioraram e, em primeiro lugar, nós mesmos, o povo!

Interrompendo-a, interveio ingenuamente uma rameirinha pintada, que começou a dizer que logo, logo chegariam os alemães e todos teriam de pagar pelo mal que haviam causado.

— Antes de os alemães chegarem vamos matar todos vocês — disse o trabalhador, com frieza, e seguiu adiante.

Os soldados apoiaram: "É isso mesmo!", e também se afastaram.

Tratava-se do mesmo assunto em mais uma multidão, onde outro trabalhador e um alferes discutiam. O alferes tentava falar da forma mais suave possível, escolhendo as expressões mais inofensivas, tentando agir com lógica. Ele quase conseguiu cair nas graças da multidão, e mesmo assim o trabalhador gritava com ele:

— Vocês têm de ficar mais quietos, isso sim! Chega de espalhar propaganda pelo povo!

K. diz que ontem R. foi à casa deles de novo. Ficou quatro horas e passou o tempo todo lendo, sem aparente sentido, um livro sobre ondas magnéticas que alguém deixara na mesa, depois bebeu chá e comeu todo o pão que eles haviam recebido. Ele é de natureza dócil, quieta e nem um pouco insolente, mas agora vem e fica sem a menor vergonha, come todo o pão com absoluta desatenção aos donos da casa. As pessoas decaem rápido!

Blok se aliou aos bolcheviques abertamente. Publicou um artigo que maravilhou Kogan (P. S.)*. Ainda não li, mas contei o que supunha ser

---

* O artigo é "A *intelligentsia* e a revolução", incluído nesta antologia (p. 18-28). O artigo de Piotr Semiónovitch Kogan, crítico marxista, foi publicado em fevereiro de 1918 e saudava o entusiasmo de Blok pela "música" da revolução, daí a referência à "musiquinha" a seguir. (N. E.)

seu conteúdo para Ehrenburg – e revelou-se que eu estava bastante certo. Em geral, a musiquinha não tem nada de complicado, e Blok é um homem tolo.

Da *Новая жизнь / Nóvaia Jizn* [Vida Nova], de Górki:

A partir de hoje, até para o mais ingênuo simplório, ficou claro que não é apenas de algum tipo de coragem e honra revolucionária que não se pode falar, mas nem sequer da mais elementar honestidade política dos comissários do povo. Temos diante de nós um grupo de aventureiros que, por interesses pessoais, em nome de prolongar por ainda mais umas semanas a agonia de sua autocracia agonizante, está disposto à mais vergonhosa traição dos interesses da pátria e da revolução, dos interesses do proletariado russo, em cujo nome eles cometem desmandos no trono vago dos Románov.

Do *Власть народа / Vlast Naroda* [O Poder do Povo]:

Em vista dos casos de espancamento dos presos, reiteradamente observados e repetidos a cada noite durante os interrogatórios no Soviete de Deputados de Trabalhadores, pedimos ao Soviete dos Comissários do Povo que previna semelhantes ataques e atos de vandalismo...

É uma queixa de Borovitchi.

Da *Русское слово / Rússkoe Slovo* [A Palavra Russa]:

Mujiques de Tambóv, do povoado de Pokróvski, criaram uma minuta: "No dia 30 de janeiro, nós, enquanto comunidade, perseguimos dois abutres, nossos cidadãos Nikita Aleksándrovitch Búlkin e Adrian Aleksándrovitch Kudínov.
Com o acordo de nossa sociedade, eles foram encurralados e imediatamente mortos."
Ali na hora essa "sociedade" também elaborou um peculiar código de punições de crimes:
— Se alguém bate em alguém, a vítima deve bater no agressor dez vezes.
— Se alguém bate e causa ferimento ou quebra osso, tem que tirar a vida do agressor.
— Se alguém realiza um furto ou recebe uma coisa roubada, tem que tirar a vida dessa pessoa.
— Se provocar um incêndio e for descoberto, tem que tirar a vida dessa pessoa.

Logo dois ladrões foram pegos em flagrante. Foram imediatamente "julgados" e condenados à pena de morte. Primeiro mataram um: quebraram a cabeça com uma balança, cortaram a lateral do corpo com uma forquilha, e o morto, depois de despido inteiramente, foi jogado na estrada. Depois, partiram para o outro...
Agora você lê coisas assim todos os dias.
Na rua Petrovka, os monges estão quebrando gelo. Os passantes comemoram, alegram-se com a desgraça deles.
— Ah! Mandaram vocês para a rua! Agora vão botar vocês para trabalhar!
No pátio de uma casa na rua Povarskaia, um soldado com uma jaqueta de couro cortava lenha. Um mujique que passava parou por muito tempo e ficou olhando, depois balançou a cabeça e disse com pesar:
— Ah, seu filho da mãe! Ah, seu desertô, filho da mãe! A Rússia está perdida!

7 de fevereiro
No *Vlast Naroda*, a manchete: "O começo de um momento terrível – a Rússia e a revolução estão morrendo. Todos em defesa da revolução, que ainda há pouco tempo radiantemente brilhava para o mundo!".
Quando foi que ela brilhou, seus sem-vergonha?
No *Russkoe Slovo*: "Foi assassinado o ex-chefe do Estado-maior, general Ianuchkévitch. Ele foi preso em Tchernígov e, por ordem do tribunal revolucionário local, transferido para Petrogrado, para a fortaleza de Pedro e Paulo. Escoltaram o general dois soldados do Exército Vermelho. Um deles o matou à noite, com quatro tiros, quando o trem chegava à estação de Óredej".
A neve ainda brilha como no inverno, mas o céu azuleja claro, como na primavera, por entre a névoa resplandecente das nuvens.
Na praça Strastnaia estão colando um cartaz sobre um espetáculo em homenagem a Iavórskaia*. Uma camponesa gorda, ruivo-rosada, brava e insolente, disse:
— Veja só, estão colando! E quem é que vai lavar os muros? E os burgueses vão ao teatro? Tem é de proibir de ir ao teatro. Nós não vamos. Ficam nos assustando com os alemães – estão vindo, estão vindo, e eles não chegam.

---

* Trata-se provavelmente da atriz russa Lídia Boríssovna Iavórskaia (1871-1921). (N. E.)

Na rua Tverskaia vai andando uma dama de *pince-nez*, com um gorro de soldado feito de pele de carneiro, um casaquinho de pelúcia avermelhado, uma saia esfarrapada e galochas em péssimo estado.

Muitas damas, universitárias e oficiais ficam nas esquinas, vendendo algo.

Entrou no vagão do bonde um jovem oficial e, corando, disse que "não podia, infelizmente, pagar pela passagem".

Antes de anoitecer. Na Praça Vermelha, o sol baixo ofusca, há neve espelhada, comprimida pelos veículos. Está vindo o frio. Entramos no Kremlin. No céu, lua e nuvens rosadas. Silêncio, enormes montes de neve. Perto do depósito da artilharia, range com suas botas de feltro um soldado de *tulup**, com o rosto parecendo entalhado na madeira. Como essa guarda parece sem propósito agora!

Saímos do Kremlin – meninos correm a meu encontro e, extasiados, com uma acentuação não natural, gritam:

— Moguiliov tomada pelas tropas alemãs!

8 de fevereiro
Andrei (o criado de meu irmão Iuli) está perdendo cada vez mais a cabeça, é até de dar medo.

Ele trabalha como criado há quase vinte anos e sempre foi invariavelmente simples, amável, sensato, educado e cordial conosco. Agora, parece ter ficado louco. Continua fazendo o serviço com esmero, mas, pelo visto, já sem vontade; não consegue nos olhar, esquiva-se de conversar conosco, treme inteiro por dentro de raiva e, quando não consegue mais se manter calado, solta alguma besteira enigmática entrecortada.

Hoje de manhã, quando estávamos na casa de Iuli, N. N. falava, como sempre, que estava tudo perdido, que a Rússia estava despencando no abismo. As mãos de Andrei, que estava colocando sobre a mesa o jogo de chá, de repente puseram-se a saltar, o rosto se inundou em fogo.

— Isso mesmo, sim, está despencando, despencando! E de quem é a culpa, de quem? Da burguesia! E os senhores vão ver como vão degolá-la, vão ver! Aí é que vocês vão se lembrar do general Aleksêiev!

Iuli perguntou:

— Mas, Andrei, queira o senhor explicar direito ao menos uma vez por que odeia justamente ele?

Andrei, sem olhar para nós, sussurou:

---

* Modelo de casaco forrado de peles. (N. E.)

— Não tenho nada a explicar. Os senhores mesmos devem entender...
— Mas uma semana atrás o senhor o defendia de corpo e alma. O que foi que aconteceu?
— O que aconteceu? Esperem e vão entender...
Chegou Derman, o crítico – fugiu de Simferópol. Lá, ele disse, está um "horror sem fim", soldados e trabalhadores "andam afundados em sangue até os joelhos". Assaram vivo algum velho coronel na fornalha de uma locomotiva a vapor.

9 de fevereiro
Ontem, fomos à casa de B. Havia bastante gente – e todos em uma só voz diziam que os alemães estão avançando, graças a Deus, tomaram Smoliensk e Bologóie.
De manhã fui para a cidade.
Havia uma multidão na Strastnaia.
Me aproximei, escutei. Uma dama com um regalo nas mãos, uma camponesa com nariz arrebitado. A dama falava apressadamente, corava de agitação, se atrapalhava.
— Para mim, isso não é pedra, de forma alguma — diz apressadamente a dama. — Esse mosteiro para mim é um templo sagrado, e vocês estão tentando provar...
— Eu não tenho nada a provar — interrompe a camponesa com insolência. — Para você ele é sagrado, mas para nós é pedra e acabou! Sabemos disso! Vimos em Vladímir! O pintor pegou uma tábua, passou uma tinta e pronto, apareceu Deus. Pois reze você para ele.
— Depois disso, não desejo mais falar com vocês.
— Então não fale!
Um velho de dentes amarelos e barba por fazer discute com um trabalhador:
— Para vocês não sobrou nada agora, nem Deus nem consciência — diz o velho.
— É, não sobrou.
— Vocês fuzilaram um quinto das pessoas pacíficas.
— Veja só! E quantas *vocês* fuzilaram em trinta anos?
Na rua Tverskaia, um velho general pálido, de óculos prateados e *papakha** preta, vendia algo; estava parado com timidez, modéstia, como um mendigo...

---

* Gorro alto feito de pele. (N. E.)

Com que rapidez impressionante se renderam todos, decaíram em um instante! Boatos de legiões polonesas que, parece, vão nos salvar. A propósito – por que justo "legião"? Que excesso de palavras novas e empoladas! Em todo jogo e teatro de feira usam o estilo "elevado", uma mentira afetada.

As esposas de todos esses FDP, enclausuradas no Kremlin, falam agora por várias linhas diretas, como se estivessem ao telefone em casa.

*19 de fevereiro**

Paz, paz, mas não há paz. Sim, encontram-se ímpios em Meu povo, eles estão à espreita, como passarinheiros que se agacham, eles montam armadilhas e caçam homens. [...] E Meu povo gosta disso. [...] Escuta, terra! Eis que farei vir a desgraça sobre esse povo, fruto de suas cogitações.**

Isso é de Jeremias – passei a manhã inteira lendo a Bíblia. Magnífico. Especialmente as palavras: "E Meu povo gosta disso... Eis que farei vir a desgraça sobre esse povo, *fruto de suas cogitações*".

Depois, li a correção de meu "A aldeia" para a editora de Górki, Parus. O demônio me pôs em contato com esse estabelecimento! Ainda assim, porém, "Деревня"/ "Derévnia" [A aldeia] é uma coisa extraordinária. Mas é digna apenas dos conhecedores da Rússia. E quem a conhece? Depois folheei (também para a Parus) meus poemas de [19]16.

O dono morreu, a casa foi fechada,
A caparrosa floresce nos vidros,
O galpão coberto de urtiga,
A panela, há tempos vazia, aberta
E pelos estábulos fumega o esterco...
Calor, colheita... Para onde vai
O cão enlouquecido correndo pela propriedade?

Escrevi isso em [19]16, em Vassílievski, pressentindo o que naqueles dias provavelmente era pressentido por muitos que viviam na aldeia, próximos do povo. No verão do ano passado, isso se realizou por completo.

---

* Aparentemente, um erro. (N. E. R.)
** Jeremias 5:26, 31; 6:19. *Bíblia de Jerusalém* (São Paulo, Paulus, 2002). (N. E.)

Eis que arde o centeio, corre o grão,
E quem vai pegar, colher?
Eis que a fumaça flui, o sino toca,
E quem vai se decidir a apagar?
Eis que se ergue uma hoste possessa
E, como Mamai*, por toda a Rus passa...

Até agora não entendo como decidimos passar todo o ano 1917 no campo e como e por que nossa cabeça saiu sã e salva!
"Ainda não chegou a época de compreender a Revolução Russa de forma imparcial, objetiva..." Agora você escuta isso a todo instante. De forma imparcial! Mas a verdadeira imparcialidade nunca vai existir. E o mais importante: nossa "parcialidade" será muito, muito cara para o historiador do futuro. Será que só a "parcialidade" do "povo revolucionário" é importante? E nós, por acaso, não somos seres humanos?

Noite na Sredá. Ausländer** leu algo extremamente pobre, à maneira de Oscar Wilde. Ele inteiro parece meio doente, com olhos escuros e mirrados, nos quais se vê um brilho dourado, como o do nanquim lilás seco.

Parece que os alemães não estão agindo normalmente na guerra, combatendo, conquistando, mas "simplesmente estão vindo de trem pela ferrovia" para ocupar Petersburgo. E parece que vão executar isso daqui a 48 horas, nem mais nem menos.

Há um artigo no *Известия/ Izviéstia* [Notícias] em que os "sovietes" se comparam a [Mikhail] Kutúzov. Vigaristas mais descarados o mundo nunca viu.

14 de fevereiro
Está caindo neve morna.
No bonde é um inferno, nuvens de soldados com mochilas – estão fugindo de Moscou, com medo de serem mandados para defender Petersburgo dos alemães.
Todos têm certeza de que a ocupação da Rússia pelos alemães já começou. Até o povo fala disso: "Ah, é, os alemães vão vir e botar ordem".

---

* Khan mongol de fins do século XIV (a Rússia esteve sob domínio mongol entre 1240 e fins do século XV). (N. E.)
** Provavelmente se trata de Serguei Abrámovitch Ausländer (1886-1937), escritor e crítico literário. (N. E.)

Como sempre, uma terrível quantidade de gente fora dos cinematógrafos examina avidamente os cartazes: à noite, os cinematógrafos ficam simplesmente lotados.

Em Nikítskie Vorota, um cocheiro bateu em um automóvel, amassou o para-lama. O cocheiro, um gigante de barba ruiva, ficou completamente desnorteado.

— Perdão, senhor, pelo amor de Deus, eu me curvo a seus pés!
— Para que fazer isso em meus pés? Você é tão trabalhador quanto eu. Só da próxima vez não venha contra mim!
Sente-se o chefe, e não sem motivo. Novos senhores.
Jornais com colunas em branco – censura. Muralov "deu o fora" de Moscou.
De um cocheiro perto do [restaurante] Praga, alegre e rindo:
— E daí? Que venham. Tanto faz quem nos domina, se é alemão, se é o de antes. Dizem que lá já prenderam trinta judeus importantes. E nós? Somos gente ignorante. Você diz "toca em frente" para um, e todo mundo vai atrás dele.

15 de fevereiro
Depois das notícias vespertinas de ontem, de que Petersburgo já fora tomada pelos alemães, os jornais ficaram muito decepcionados. Em todos, as mesmas palavras de ordem para "erguer-nos como um só na luta contra a guarda branca alemã".

[Anatóli] Lunatchárski convoca até os colegiais para se alistar na Guarda Vermelha e "combater [Paul von] Hindenburg".

Pois bem, entregamos aos alemães 35 províncias, 1 milhão de canhões, veículos blindados, trens, munição...

Mais uma vez, cai neve úmida. Colegiais andam cobertas por ela – beleza e alegria. Uma delas era especialmente bonita – fascinantes olhos azuis por trás de um regalo de peles erguido até o rosto... O que espera por essa juventude?

À noite, tudo arde pelo sol, como na primavera. No oeste, nuvens de ouro. Poças e neve branca e macia, ainda não derretida.

16 de fevereiro
Ontem à noite estive na casa de T. A conversa, claro, é sempre sobre a mesma coisa: o que está acontecendo. Todos estão horrorizados, só Chmeliov não se rendeu e ficava exclamando:
— Não, eu acredito no povo russo!

Hoje vaguei pela cidade a manhã inteira. Uma conversa animada, alegre, de dois soldados que passavam:
— Amigo, Moscou agora não vale m... nenhuma.
— Agora o interior também não vale m... nenhuma.
— Bem, os alemães estão vindo, vão botar ordem nas coisas.
— Claro. Nós não temos poder de qualquer jeito. Em todo lugar só tem ferrado.
— Mas, se não fosse pelos ferrados, agora eu e você estaríamos apodrecendo na trincheira...
Na loja de Belov, um jovem soldado com cara de bêbado e bem alimentado oferecia cinquenta *puds** de manteiga e falava alto:
— Agora não temos vergonha de nada. Nosso atual supremo comandante, Muralov, é um soldado, como eu, e bebeu 20 mil rublos tsaristas.
Vinte mil! Isso é provavelmente a invenção extasiada de uma fantasia bruta. Mas só quem sabe é o diabo – pode ser verdade.
Às quatro, no Círculo dos Artistas, reunião de jornalistas – "elaboração de um protesto contra a censura bolchevique". Presidida por [Serguei] Melgunov. [Ekaterina] Kuskova conclamou a não se publicar nenhum jornal em sinal de protesto. Imagine como isso seria assustador para os bolcheviques! Depois, todos asseguraram ardentemente uns aos outros que os bolcheviques estavam vivendo suas últimas horas. Já estavam tirando as famílias de Moscou. Fritche**, por exemplo, já havia tirado.
Falavam de Salikóvski:
— Sim, imaginem! Como jornalista ele era péssimo, mas vem essa Rada*** ridícula e Salikóvski é o governador-geral de Kíev!
Voltamos com Tchírikov****. Ele tem as informações mais recentes e confiáveis: o general [Liev] Kámenev se matou com um tiro; fica na Povarskaia o comando do quartel-general alemão; é muito perigoso para quem mora lá, porque ali acontecerá a batalha mais fervorosa; os bolcheviques estão trabalhando em contato com os monarquistas e com figurões comerciantes; com a anuência de [Wilhelm von]

---

* Medida de peso russa equivalente a 16,38 quilos. (N. E.)

** Provavelmente se trata de Vladímir Maksímovitch Fritche (1870-1929), crítico literário. (N. E.)

*** Parlamento ucraniano. (N. E.)

**** Provavelmente se trata do escritor Evguéni Nikoláievitch Tchírikov (1864--1932). (N. E.)

Mirbach foi decidido eleger Samárin para tsar... Nesse caso, contra quem acontecerá a batalha fervorosa?

Noite
Despedi-me de Tchírikov e encontrei na Povarskaia um menino soldado, esfarrapado, esquálido, asqueroso e caindo de bêbado. Cravou as fuças em meu peito e, depois de se afastar para trás, cuspiu em mim e disse:
— Déspota, filho da puta!
Agora estou sentado e pondo em ordem meus manuscritos, minhas notas – está na hora de me preparar para ir para o sul – e, justamente, achei uma prova de meu "despotismo". Eis uma nota de 22 de fevereiro de 1915:
— Nossa copeira Tánia, pelo visto, adora ler. Quando tira a cesta com rascunhos rasgados de debaixo de minha escrivaninha, ela seleciona algo, organiza e lê nos momentos livres – devagar, com um sorriso silencioso no rosto. Fica com medo de me pedir um livrinho, tem vergonha... De que forma cruel e abominável estamos vivendo!
Aqui está uma do inverno de [19]16 em Vassílievskoie:
— Tarde da noite, estou lendo no gabinete, numa velha e tranquila poltrona, no calor e no conforto, ao lado de uma maravilhosa luminária antiga. Entra Mária Petrovna, entrega um envelope amassado de papel sujo e cinzento:
— Pede para aumentar. As pessoas perderam toda a vergonha.
Como sempre, no envelope está escrita com nanquim lilás a arrojada letra do telegrafista de Izmalkovo "pagar setenta copeques à mensageira". E, como sempre, o número sete foi emendado para oito grosseiramente e a lápis: quem emendou foi o menino da própria "mensageira", ou seja, de Makhototchka, a camponesa de Izmalkovo que nos traz os telegramas. Levantei-me e andei pela sala escura e do salão escuro até a antessala. Nela, exalando o cheiro forte da peliça curta de carneiro misturado com o cheiro de isbá e frio, postava-se, agasalhada com um xale coberto de gelo, com um chicote na mão, uma camponesa baixinha.
— Makhototchka, de novo escreveu na entrega? E ainda pede para aumentar?
— Senhor — respondeu Makhototchka, com uma voz de madeira pelo frio —, veja como é que está a estrada. É buraco atrás de buraco. Sacoleja até a alma. De novo, que vergonha, no frio os joelhos ficam dormentes na neblina. Ora, são vinte verstas ida e volta...

Balanço a cabeça em desaprovação, depois meto um rublo na mão de Makhototchka. Voltando pela sala, olho para a janela: a noite de lua enregelada brilha muito no pátio nevado. E imediatamente imagino um campo claro e sem fim, uma estrada brilhante e cheia de buracos, trenós enregelados que batem por ela, um cavalinho largo que corre, todo coberto pela geada, com os cílios graúdos e cinzentos pela geada... O que pensa Makhototchka, encolhida pelo frio e pelo vento de fogo, apoiada de lado no canto da frente?

No gabinete, abro o telegrama: "Junto com todos no Strelna, bebemos à glória e ao orgulho da literatura russa". Eis para que Makhototchka passou vinte verstas batendo nos buracos.

17 de fevereiro
Ontem os jornalistas disseram em uma só voz que não acreditam que a paz com os alemães foi efetivamente assinada.

— Eu não imagino — disse A. A. Iablonski —, não imagino a assinatura de Hohenzollern ao lado da assinatura de Bronstein*!

Hoje fui à casa de Zúbov (na Povarskaia). Lá, Kólia estava estudando alguns livros. Primavera plena, muito clara de neve e sol – nos galhos de bétula, azuis claros e escuros, ele fica especialmente bonito.

Às quatro e meia, na praça Arbat inundada por um sol vivo, uma multidão de gente arrancava das mãos do jornaleiro o *Вечерние Новости/ Vétchernie Nóvosti* [Notícias Vespertinas]: "A paz foi assinada"!

Liguei para o *Vlast Naroda*: é verdade que a paz foi assinada? Respondem que acabaram de ligar para o *Izviéstia* e tiveram de lá uma sólida resposta: sim, foi assinada.

Aí está o "não imagino".

18 de fevereiro
De manhã, assembleia na Editora dos Escritores. Antes do começo da reunião, xinguei os bolcheviques com as piores palavras. Klestov-Angarski – ele já é algum tipo de comissário – não disse uma palavra.

Nas paredes das casas alguém afixou cartazes culpando Trótski e Lênin pela ligação com os alemães, dizendo que eles foram comprados pelos alemães. Pergunto a Klestov:

— Bem, e quanto exatamente esses canalhas receberam?

— Não se preocupe — respondeu ele, com sorriso turvo —, foi bastante...

---

* Sobrenome verdadeiro de "Trótski" (pseudônimo). (N. E.)

Pela cidade, a voz geral:
— A paz só foi assinada do lado da Rússia: os alemães se recusaram a assinar...
Um autoconsolo bobo.
À noite, brilhavam as cruzes de ouro opaco e rosado das igrejas.

19 de fevereiro
O crítico Kogan (P. S.) me falou a respeito de Chteinberg, comissário de justiça: um judeu à moda antiga, devoto, não come nada que não seja *kosher*, lê textos sagrados aos sábados... Depois, sobre Blok: está agora em Moscou, um bolchevique apaixonado, secretário pessoal de Lunatchárski. A mulher de Kogan, com espanto:
— Mas não julguem com severidade! Ele é uma criança de tudo, de tudo!
Às cinco horas de ontem fiquei sabendo que soldados bêbados jogaram uma bomba na Sociedade Econômica de Oficiais, na rua Vozdvijenka. Foram mortas sessenta ou oitenta pessoas, dizem.
Acabei de ler "uma resolução tomada pelo destacamento do navio de linha *Svobôdnaia Rossia* [Rússia Livre]" que foi trazida de Sevastópol. Uma obra absolutamente notável:
— Para todos, todos inclusive fora dos limites de Sevastópol, que atiram mal e sem mira!
— Camaradas, se ficarem atirando, o azar é de vocês, logo não vão ter o que nem onde atirar, mesmo assim vocês vão atirar e vão ficar a zero, e aí, queridos, vamos pegar vocês com nossas mãos vazias.
— Camaradas, a burguesia está engolindo até aqueles que agora estão no caixão e no túmulo. Pois vocês, traidores, atiradores, quando gastam munição estão a ajudando a engolir também o resto. Convocamos todos os camaradas a se unir a nós e proibir de atirar todos os proprietários de uma cabeça de cavalo.
— Camaradas, vamos fazer com que, hoje, todo tiro nos diga: "Um burguês, um socialista já não está mais entre os vivos!". Toda bala atirada por nós deve voar para uma pança gorda, ela não deve fazer espuma na água da baía.
— Camaradas, cuidem mais da munição do que de seus olhos. Ainda é possível viver com um olho só, mas sem munição é impossível.
— Se um tiroteio recomeça pela cidade e pela baía na frente de um enterro, lembrem que nós também, marinheiros militares do navio de linha *Svobôdnaia Rossia*, só atiraremos uma vezinha e não reclamem conosco se estourarem os tímpanos de todos e os vidros das janelas.

— Assim, camaradas, não haverá mais tiros vazios e tolos em Sevastópol, haverá apenas fogo eficaz na contrarrevolução e na burguesia, mas não na água nem no ar, sem os quais ninguém pode viver nem por minutos!

20 de fevereiro
Fui para a estação Nikoláievski.

Um frio muito ensolarado e leve, até demais. Da colina atrás dos portões Miasnitski, uma vastidão cinza, montes de casas, cúpulas douradas de igrejas. Ah, Moscou! Na praça em frente à estação derrete a neve, toda a praça brilha como ouro, como espelhos. Uma vista grave e forte de cavalos de carga que se aproximam com caixas. Será que toda essa força, essa abundância está acabada? Uma infinitude de mujiques, soldados vestindo diferentes capotes, de qualquer tipo, e com armas diferentes – um com o sabre ao lado, outro com um fuzil, outro com um revólver imenso no cinto... Agora os donos de tudo isso, os herdeiros dessa herança colossal, são eles...

No bonde, claro, aperto.

Duas velhas xingam furiosamente o "governo":

— Que fechem os olhos deles, dão para cada um menos de cinquenta gramas de torrada que devem ter ficado um ano largadas, você dá uma mordidinha e é um fedor de queimar a alma!

Ao lado de nós há um mujique que escuta estupidamente, olha estupidamente, de forma estranha, morta, com um sorriso idiota. No rosto castanho, pendem farrapos sujos de um chapéu manchuriano branco. Os olhos são brancos.

Entre todos os restantes, sentados e em pé, há um gigante militar uma cabeça inteira mais alto que todos, vestindo um formidável capote cinza, boas correias trespassadas e bem esticadas, com um chapéu militar redondo, cinza, como o que usava Alexandre III. Enorme, aristocrático, uma barba brilhante castanha, leva o Evangelho na mão enluvada. Completamente alheio a todos, o último dos moicanos.

[...]

Fonte: Ivan Búnin, *Окаянные дни/ Okaiánnie Dni* [Dias malditos]. Berlim, Петрополис/ Petrópolis,, 1936, p. 87-105.

VELIMIR
KHLÉBNIKOV

Caricatura de Velimir Khlébnikov feita pelo pintor cubista ucraniano Vladímir Burliuk em 1913.

VELIMIR KHLÉBNIKOV (nome verdadeiro: Víktor Vladímirovitch Khlébnikov) (1885-1922) • Nasceu em 28 de outubro (9 de novembro) de 1885, em Málye Derbiéty. Foi poeta e prosador, proeminente representante da vanguarda russa e um dos fundadores do futurismo russo. Destacou-se como reformador e experimentador da língua poética, a partir do desenvolvimento da linguagem transmental (*zaum*). Aproximou-se dos simbolistas entre 1908 e 1909, tornando-se membro da Academia do Verso. Compôs o grupo **Гилея**/ Hiléia [Guiléia], junto com Vladímir Maiakóvski, Alekséi Krutchiónykh, David Burliúk e Benedikt Lívchits). É autor de poemas como "**Заклятие смехом**"/ "Zakliátie smiékhom" [Encantação pelo riso], do prólogo à ópera *Победа над солнцем*/ *Pobiéda nad sólntsem* [Vitória sobre o sol], do conto "**Ка**"/ "Ka" [Ka] e do drama *Зангези*/ *Zanguézi*. Em 1916, foi para Astrakhán e, de lá, foi convocado para o serviço militar no regimento de reserva de Tsarítsyn (atual Volgogrado). Nesse período, escreveu versos antimilitares. Depois da Revolução de Fevereiro, transferiu-se para Petrogrado, onde participou ativamente da vida social e literária. Morou em muitos lugares na Rússia. Faleceu em 18 de junho de 1922, em decorrência de complicações causadas por uma gangrena.

O texto a seguir é um manifesto de 1918, um dos muitos escritos de Khlébnikov nessa linha que pregava uma união planetária de tempos e espaços – e um dos muitos não publicados pelo autor.

(Por Priscila Marques.)

UNIÃO INDO-RUSSA*

1. A associação tem por objetivo proteger a costa da Ásia contra piratas e estabelecer uma fronteira marítima única.
2. Sabemos que o sino da liberdade russa nem chegará aos ouvidos europeus**.
3. Assim como é com as diferentes classes, os Estados estão divididos em Estados opressores e Estados oprimidos.
4. Enquanto o proletariado não tomar o poder em todos os Estados, estes podem ser divididos em Estados-proletários e Estados-burgueses.
5. Aos Estados oprimidos correspondem os grandes povos do continente Assu*** (China, Índia, Pérsia, Rússia, Sião, Afeganistão).
6. As ilhas são os opressores; os continentes, os oprimidos.
7. Expandir as fronteiras marítimas, eliminar totalmente as terrestres.
8. Uma Ásia unificada nasceu das cinzas da grande guerra****.
9. Vestidos com a sólida armadura das ciências positivas, corremos em socorro a nossa mãe comum.
10. Em Ástrakhan***** reúnem-se três mundos: o ariano, o indiano e o cáspio, o triângulo de Cristo, Buda e Maomé; por vontade do destino foi gerada essa união.

---

* Tradução de Mário Ramos Francisco Júnior. (N. E.)

** Referência ao periódico *Kólokol* [O Sino], editado por Aleksandr Herzen e Nikolai Ogarióv em meados do século XIX, no exílio londrino. (N. E.)

*** Khlébnikov denomina seu "novo continente" a partir da palavra semítica "*assu*", cujo sentido é "leste". Para alguns estudiosos de etimologia, "*assu*" teria dado origem à palavra "Ásia", enquanto a palavra semítica "*éreb*" (cujo significado é "oeste") estaria relacionada etimologicamente a "Europa". (N. E.)

**** Provável referência à Primeira Guerra Mundial. (N. E.)

***** Cidade russa situada às margens do rio Volga, 1.500 quilômetros a sudeste de Moscou e próxima ao mar Cáspio. Na casa onde viveu Khlébnikov, em Ástrakhan, funciona hoje um museu dedicado à obra dele. (N. E.)

11. O texto original está gravado em folhas de lótus e guardado em Çatalhüyük*. Por decreto dos três, o mar Cáspio é declarado seu protetor.

Nós nos consideramos os primeiros asiáticos, conscientes de nossa unidade insular. Que o cidadão de nossa ilha possa ir do mar Amarelo ao Báltico, do mar Branco ao oceano Índico, sem encontrar fronteiras. Que a tatuagem dos Estados seja eliminada do corpo da Ásia pela vontade dos asiáticos.
Os destinos da Ásia reúnem-se nesta ilha.
Nós, os cidadãos do novo mundo, libertados e unidos pela Ásia, vimos diante de vós num festivo cortejo. Admirem-nos!
Donzelas, teçam grinaldas e lancem-nas aos pés dos conquistadores do futuro.
Transformaremos em rosas quaisquer espinhos que nos queiram ferir os pés em nossa caminhada rumo à unidade.
Nosso caminho conduz da unidade da Ásia à unidade planetária; da liberdade do continente à liberdade do globo terrestre. Seguimos esse caminho não como agentes da morte, mas como jovens Vishnus vestindo uniformes azuis**. A canção e a palavra são nossas armas encantadas.
Vejam que a Ásia é somente uma, mas ela tem muitos pretendentes: japoneses, ingleses, americanos. Nossa resposta será o poderoso arco de Odisseu***.
Iniciando nossa existência, arrancaremos a Índia das garras da Grã-Bretanha. Índia, estás livre. Libertam-te os três primeiros a se denominarem asiáticos.
Lembrem-se da convocação do Ceilão; assim também nós batemos à porta de sua razão, ilha Assu. Nós nos lançamos à profundeza dos séculos e reunimos as assinaturas de Buda, Confúcio e Tolstói.
Povos da Ásia, pensem mais em sua unidade, e ela nunca os deixará. Nós estamos acendendo um farol. Povos da Ásia, enviem seus melhores filhos para que sustentem essa flama acesa.

---

* Na Turquia, região que abriga um grande assentamento neolítico, datado de aproximadamente 6.700 a. C. (N. E.)

** Khlébnikov refere-se aos uniformes azuis usados à época pelos operários. (N. E.)

*** Comparação entre os pretendentes da Ásia e os pretendentes de Penélope na *Odisseia*, de Homero. (N. E.)

Solicitamos um congresso dos povos oprimidos, às margens do grande lago. Os grandes pensamentos são gerados às margens dos grandes lagos. Aqui, à margem do maior lago do mundo*, nasceu a ideia da maior ilha do mundo.

Convocamos a Rússia à imediata unificação com a China para a formação do maior território do mundo, a grande Ásia Suíça.

Sacrificamos nosso coração ao triângulo proclamado por essas raças. Fazendo isso, tornamos nossos nomes imortais e os atrelamos à crina do curso dos séculos.

Povos, sigam-nos!

Fonte: Velimir Khlébnikov, "Индо-русский союз"/ "Indo-rússkiisoiúz" [União indo-russa] (1918), em *Sobránie Sotchniénii v Triókh Tomákh* [Obra completa em três volumes]. São Petersburgo, Akademítcheskii Proekt, 2001.

---

* Possível referência ao mar Cáspio. (N. E.)

**ISAAC
BÁBEL**

Retrato de Bábel, provavelmente dos anos 1930.

ISAAC EMMANUÍLOVITCH BÁBEL (1894-1940) • Nasceu em 30 de junho (12 de julho) de 1894, em Odessa. Em 1915, mudou-se para Petrogrado, apesar das leis de restrição à residência de judeus fora das regiões designadas. Seus primeiros contos foram publicados por Górki na revista *Летопись/ Liétopis* [A Crônica]. Ao fim da Guerra Civil, trabalhou também como repórter para o periódico *Заря Востока/ Zariá Vostóka* [A Aurora do Oriente], de Tbilisi. Em 1920, Bábel esteve com o 1º Exército de Cavalaria, na campanha da guerra russo-polonesa. Suas experiências foram registradas em um diário e serviram de base para a coletânea de contos *Конармия/ Konármiia* [O Exército de Cavalaria]. De volta a Odessa, escreveu *Одесские рассказы/ Odiésskie rasskázy* [Contos de Odessa], uma série de contos sobre a vida de mafiosos judeus antes e depois da revolução. Com a ascensão do stalinismo, regime com o qual manteve uma relação complexa, Bábel restringiu a sua atividade literária e foi denunciado por baixa produtividade. Em 1939, foi preso em Perediélkino, acusado de conspiração antissoviética, atividade terrorista e espionagem. Sob tortura, confessou os crimes que lhe imputaram falsamente e foi executado em 17 de janeiro de 1940. Foi reabilitado nos anos 1950 e hoje é conhecido como um dos grandes escritores do século XX.

Os textos de Bábel escolhidos para esta antologia fazem parte do período em que o escritor foi repórter da revista *Новая жизнь/ Nóvaia Jízn* [Vida Nova], editada por Górki, e partilham da linha geral do periódico, que via com apreensão o recrudescimento da violência contra indivíduos e bens culturais deflagrado pela revolução.

(Por Priscila Marques.)

OS MORTOS*

Isso foi há uma semana. Passei a manhã inteira andando por Petrogrado, pela cidade da paralisia e da pobreza. A névoa – rala, onipotente – rodopiava sobre as ruas de pedra no lusco-fusco. Neve suja se transformava em poças negras de um brilho fosco.
Os mercados estavam vazios. Mulheres rodeavam comerciantes que vendiam coisas de que ninguém precisava. Os comerciantes todos tinham bochechas cheias e rosadas, inchadas de gordura fria. Seus olhos – azuis e egoístas – apalpavam a impotente multidão de mulheres, soldados com calças civis e velhos com galochas de couro.
Cocheiros passavam diante da feira. Os rostos eram absurdos e cinzentos; os xingamentos, tediosos e exaltados, por hábito; os cavalos, enormes, com a carga composta por sofás quebrados de pelúcia ou barris pretos. Os cavalos tinham casco pesado e peludo, crina volumosa. Mas os flancos se ressaltavam, as patas escorregavam de fraqueza, os focinhos tensos estavam baixos.
Andava e lia sobre os fuzilamentos, sobre como nossa cidade havia passado mais uma de suas noites. Ia para o lugar onde, toda manhã, são anunciados os resultados.
Na capela perto do necrotério, uma missa fúnebre.
Celebram a missa por um soldado.
Ao redor, três parentes. Operários, uma mulher. Rostos miúdos.
O padre reza mal, sem grandeza nem pesar. Os parentes sentem isso. Olham para o padre estupidamente, com olhos esbugalhados. Começo a falar com o guarda.
— Ao menos estão enterrando este — diz ele. — Lá fora temos bem uns trinta, estão há três semanas jogados, todo dia largam mais.
Todo dia trazem para o necrotério corpos de fuzilados e assassinados. Trazem em um trenó, largam perto do portão e vão embora.

---

* Tradução de Cecília Rosas. (N. E.)

Antes interrogavam: quem foi morto, quando, como? Agora pararam. Escrevem em uma folhinha, "homem de nome desconhecido", e levam para o necrotério.

Quem traz são os soldados da Guarda Vermelha, policiais, todo tipo de gente.

Essas visitas – matinais e noturnas – acontecem há um ano sem intervalo, sem trégua. Nos últimos tempos, a quantidade de cadáveres aumentou ao extremo. Se alguém, por falta do que fazer, pergunta, os policiais respondem: "Morto em um roubo".

Acompanhando o guarda, vou para o necrotério. Ele levanta os cobertores e me mostra o rosto de pessoas que morreram há três semanas, coberto de sangue negro. Todas são jovens, de constituição sólida. Os pés sobressaem em botas, *portianki**, pés de cera descalços. Veem-se barrigas amarelas, cabelos colados pelo sangue. Sobre um dos corpos há um bilhete: "Príncipe Konstantin Eboli de Tricoli".

O guarda retira de uma vez o lençol. Vejo um corpo magro e esbelto, um rosto terrível, pequeno, atrevido, com dentes arreganhados. O príncipe veste um terno inglês, botas de verniz com a parte de cima de camurça preta. É o único aristocrata dentro dessas paredes silenciosas.

Em outra mesa, encontro sua amiga nobre, Frantsiska Britti. Depois do fuzilamento, ela ainda passou duas horas no hospital. Seu corpo roxo e esbelto está enfaixado. Ela também é magra e alta, como o príncipe. A boca está aberta. A cabeça, soerguida em uma aspiração furiosa e rápida. Os longos dentes brancos brilham ferozes. Morta, conserva a marca da beleza e da insolência. Ela soluça, gargalha dos assassinos com desprezo.

Percebo o mais importante: não se enterram os cadáveres porque não se tem com que os enterrar. O hospital não quer gastar com enterros. Não há parentes. O comissariado não dá atenção aos pedidos, oferece desculpas e respostas evasivas. A administração vai recorrer ao Smólny**.

Claro.

Todos vamos para lá.

— Agora, tudo bem — relata o guarda. — Deixe que fiquem aí, o clima aguenta... Mas, quando o calor bater, aí fuja do hospital...

---

* Pedaços de pano para aquecer os pés. (N. E.)

** Convento em Petrogrado, que se tornou o quartel-general bolchevique. (N. E.)

Os cadáveres não recolhidos se tornaram a polêmica do dia no hospital. Quem vai recolhê-los – parece que isso virou uma questão de amor-próprio.

— Vocês mataram — aponta o enfermeiro com um gesto de raiva —, vocês que recolham. Para jogar aos outros não falta esperteza... Não passa um dia e já são dezenas deles, desses mortos. Um é fuzilamento, outro é roubo... Quantos papéis já escrevi...

Saio do lugar onde são apresentados os resultados.

É difícil.

Fonte: Isaac Bábel, "Битые"/ "Bitye" [Os mortos], em *Новая Жизнь/ Nóvaia Jizn* [Vida Nova], 29 mar. 1918.

O PALÁCIO DA MATERNIDADE*

Diz a lenda que foi construído por Rastrelli. A fachada vermelho-escura, animada por colunas esguias – aqueles monumentos justos, silenciosos e refinados da Petrópolis imperial –, menos solene do que os magníficos palácios dos Iussúpovs e Stróganovs, em seu acabamento fino e simples.

O palácio pertencia a Razumóvski. Depois, passaram a ser educadas neles as donzelas órfãs aristocratas. As órfãs nobres tinham uma diretora. A diretora morava em 22 quartos azul-claros altos, iluminados.

Agora não há Razumóvski, não há diretora. Pelos corredores de Rastrelli, arrastando os pés com pantufas no passo pesado das grávidas, perambulam oito mulheres com barrigas salientes. São só oito. Mas o palácio pertence a elas. E é assim que ele se chama: Palácio da Maternidade.

Oito mulheres de Petrogrado com o rosto cinza e as pernas inchadas pela correria. O passado delas: meses de filas e lojas de consumo; apitos de fábrica que chamavam os maridos para a defesa da revolução; a dura inquietação da guerra, o tremor da revolução que leva não se sabe para onde.

A imprevidência de nossa destruição já apresenta agora a impassível conta de desemprego e fome. As pessoas que voltam do *front* não têm o que fazer, suas mulheres não têm como parir, as fábricas elevam até o céu chaminés cobertas de gelo. Uma névoa de papel – papel-dinheiro e de todo tipo – reluz um brilho mortiço diante de nosso rosto aturdido, extingue-se. Mas a Terra continua girando. Pessoas morrem, pessoas nascem.

Acho agradável falar sobre o fogo da criatividade que se acendeu em nossos quartos vazios. Que bom que o prédio do instituto não foi cedido para os comitês de confisco e requerimento. Que bom que

---

* Tradução de Cecília Rosas. (N. E.)

das mesas brancas não escorre *schi** gorduroso e não se escutam as palavras tão comuns sobre prisão.

Esse prédio será chamado de Casa da Maternidade. No decreto se diz: ele ajudará a mulher em suas árduas e grandiosas obrigações.

O palácio rompe com as tradições dos gendarmes da Casa de Educação, onde as crianças morriam ou, no melhor dos casos, de onde saíam como "pupilos". As crianças devem viver. É preciso que elas nasçam, para uma melhor construção da vida humana.

Essa é a ideia. É preciso levá-la até o fim. É preciso fazer a revolução em algum momento.

Levantar no peito uma espingarda e atirar uns nos outros – pode ser que isso às vezes não seja tolice. Mas ainda não é toda a revolução. Quem sabe, pode ser que isso não seja uma revolução em nenhum sentido.

É necessário que as crianças nasçam bem. E isso – sei com certeza – é a verdadeira revolução.

O Palácio da Maternidade começou a funcionar há três dias. Os sovietes regionais mandaram as primeiras pacientes. Foi um começo. O mais importante está por vir.

Pensaram em abrir uma escola de maternidade. Poderá vir quem quiser. Vão ensinar higiene, como preservar a vida da criança e da mãe. É preciso ensinar isso. No começo do século, em nossos abrigos, morriam até 40% das parturientes. Esse número baixou para menos de 15%-20%. Agora, por fraqueza e anemia, a quantidade de mortes está aumentando.

As mulheres vão ingressar no palácio no oitavo mês de gravidez. O mês e meio até o parto elas passam em condições tranquilas, bem alimentadas e com um trabalho razoável. Não há nenhum pagamento. O nascimento de crianças é um tributo ao Estado. O Estado paga por ele.

Depois do parto, as mães ficam no palácio durante 10, 20, 42 dias, até o completo reestabelecimento de suas forças. Antes, saía-se do abrigo no terceiro dia: "Não há ninguém para cuidar da casa, as crianças não comeram...".

Foi proposta a construção de uma escola de donas de casa substitutas. As substitutas cuidarão da casa das parturientes que estão no palácio.

---

* Sopa de repolho. (N. E.)

Já há esboços de um museu ou centro de exposições. Nele, a mãe verá uma boa cama muito simples, branca, a comida necessária, verá um modelo em tamanho natural com chagas de sífilis e varíola, lerá nossos mapas estatísticos com os conhecidos números, mas mesmo assim os primeiros do mundo, sobre a mortalidade infantil. Na exposição ela poderá comprar lençóis, fraldas e medicamentos por um preço barato.
Esses são os embriões da ideia, a ideia revolucionária da "socialização das mulheres".
Para as salas amplas vieram as oito primeiras mulheres de marinheiros e trabalhadores. As salas pertencem a elas. As salas devem ser mantidas e ampliadas.

Fonte: Isaac Bábel, "Дворец материнства/ Dvoriéts materínstva" [O palácio da maternidade], em *Новая Жизнь/ Nóvaia Jizn* [Vida Nova], 31 mar. 1918.

MOSAICO*

No domingo – dia de festa e primavera –, o camarada Chpitsberg deu uma palestra nas salas do Palácio de Inverno. Ele a intitulou "A figura do Cristo misericordioso e o vômito do anátema do cristianismo". O camarada chama Deus de senhor Deus, o sacerdote de padre, padreco e, principalmente, pancista (da palavra "pança"). Ele denomina todas as religiões de lojinha de charlatões e exploradores, insulta o papa, os bispos, os arcebispos, os rabinos judeus e até o dalai-lama do Tibete, "cujos excrementos a tola democracia tibetana considera um remédio curativo".

Em um canto isolado da sala está sentado um empregado. Ele é barbeado, magro e tranquilo. Em volta dele há um monte de gente – mulheres, trabalhadores contentes da vida, soldados ociosos. O empregado conta sobre Kérenski, as bombas que explodiram debaixo do piso, os ministros apertados contra as paredes lisas de corredores sombrios e retumbantes, as plumas expelidas dos travesseiros de Alexandre II e de Maria Fiódorovna.

Uma velha interrompe a história. Ela pergunta:

— Paizinho, onde estão dando a palestra?

— O anticristo é na sala Nikoláievski — responde, com indiferença, o empregado.

Um soldado postado ali perto ri.

— Na sala tem um anticristo e você está aqui tagarelando...

— Não tenho medo — responde o empregado, com a mesma indiferença da primeira vez —, vivo com ele dia e noite.

— Quer dizer que é uma vida divertida...

— Não — diz o empregado, levantando os olhos desbotados para o soldado —, não é uma vida divertida. É chato viver com ele.

---

* Tradução de Cecília Rosas. (N. E.)

E o velho conta tristonho para o pessoal sorridente que seu diabo, sem rabo e assustado, anda de galochas e, às escondidas, corrompe as secundaristas. Não deixam o velho terminar. As colegas o levam, declarando que depois de Outubro ele "não está batendo bem".
Eu me afasto, refletindo. Veja só, esse velho viu o tsar, a rebelião, sangue, morte, plumas dos travesseiros dos reis. E o anticristo apareceu para ele. E a única coisa que o diabo encontrou para fazer na Terra foi sonhar com secundaristas, escondendo-se no subdistrito do Almirantado.
Que diabos chatos, os nossos.

O sermão de Chpitsberg sobre o assassinato do senhor Deus não está tendo sucesso, visivelmente. Escutam-no com moleza, aplaudem-no com fraqueza.
Não foi isso que aconteceu uma semana atrás, depois de uma palestra igual, que consistia de "poucas palavras, mas antirreligiosas". Quatro pessoas se distinguiram naquele momento: o estaroste de uma igreja, um sacristão franzino, um coronel reformado usando um fez e um lojista corpulento do Gostíny*. Eles subiram no púlpito. Atrás, avançou uma multidão de mulheres e lojistas ameaçadores e calados.
O sacristão começou, oleoso.
— Amigos, precisamos rezar — e terminou com um sussurro: — Nem todos estão cochilando, amigos. Na tumba do pai Ioann fizemos um juramento solene hoje. Organizem-se em suas paróquias, amigos.
Depois de descer, o sacristão acrescentou, com os olhos entrecerrados de raiva e estremecendo com todo o corpo:
— Com que esperteza arranjaram tudo, amigos. Sobre os rabinos, sobre os rabinos ninguém pronunciará uma palavrinha...
Então ressoou a voz do estaroste de igreja:
— Eles mataram o espírito do Exército russo.
O coronel de fez gritava, "Não vamos permitir"; o lojista vociferava de forma estúpida e surda, "Vigaristas"; desgrenhadas e de cabeça descoberta, as mulheres se comprimiram contra os padres de sorrisinho manso e expulsaram o conferencista do alto, apertaram contra a parede dois trabalhadores da Guarda Vermelha que haviam sido feridos em Pskov. Um deles gritava, sacudindo o punho:

---

* Gostíny dvor: antigo mercado, centro comercial central de Petersburgo (e de outras cidades russas). (N. E.)

— Estamos vendo seu jogo! Em Kólpino fazem as missas vespertinas até as duas da madrugada. O pope inventou uma missa nova, inventou comício na igreja... Vamos fazer tremer as cúpulas!

— Não vai fazer nada tremer, seu maldito — respondeu uma mulher com voz surda, que retrocedeu e fez o sinal da cruz.

Na Páscoa o povo fica de pé com velas acesas na catedral de Kazan. A respiração das pessoas faz oscilar a chama amarela, pequena e cálida. O templo alto está cheio de gente, de uma ponta à outra. O serviço está mais longo do que o normal. O clero percorre a igreja com mitras brilhantes. Atrás do crucifixo há luzes elétricas habilmente dispostas. Parece que o Crucificado se estende no azul denso do céu.

O padre, no sermão, fala sobre a sagrada face, novamente contorcida para o lado pela dor insuportável. Faladas cuspidas, dos espancamentos, da profanação de relíquias realizados por gente ignorante "que não sabe o que faz". As palavras do sermão são amargas, vagas, expressivas. "Apoiem-se na Igreja, nosso último baluarte, pois ela não vos trairá."

Uma velhota reza junto à porta do templo. Ela me diz carinhosamente:

— Tem um coro cantando tão bem, fizeram umas missas ótimas... No domingo passado o metropolita celebrou uma... Nunca houve tanta beleza... Os trabalhadores de nossa fábrica também vêm para a igreja... O povo está cansado, ficou exausto com esse desassossego, e na igreja há silêncio, canto, você descansa...

Fonte: Isaac Bábel, "Мозаика"/ "Mozaika" [Mosaico], em *Новая Жизнь/ Nóvaia Jizn* [Vida Nova], 21 abr. 1918.

DAVID VYGÓDSKI

Retrato de David Vygódski, de data desconhecida.

DAVID ISSAÁKOVITCH VYGÓDSKI (1893-1943) • Crítico literário, poeta e tradutor (de mais de vinte idiomas), nasceu em 23 de setembro de 1893, em Gómel (atual Bielorrússia). Após concluir o ginásio com medalha de ouro, continuou os estudos na faculdade de história e letras da Universidade de São Petersburgo. Escreveu centenas de artigos críticos e resenhas para os jornais *Летопись/ Liétopis* [A Crônica] e **Новая жизнь***/ Nóvaia Jízn* [Vida Nova], de Górki, para periódicos locais de Gómel e para a maioria das principais revistas soviéticas. Lançou, em 1922, a coletânea de versos *Земля/ Zemliá* [Terra]. Na Rússia, foi amigo e interlocutor de Mandelstam, Tyniánov e Viktor Chklóvski, entre outros nomes importantes. Manteve correspondência com intelectuais ibero-americanos, tais como Octavio Paz, Jorge Amado, Osorio Cesar e Elias Castelnuovo. Foi um dos fundadores da Sociedade Hispano-Americana, que reunia poetas e tradutores. Em 1938, foi preso por propaganda antissoviética e atividade terrorista e condenado a cinco anos de trabalhos forçados. Morreu em 22 de julho de 1943, em um campo de trabalhos no Cazaquistão. Foi reabilitado em março de 1957. O ensaio a seguir, oscilante entre o entusiasmo e o desassossego, é um dos muitos balanços que Vygódski, um crítico bastante prolífico na época, mas hoje pouco conhecido, fez da nova produção cultural russa.

(Por Priscila Marques.)

A REVOLUÇÃO E A CULTURA[*]

Logo nos primeiros dias da Revolução Russa, quando se constatou a vitória sobre a ordem e as pessoas que representavam a velha "Rússia", ficou evidente que a revolução não era somente uma reviravolta política. Seu sentido e seu significado eram claramente muito mais profundos e multifacetados. Tratava-se não apenas do estabelecimento de uma ou outra ordem política, mas da produção de novas formas, de uma vida social diversa e do ajuste dos padrões culturais diferentes ou antigos. Ficou claro que a Revolução Russa marcava o começo de uma revolução do espírito.

Essas circunstâncias, assim que foram compreendidas, imediatamente após a primeira explosão de fervor e entusiasmo, afastaram da revolução os círculos mais conservadores da sociedade russa, que estavam prontos a abrir mão, na esperança de um futuro melhor, de suas bases políticas habituais. Porém, eles não podiam se reconciliar com os atentados contra seus fundamentos culturais e espirituais, eternos e inabaláveis na aparência. Por outro lado, as mesmas circunstâncias levaram a outra consequência, muito mais significativa e importante para os interesses da revolução. Como a revolução tinha caráter político, muitos elementos da sociedade que não estavam acostumados a viver em torno de interesses políticos posicionaram-se fora de seu âmbito. Mas, quando o amplo alcance da revolução tornou-se perceptível, seu fluxo impetuoso invadiu a íntegra das camadas da população, e todos inevitavelmente caíram em seu curso, pois não havia indivíduo nem interesse vital de que a revolução não se apoderasse, e todos, de um modo ou de outro, positivo ou negativo, foram obrigados a participar.

---

[*] Tradução de Bruno Barretto Gomide. Uma primeira versão desta tradução foi publicada em *Cadernos e Pesquisa Kinoruss*, v. 5, 2014, p. 243-59. (N. E.)

Não é de admirar, portanto, que, desde os primeiríssimos dias da revolução, aqueles que atuavam nas áreas de religião, arte, educação e cultura se inquietassem; que, praticamente em paralelo às discussões sobre uma assembleia constituinte, confabulassem uma assembleia constituinte dos realizadores das artes. Não surpreende que escritores, pintores e artistas começassem a se organizar e a ansiar por uma nova "arte livre".

Os pregadores religiosos de todas as confissões, as seitas e as persuasões também confabularam, proclamando doutrinas e ensinamentos religiosos novos e renovadores. É claro que a questão em jogo não é apenas a maior liberdade de manifestação da criação cultural ou a queda do jugo da censura e das demais proibições, mas sim algo realmente novo, que, em sua raiz, não se assemelha (e é até contraditório) ao que existia antes e que era considerado uma lei inalterável até agora.

A Revolução Francesa levou à substituição da cultura aristocrática da corte pela cultura da burguesia urbana. A Revolução Russa trouxe – e isso rapidamente se manifestou – a cultura da democracia popular.

Não é a primeira ocasião em que palavras sobre crises variadas ressoam por todo canto, cada vez mais persistentes. Por vezes, parece que adveio uma crise da filosofia ou, então, que toda a antiga ciência foi para o buraco, a arte se meteu em um beco sem saída, nossa ética é inconsistente e todos os alicerces morais entrarão em colapso etc.

Realmente, sob o exame da mente crítico-criativa de nosso século, muitos edifícios que há pouco tempo pareciam dotados de incomum robustez se mostraram frágeis. A estabilidade dos elementos químicos, a decantada constância da matéria e a eternidade da energia, tudo aquilo sobre o que se erguia, até tempos recentes, a assim chamada ciência positiva, revelam-se um mito, uma superstição de nossos pais, e o "positivo", nesse caso, acaba sendo o mesmo que no sistema solar de Ptolomeu. Isso vale para outras áreas. Se há algo que une todos esses fatos dispersos e essas crises específicas é o desejo geral de libertação em relação a determinados enquadramentos, o anseio de romper as cadeias arranjadas pelas gerações precedentes em vários setores do pensamento e da criatividade.

Isso é perceptível com clareza na área do espírito humano mais aguda e profunda, a criação artística. Na música, [Aleksandr] Scriábin se ergueu com todas as forças de seu talento contra os ensinamentos escolásticos de harmonia. Há ainda os teóricos e músicos contemporâneos que desfizeram os laços do temperamento bachiano, que por muitos séculos obstruíram o desenvolvimento da arte musical. Na pintura, são as correntes contemporâneas que recusaram a representação do aspecto exterior dos objetos e que se impuseram a tarefa de apreender o segredo das coisas por meio de sua decomposição em formas geométricas (cubismo), em linhas-raios (raionismo) ou em pontos separados (pontilhismo) etc. Na escultura, o anseio de conferir energia e movimento à pedra morta e imóvel e, em vez da paz épica que ela expressou ao longo de milênios, a transmissão de dinamismo e a possibilidade de contar para além de contar.

São, afinal, na poesia e na literatura, as correntes criativas que já vinham se insinuando de longa data, mas que apenas na última década ganharam forma e se realizaram sob o nome de "futurismo", a arte do futuro. Nesse caso, temos, novamente, o mesmo princípio básico: a libertação.

Liberdade em relação às amarras da filosofia, do ensaísmo e da sociologia. Enfim, da lógica, da filosofia e até mesmo da gramática e da língua.

Aqui não é o lugar para comentarmos em que medida cada uma dessas tarefas que a arte se impôs foi e será cumprida. Não é o caso de discutir se a arte está no caminho certo. E quem poderia dizê-lo? O importante, neste momento, é apenas que a arte e todos os ramos do espírito humano que lhe são afins – religião, filosofia, ciência, ética – estão em uma encruzilhada e concluíram um percurso. Terminada uma enorme etapa, agora é preciso seguir por um novo caminho, mesmo que no momento ele talvez esteja intransitável.

Há outra coisa importante: a Revolução Russa somente podia irromper por meio da sede de renovação e só aconteceria no solo compartilhado e profundo que contém a insatisfação e a decepção em relação a tudo que é antigo. Dificuldades políticas ou descontentamentos sociais não poderiam, sem essas causas profundas, levar à grandiosa explosão que os dias de fevereiro e março celebraram. Não desembocariam no elã que a Rússia *inteira* exibiu naquele ano.

Tudo o que se infiltrara em gotas, miúdas ou grandes, na consciência de cada homem e se acumulara nas profundezas, de modo em geral invisível, de repente rompeu os invólucros e jorrou como uma fonte colossal, espalhando-se em torrente. Não resta dúvida de que todas as crises pequenas e isoladas confluíram em uma crise geral – *uma crise da cultura*. Certamente estamos em um limiar, assistindo ao nascimento de um novo espírito humano. Descortinam-se os infinitos horizontes da criação de uma vida futura.

Dissemos antes que essa cultura nascente é a cultura de uma democracia nacional.

No decorrer do ano, muita gente falou e escreveu sobre a cultura democrática, várias palavras interessantes e significativas foram ditas, mas uma definição propriamente ninguém forneceu. Compreensível. Não é segredo que essa cultura ainda não existe. Há apenas manifestações isoladas, brotos que a custo descobrem um terreno coletivo e que não estão prontos para sistematização e definição.

Saibamos que a cultura não se constrói do nada e que os valores culturais não surgem do vazio. As conquistas da velha cultura não podem ser destruídas enquanto em seu lugar não houver algo de novo. É por esse motivo que, quando estamos na fronteira entre duas culturas, sempre testemunhamos uma mescla. Separar o que pertence a somente uma é quase impossível.

Se quisermos examinar de relance os passos dados pela nova cultura nesse ano revolucionário, dificilmente veremos algo de muito agradável. As realizações são, realmente, pouquíssimas. Talvez sejam em número muito maior os eventos de tipo oposto: a destruição de monumentos históricos, a insensata dilapidação de tesouros artísticos, as inauditas ações de violência e crueldade que há tempos se tornaram fenômenos cotidianos e universais, o embrutecimento e a selvageria que vemos ao redor – esses são fatos que podem levar a conclusões mais pessimistas e a um olhar altamente cético sobre a nova cultura. Ser pessimista nos dias atuais é fácil, com certeza.

Contudo, não podemos esquecer que os tempos correntes são excepcionalmente desfavoráveis para a cultura em geral. Lembremos que a atmosfera de sangue que toda a humanidade vem respirando intoxica nosso organismo com um veneno perigosíssimo, que torna quase impossível qualquer tipo de trabalho cultural.

Mas é preciso olhar de frente e penetrar mais fundo – o otimismo sempre é mais profundo do que o pessimismo – para que observemos os brotos da cultura e o renascimento do espírito. Apesar de tudo, eles conseguem arrojar-se através do solo sangrento e coberto de destroços.

E o fundamental: é preciso cuidar com carinho desses brotos e permitir que eles se preservem até o dia em que, numa atmosfera límpida, cresçam magníficos e orgulhosos e sejam capazes de nos sustentar.

DAVID VYGÓDSKI

Uma nova cultura está nascendo com dor e esforço, por meio das incalculáveis riquezas espirituais e físicas surgidas em seu sacrifício. Mas este nunca é em vão. Tenhamos fé em que logo veremos os orgulhosos troncos de um novo espírito e também seus magníficos frutos.

Fonte: David Vygódski, "Революция и культура"/ "Revoliútsiia i kultura" [A revolução e a cultura], em *Гомельская мысль/ Gómelskaia mysl* [Pensamento de Gómel], Gómel, n. 8, 14 mar. 1918.

LIEV VYGÓTSKI

Retrato de Liev Vygótski, tirado pouco tempo antes de sua morte.

LIEV SEMIÓNOVITCH VYGÓTSKI (1896-1934) • Nasceu em 5 (17) de novembro de 1896, em Órcha (atual Bielorrússia), numa família de comerciantes judeus. O primo David Vygódski, que viveu com a família de Liev depois de 1897, foi influente em sua formação. Cursou direito na Universidade de Moscou e humanidades na Universidade Popular de Chaniávski. Após a revolução, mudou-se para Samara com a mãe e o irmão mais novo. Em seguida, transferiu-se para Gómel com a família e, em 1919, foi diagnosticado com tuberculose. Organizou o laboratório de psicologia da escola técnica de pedagogia na cidade e, em 1924, apresentou resultados de seus trabalhos empíricos no II Congresso de Psiconeurologia, em Petrogrado. Em seguida, foi convidado para trabalhar no instituto de psicologia experimental da Universidade de Moscou. Lá desenvolveu pesquisas sobre defectologia e desenvolvimento humano. Sua teoria, conhecida como psicologia histórico-cultural, é até hoje amplamente estudada ao redor do mundo. Faleceu em 11 de junho de 1934, em decorrência da tuberculose.

No período entre 1919 e 1923, deu aulas em escolas técnicas e de operários e publicou artigos sobre literatura nos periódicos *Летопись/ Liétopis* [Crônica] e *Новый путь/ Novyi Put'* [O novo caminho] e um vasto número de resenhas teatrais em periódicos de Gómel. No artigo a seguir, o autor trata das relações entre o acontecimento revolucionário e suas reverberações na poesia, não na linha do social refletido na arte, mas da revolução da própria arte poética.

(Por Priscila Marques.)

OUTUBRO NA POESIA*

G. Leliévitch** proferiu uma palestra sobre esse tema no Partklub***. Ele merece uma conversa séria.

"Outubro na poesia" são palavras que compreendem dois temas completamente diferentes: 1) como Outubro se refletiu na poesia; 2) o Outubro poético propriamente dito, a reviravolta na própria arte da palavra, análoga ao Outubro socialista e literário. A esse segundo tema, o palestrante aludiu apenas no fim e de forma vaga e indefinida, limitando-se a uma analogia entre a revolução socialista política e a poética, segundo a fórmula: uma é idêntica à outra, assim por diante. Mas qual conteúdo político real se insere nessa fórmula? A questão parece ser simples e realmente se esgotar na analogia. Mas esse é um enorme equívoco. Prejudicial tanto para a consciência artística da contemporaneidade quanto para a política que dirige a arte. De fato, comparem o que tais representantes comunistas da arte, como Fritche, Brik, Lunatchárski, Meyerhold, Serafimóvitch e Leliévitch, pressupõem com essa fórmula e chegarão a conclusões artísticas completamente distintas, mutuamente excludentes e polares, que partem de premissas sociais e políticas idênticas. Quem não sabe que essas palavras ainda não receberam uma interpretação comunista única e universalmente aceita? Ocorre que não se pode simplesmente transportar, transpor por analogia, as leis de um conjunto de fenômenos para outro. Assim, a revolução poética, o Outubro na poesia, é apenas um tropo, uma metáfora, um uso figurado das palavras. É completamente diferente da revolução nas ruas de Petersburgo e na economia conduzida pelo governo. Agora, no final do quinto ano, todos parecem ter se dado conta disso. O lema deve ser, antes de tudo, preciso e claro. Por aqui tudo é vazio e não evidente.

---

* Tradução de Priscila Marques. (N. E.)

** Um dos pseudônimos de Labori Guílelevitch Kalmanson (1901-1937), poeta e crítico literário. (N. E.)

*** Abreviação de партийный клуб/ partíinyi klub [clube do partido]. (N. E.)

O único delineamento que confere alguma clareza é o que indica o grupo de poetas proletários como precursor do Outubro poético. É uma bússola, repleta de sentido real. Contudo, isso parece já tão ultrapassado – não em relação à Nova Política Econômica (NEP), não, mas em vista dos êxitos e dos fracassos, das manifestações em geral, geradas pela produção experimental da arte proletária nos últimos cinco anos. Construída a partir de uma característica puramente externa, alheia à essência específica da criação artística, hoje ela parece não encontrar defensores entre os próprios poetas proletários. Tal ideologia foi recusada por seus próprios criadores. Essa é a essência da questão que precisa ser assimilada. Saber o que significa a linha literária do *Izviéstiia**, em que os versos do poeta proletário Obradóvitch são publicados juntamente com o "arruaceiro" Marienhof, com o camponês P. Oriéchin e com B. Vassiliénko.

O que significa *Krásnaia Nov* [Solo Virgem Vermelho]**, que reúne de tudo, desde a obra clássica de Mandelstam até Kázin?

O que significa tudo isso (assim como muitas outras coisas que não consegui citar), senão a supressão da ideologia anterior dos Proletkults*** e sua substituição por outra completamente nova, poeticamente distante da anterior, como a luz elétrica o é da tocha?

Leliévitch deve saber que exatamente o mesmo ocorreu no campo do teatro.

Meyerhold propagava o teatro de Outubro e propunha o cadeado nos teatros acadêmicos. Agora ele está mais ocupado com a biomecânica do que com os editoriais no VT [Teatro Vakhtángov]. Com *O cornudo (grão-russo) magnífico****, que parece ser tão distante de Outubro

---

* Importante jornal diário na época soviética. (N. E.)

** Editora soviética. (N. E.)

*** Proletkult (*Proletárskaia Kultura* [Cultura proletária]) foi uma organização artística soviética que surgiu logo após a Revolução de 1917. Visava a promover em todos os campos da arte a criação de uma nova estética, condizente com a ideologia revolucionária. (N. E.)

**** Trata-se provavelmente de *Le cocu magnifique*, peça publicada em 1921 pelo dramaturgo belga Fernand Crommelynck. Foi encenada na Rússia pela primeira vez em 1922, por Meyerhold, no Teatro do Ator. Em sua primeira tradução para o russo, a peça foi chamada *Velikodúchny Rogonossiets* [O cornudo magnânimo]. O nome original, com "magnífico" (*velikolépni*), em vez de magnânimo, passou a ser utilizado somente mais tarde. Contudo, nenhuma referência foi encontrada à forma aqui utilizada por Vygótski, ou seja, *velikorúski* ["grão-russo"]. (N. E.)

(lembrem-se da avaliação de Lunatchárski), ele prepara uma revolução teatral de escala mundial. O teatro operário e camponês foi deixado nos arquivos da seção teatral. Os poetas proletários, por sua vez, estão bem vivos, e o surpreendente não é que estejam, mas que convivam perfeitamente nas mesmas páginas com camponeses e membros da *intelligentsia*. Um Outubro anêmico como um vegetariano é bom: você fica na página da direita, eu na da esquerda, só que despejados no mesmo caldeirão. E de fato é no mesmo caldeirão. Poeticamente falando, Kázin e Aleksándrovski não criaram nada de novo no campo da engenharia poética, como se diz hoje, não somente antes de Outubro, como nem mesmo antes de fevereiro. Eles foram educados com Balmont e Blok. Isso é facílimo de se demonstrar. E todo mundo já sabe.

A questão é que, se vocês pegarem uma lâmpada de querosene com um carimbo da RSFSR [República Socialista Federativa Soviética Russa] e uma elétrica com um carimbo de uma fábrica do império, a elétrica, apesar do carimbo, será mais revolucionária e mais próxima de Outubro.

O mesmo ocorre com a poesia.

Pasternak está mais à esquerda do que Kázin, assim como Mandelstam em relação a Aleksándrovski, apesar da origem. A propósito, a respeito deste último: acredito que, mesmo no sentido social, a identidade de classe de certos trabalhadores que saíram da fábrica e a dos camponeses que vivem no sexto andar dificilmente pode ser determinada inteiramente pela origem.

Os poetas proletários são o ponteiro de uma bússola que aponta para trás, não para a frente, que não leva a Outubro, e sim para longe dele. Hoje isso é defendido por muitos comunistas. O trabalho dos Proletkults foi apenas a introdução na literatura de alguns poetas de origem proletária de talento variado, mas principalmente em papéis secundários ou terciários.

Assim, quando se pensa no sentido de Outubro, mesmo esse delineamento é vazio e falso. São necessários outros. Até mesmo uma simples informação sobre o estado das coisas seria preciosa para qualquer um próximo da questão da arte na RSFSR. Se ainda não temos todas as fórmulas mágicas, ao menos a elaboração preliminar da questão já atingiu tamanha complexidade que exigiu um exame detido.

Costumamos ouvir: invoquem Outubro na poesia e ele chegará, mas de onde esperá-lo e como saber o que está a seu favor e o que está contra? Sobre isso ninguém diz palavra.

Nada pior do que transformar essa fórmula em palavras vazias.

Quanto ao outro tema, ele foi colocado na palestra de Leliévitch de forma mais nítida e clara e, no geral, é menos discutível.

Antes de tudo está o desvio poético de toda a poesia antioutubrista: os sonhos sobre pão e caviar de Severiánin e a medíocre invectiva de Guíppius certamente não são poesia. Mas será que nisso se esgota a abordagem literária de oposição? Como esquecer a *Молитва о Россиu / Molítva o Rossíi* [Oração para a Rússia] de Ehrenburg e a contrarrevolução interna de Akhmátova, cuja alta tensão encontrou admiradores até nas páginas do *Izviéstiia*? E há mais.

Restam três grupos que refletem Outubro: os membros da *intelligentsia* (Blok e Maiakóvski), que sentiram a grandeza dos ventos de Outubro, mas não se entregaram a eles por inteiro; os poetas camponeses, que uniram Outubro à mística do paraíso camponês e enxergaram em Lênin o espírito de Kiérjenski* e o chamado do *iegúmen*** nos decretos (Iessiénin, Oriéchin e outros); e os poetas proletários (Kázin, Aleksándrovski e outros) em cuja voz ressoam os novos sons pré-outubristas da nova consciência coletivista nascente.

Em uma análise brilhante e concisa, o palestrante apresentou todos esses três grupos. Ele pode ser acusado apenas de excessiva simplificação e inevitável vulgarização de coisas como o poema "Os doze", de Blok, ou de Maiakóvski etc.

Leliévitch é um excelente orador. Disso se esquecem e é melhor nem comentar. A meu ver, essa falta de atenção aos seus e ao que é próximo é certo provincianismo deslavado. Somente em uma província espiritual pode aparecer o desprezo que se costuma relacionar à palavra "doméstico". Essa mesma estupidez pequeno-burguesa foi magnificamente registrada nas placas dos alfaiates de Archávia*** e dos padeiros de Odessa. Se no livro de Leliévitch, não em sua palestra, houvesse um carimbo de Archávia, talvez pudessem discernir melhor que Leliévitch tem de ser simplesmente *ouvido*, pois o próprio ofício do discurso oratório vivo, realizado com energia volitiva leve e admirável, decorado claramente, é um talento e uma alegria.

---

* Reserva ecológica localizada na Sibéria. Velhos crentes se estabeleceram nessa região a partir da metade do século XVII e no começo do século XVIII para escapar da perseguição do governo tsarista e das autoridades da Igreja Ortodoxa. (N. E.)

** Líder do monastério da Igreja Ortodoxa. (N. E.)

*** Referência à descrição da "cidade-sede da província de NN", presente em *Almas mortas*, de Nikolai Gógol, primeiro destino do protagonista Pável Ivánovitch Tchítchikov. (N. E.)

Depois da palestra, o artista Bábuchkin recitou versos que a ilustravam. Em sua declamação, realizada com entonação dramática e brados lógicos em pontos fortes (que tornaram a declamação de Maiakóvski insuportavelmente caricata), já aparece algo novo, que se tornará parte indispensável de qualquer apresentação literária: a elucidação da declamação literária de prosa e versos, em particular de lírica, em uma tarefa estilística independente que nada tem em comum com a apresentação dramática do discurso. Porém, o problema da recitação artística de versos, que atualmente surge de forma muito aguda, precisa ser abordado em separado. Apenas um ponto: por que de Lelié-vich foi lida somente a prosa rimada mal escrita intitulada "Batam os martelos", quando ele tem versos realmente sonoros?

Por fim, é preciso organizar debates literários com mais frequência.

Fonte: Liev Vygótski, "Октябрь в поэзии"/ "Oktiábr v poézii" [Outubro na poesia], em *Наш Понедельник/ Nach Ponediélnik* [Nossa Segunda-Feira], Gómel, n. 6, 1922, p. 4.

V. V.
RÓZANOV

Retrato a óleo de Vassíli Rózanov aos 53 anos, feito pelo pintor Ivan Parkhomenko em 1909.

VASSÍLI VASSÍLIEVITCH RÓZANOV (1856-1919) • Nasceu em 20 de abril (2 de maio) de 1856, em Vetlúga. Foi filósofo da religião, crítico literário e publicista. Cursou a faculdade de história e letras da Universidade de Moscou. Seu estudo, de 1891, sobre a "Lenda do Grande Inquisidor", de Dostoiévski, foi bem recebido pelo público. Com Merejkóvski, Nikolai Minski e Guíppius, fundou a Sociedade Religiosa-Filosófica. Em seus escritos, buscava conciliar questões sociais e fé religiosa. Contudo, sua relação com a Igreja ortodoxa era contraditória, ainda mais em questões que diziam respeito à sexualidade. Seu pensamento é carregado de pessimismo e de um idealismo existencial que se revela em *Апокалипсис нашего времени/ Apocalípsis náchego vrêmeni* [O Apocalipse do nosso tempo], obra em que Rózanov demonstra desespero e desesperança em relação à inevitável catástrofe da revolução. Morreu em 5 de fevereiro de 1919, em Sérguiev Possád.

O apocalipse do nosso tempo, escolhido para esta edição, começou a ser escrito em meio ao turbilhão revolucionário de fins de 1917 e estendeu-se até outubro de 1918, pouco antes da morte de Rózanov. Dentre seus escritos, esse em especial se transformou em objeto de culto entre a emigração russa.

(Por Priscila Marques.)

O APOCALIPSE DO NOSSO TEMPO (TRECHOS)*

N. 1

Ao leitor.

A partir do dia 15 de novembro, publicarei, a cada duas semanas ou mensalmente, fascículos sob o título geral de "O apocalipse do nosso tempo". O título não necessita de explicação em vista dos eventos que portam um caráter apocalíptico que não é imaginário, mas autêntico. Não há dúvida de que o fundamento profundo de tudo que ocorre agora consiste no vazio colossal deixado pelo cristianismo pretérito na humanidade europeia (e nela incluo a russa), e nesse vazio desmoronaram todos os tronos, as classes, os estamentos, os trabalhos e as riquezas. Tudo foi abalado, todos foram abalados. Todos perecem, tudo perece. Mas tudo isso desmorona no vazio de uma alma privada de seu conteúdo antigo.

Os trechos vão circular em pequenas brochuras.

Depósito na livraria de M. S. Elov, Sérguiev Possád, província de Moscou.

O reino esfacelado

Filariet, prelado de Moscou, foi o último (talvez o único) grande hierarca da Igreja russa..."Houve uma procissão em Moscou. Todos haviam passado – parcas, sacerdotes mitrados, mercadores e o povo. Portavam ícones, cruzes e estandartes. Tudo havia acabado, ou quase... E, então, ao longe, após as últimas pessoas, vinha ele. Era Filariet."

Assim me contou um ancião. E acrescentou, apontando para o chão e indicando a estatura minúscula de Filariet: "Eu me esqueci de todos e de tudo! Agora é apenas ele o que vejo".

---

* Tradução de Rafael Frate. (N. E.)

Também eu "esqueci de tudo" na Universidade de Moscou. Mas me lembro de seus pensamentos profundíssimos inscritos sob seu retrato na sala de reuniões.

Suas palavras e seus pronunciamentos eram impactantes. Os conselhos, sábios (ao imperador, aos poderosos). E todo ele era magnífico. Único. Mas o que houve "não obstante" e "depois"? Coisas imperceptíveis, frações. "Nós as vimos" (em parte). *Nota bene* [note bem]. Todos os que se destacavam um pouco já traziam uma "heresia disfarçada". Imperceptível e silenciosa, mas heresia assim mesmo. Enquanto isso, Filariet esteve "certo em tudo". Ele inclusive venerou o sínodo. Foi um "sinodal consciente". Venerou também Nicolau Pávlovitch, ainda que tenha sido "dispensado do comparecimento ao sínodo por ele e nunca mais tenha aparecido por lá". Ali que ocorrera, ou estava em vias de ocorrer, uma fratura e uma fenda não na Igreja, mas sim no Estado imperial. Como poderia o grande soberano, tão conservador, não ter como conselheira íntima a mente magnânima e também conservadora do maior luminar eclesiástico surgido ao longo de todo o destino da Igreja russa?

Romperam por ninharias. Certo estava Gógol, esse demônio.

Enquanto isso, havia Púchkin, Jukóvski, Liérmontov, Gógol, Filariet, um reino brilhante. Mas Nicolau quis brilhar sozinho "com seu amigo Frederico Guilherme", algum deles*. Era um carneiro simplório, enroscado nos arbustos e já preparado para a imolação (a dinastia).

Então, tudo desmoronou de uma vez, o reino e a Igreja. Somente os popes não entenderam que a Igreja fora destruída ainda mais terrivelmente do que o reino. O tsar estava acima do clero. Ele não se alterou e não mentiu. Mas, ao ver que o povo e os soldados o haviam abjurado tão terrivelmente, traindo-o de tal forma (graças à história caluniosa de Raspútin), assim como a nobreza (Rodziánko), como sempre uma falsa "representatividade", e também os "senhores mercadores" o haviam traído, ele escreveu simplesmente que, em essência, abjurava esse povo degenerado. E se pôs a picar gelo (em Tsárskoie Seló). Isso foi sensato, lindo e poderoso.

"Ainda que eu seja um homenzinho, também tenho 32 costelas" ("Детский мир"/ "Diétskii mir" [O mundo da criança]).

---
* Referência aos quatro reis prussianos de mesmo nome. (N. E.)

Mas e a Igreja? E aquele Andréi de Ufá? Todos eles. Antes houve um grupo de 32 presbíteros que desejavam uma "Igreja livre" e "baseada nos cânones". Mas agora todos os presbíteros, os diáconos e os arciprestes estão sob a batuta dos socialistas, dos judeus e dos que não são judeus, e se puseram a exclamar, tagarelar e escrever que "a Igreja de Cristo sempre foi, em essência, socialista" e que ela nunca foi, mesmo, monarquista e que tão somente Pedro, o Grande, "nos havia forçado a mentir".

A Rus desapareceu em dois dias. Quando muito, em três. Nem o *Новое время/ Nóvoie vrémia* [Novo Tempo]* teve as portas fechadas tão rapidamente quanto a Rus. É assombroso que ela tenha se desmantelado de uma vez, até nos mínimos detalhes. Para falar a verdade, nunca houve tamanho colapso, sem excetuarmos a "grande migração dos povos". Aquela foi toda uma época que durou "dois ou três séculos". Conosco, dessa feita, foram três dias, ou apenas dois. Não restou o reino, não restou Igreja, não restou Exército, não restou classe trabalhadora. E o que restou? De um jeito estranho, literalmente nada.

Restou um povo ignóbil, do qual um velhote de uns sessenta anos, "muito sério", da província de Nóvgorod, assim se expressou: "Do antigo tsar tinham mais era que tirara pele em forma de fita", ou seja, não a arrancar de uma vez, como os índios faziam durante o escalpo, mas, à maneira russa, arrancar tirinha por tirinha.

E o que o tsar lhe fez, a esse "mujiquezinho sério"?

E tome Dostoiévski...

E tome também Tolstói, Alpatytch** e *Война и мир/ Voiná i mir* [Guerra e paz].

O que aconteceu de verdade? Nós todos ficamos de travessura. Fomos travessos sob o sol e sobre a terra, sem pensar que o sol nos vê e a terra nos ouve. Sério ninguém foi e, na realidade, os tsares foram os mais sérios de todos, pois mesmo Paulo, consideradas suas possibilidades, labutou e, ademais, foi um cavaleiro. Como ocorre amiúde, ele "caiu como uma vítima inocente". É a história eterna, e tudo conduz para Israel e seus mistérios. Mas deixemos Israel de lado. O assunto hoje é a Rus. No fundo, brincávamos de literatura. "Está tão bem escrito." E a questão toda era se "estava bem escrito", mas o que "se escreveu" nunca interessou a ninguém. Em *conteúdo*, a literatura russa é de uma torpeza tal – uma torpeza de tamanha sem-vergonhice

---

*   Jornal conservador no qual Rózanov publicava desde o fim do século. (N. E.)

**   Personagem do romance *Guerra e paz*, servo dedicado do príncipe Bolkónski. (N. E.)

e descaramento – como nenhuma outra literatura. Em um grande reino, dotado de grande força, diante de um povo trabalhador, capaz e obediente, o que ela fez? Ela não ensinou nem ensejou o ensino para que esse povo ao menos aprendesse a forjar um prego, usar uma foice, preparar um alfange para a colheita ("nós importamos os alfanges da Áustria", é o que diz a geografia). O povo cresceu completamente primitivo desde Pedro, o Grande, e a literatura tratou apenas de "como eles amavam" e "sobre o que conversavam". E todos "conversavam" e somente "conversavam", e só "amavam" e depois "amavam" mais um pouco.

Ninguém se ocupou com o fato (não li nas revistas e nos jornais nem um só artigo a propósito) de que na Rússia não há sequer uma única farmácia criada e gerida por um russo, de que não sabemos tirar iodo de algas marinhas e de que nossos cataplasmas são "franceses", porque ninguém dentre os pan-homens russos consegue passar mostarda separada em uma folha de papel para o reforço de sua "força", seu "aroma". E o que nós sabemos? Ah, veja só, sabemos "amar", como Vrônski amou Anna, Litvínov amou Irina, Lejnióv amou Lisa e Oblômov, Olga. Deus do céu, para se amar, contudo, é preciso fazê-lo em família, embora eu creia que em família ninguém se ame particularmente e, talvez, nesse ponto ande interferindo o diabólico processo de divórcio (ame por dever, não por amor). E assim a Igreja foi a primeira a desmoronar, o que veio, dou minha palavra, bem a calhar e "conforme a lei".

Como nós estamos morrendo?

Pois bem, a morte chegou, o que significa que é a hora de morrer.

A morte, o túmulo para a sexta parte do globo terrestre. "A simples existência etnográfica do antigo reino e Império Russo", a qual anda falada e comentada em palestras, já é objeto de reflexão e, no fundo, reconciliação. A Rus *antiga* transformada em uma espécie de "eslavos polábios".

"A Rus *antiga*"... como podem pronunciar isso? No entanto, já pronunciam.

O triste não é a morte. "O homem morre não quando ele amadurece, mas quando ele se exaure", ou seja, quando sua seiva atinge um ponto em que a morte se torna inevitável e inescapável.

Se não há morte humana "sem a vontade de Deus", então como poderíamos aceitar, como sequer conceber, que pode haver a morte de um povo e de um reino "sem a vontade de Deus"? Esse é o cerne da questão. Isto é, Deus não quis mais que houvesse Rus. Ele a toca para longe da face do sol. "Fora daqui, gente inútil."

Por que somos "inúteis"?

Desde há muito escrevemos em "nossa literatura de ouro": "O diário de um homem *supérfluo*", "As notas de um homem *inútil*" e também de "um homem *ocioso*", inventamos toda espécie de *subsolos*. É como se nos escondêssemos da luz do sol, envergonhados.

Um homem que tem vergonha de si? Será que o sol não se envergonha dele? O sol benquisto e o homem têm uma ligação.

Ou seja, somos "inúteis" sob o sol e nos refugiamos em uma noite qualquer. A noite, o não ser, a cova.

Nós morreremos como fanfarrões ou atores. "Nem cruz nem oração." Se alguém quando morrer não tiver nem cruz nem oração, então se trata de uma morte russa. É estranho. Durante toda a vida, nós nos benzemos e oramos, e de repente vem a morte e nós rejeitamos a cruz. "É simples, o russo jamais viveu como um ortodoxo." A passagem para o socialismo e, portanto, para o ateísmo total realizou-se por completo nos mujiques e nos soldados com a mesma facilidade com que "se tivessem ido para os banhos e aspergissem água fresca". Isso é exatíssimo, é a realidade, não um pesadelo selvagem.

Mais exatamente, de que morreremos? Com efeito, como expressá-lo em uma única palavra, resumi-lo em um ponto? Nós morreremos de uma causa única e fundamental: *o desrespeito por nós mesmos*. Na verdade, estamos nos suicidando. Não é tanto o "sol que nos persegue", nós mesmos nos perseguimos. "Sai daqui, diabo."

Niilismo... Isso é o niilismo – nome com o qual o indivíduo russo há muito se batizou, ou melhor, nome com o qual ele abjurou seu batismo.

— Quem é você, vagando sob o sol?

— Sou um niilista.

— Eu só *fingia* que rezava.

— Eu só *fingia* que vivia em um reino.

— Na verdade, eu sou meu próprio senhor.

— Eu sou um operário de uma fábrica de tubulações e não ligo para o resto.

— Eu queria trabalhar menos.

— Eu queria passear mais.

— Eu queria não lutar na guerra.

E o soldado larga o fuzil. O operário abandona a máquina.

— A própria terra há de prover.

E desiste da terra.

— Todo mundo sabe que a terra é de Deus. Ela dá a todos igualmente. Sim, mas você não é um homem de Deus. E a terra em que você confia não lhe dará nada. E, porque ela não lhe dará, você a tingirá de sangue.

Existe a terra de Caim e a terra de Abel. Você amaldiçoou sua terra, e ela o amaldiçoou. Eis o niilismo e sua fórmula.

O sol não brilha para o homem ignorante. Ele não precisa do homem ignorante.

O que é notável é que nós vamos para sob a terra inebriados. Nós começamos uma guerra inebriados: lembram-se daquele mês de agosto e do encontro do tsar com seu povo, onde tudo foi forjado? E das vitórias, das quais a mais notável foi a do cossaco Kriutchkóv, que, como pede o costume, cortou sete cabeças alemãs? E daquele corajoso grito de "É preciso vencer", de Miénchikov? E dos concertos triunfais de Dolinano circo Cinizelli e depois em Tsárskoie Seló? Mas por que "é preciso vencer"? A vitória não se faz na guerra, mas nos tempos de paz. Porém, não fizemos nada nos tempos de paz, e, se havia algo de que soubéssemos bem, isso era que não havíamos feito nada. Mas depois as coisas ficaram ainda melhores. Se há algo com que nos embriagamos, foi com a revolução. "A total realização dos desejos." Mas não, na verdade, não nos locupletamos. "Se já houve tempo em que o sedento matou sua sede e o faminto matou sua fome, esse foi a revolução." E, antes mesmo de ter gasto o primeiro par de botas, o revolucionário já cai, um cadáver, na tumba. Ele não é um ator? Não é um fanfarrão? E onde estão nossas orações? E onde estão nossas cruzes? "Nenhum pope leria as exéquias para tal defunto."

É um feiticeiro, um lobisomem, não um ser vivo. Nele não há nem nunca houve uma alma viva.

— Niilista.

Não fazem serviços fúnebres para niilistas. Apenas se limitam a um "que ele vá para o diabo!".

Sua vida foi maldita, e maldita será sua morte.

A sexta parte da terra. A revolução aconteceu inebriada, e a guerra também. "Nós venceremos." Ah, sem dúvida. Não é um fato terrível que um sexto da terra não tenha produzido nada além de "cardos e espinhos" até o dia em que o sol disse "Não preciso de você", "Cansei de brilhar sobre a terra vazia"?

Niilismo, "O que brota de você?".

— Nada.

Sobre o "nada" não há nada mais a dizer.

— Nós não temos autoestima. A essência da Rússia é que ela não se estima.
Compreende-se. Pode-se respeitar o trabalho e o suor, mas nós nem suamos nem trabalhamos. E o fato de não trabalharmos nem suarmos é o motivo por que a terra e o planeta nos expulsaram.
Foi merecido?
Demais.
Como pudemos existir por mil anos, passar por um principado, por um reinado, um império, estabelecer ligações com o mundo todo, vestir plumas, chapéu, assumir ares de devotos, só para começar com os xingamentos, mais especificamente os de "niilistas", (porque normalmente isso é mesmo um xingamento) e depois morrer?
A Rússia se parece com um general de araque, sobre o qual algum pope de araque canta as exéquias. "Na verdade, foi um ator fugido de um teatro provinciano."
O mais impressionante e demonstrativo de toda a situação, de toda a sua essência, de sua mais profunda essência, está no fato de que "nada de fato aconteceu". "Mas tudo desmoronou." O que concorreu para a queda do reino? Ele foi deposto, literalmente, em um dia de semana. Era uma quarta-feira qualquer, em nada diferente das outras. Não era um domingo nem um sábado, tampouco uma sexta-feira muçulmana. Literalmente, Deus cuspiu e apagou a vela. É bem verdade que houve escassez de gêneros e formaram-se filas nas lojas. Sim, houve oposição. Sim, o tsar foi volúvel. Mas quando é que na Rus houve "fartura" sem o trabalho dos judeus e sem o trabalho dos alemães? Quando é que não tivemos oposição? E quando o tsar não foi volúvel? Ó triste sexta-feira, ou segunda, ou terça...
Será possível realmente morrer de forma tão triste, fétida e feia? "Ator, você poderia ao menos fazer algum gesto. Pois sempre esteve pronto para um Hamlet." "Lembra de suas falas? Nem mesmo Leonid Andréiev escarrou alguma coisa. Uma prosa completa."
Sim, se há um "assunto enfadonho", este é a "queda da Rússia".
Apagou-se a vela. E nem foi Deus quem o fez, mas... uma mulher bêbada passou por ali, tropeçou e se estatelou. Uma coisa estúpida. Horrível. "Não encene uma tragédia para nós, dê-nos um *vaudeville*."

Fonte: V. V. Rózanov, trechos de *Василий Розанов, Апокалипсис нашего время/ Apokalípsis Náchego Vriêmeni* [O apocalipse do nosso tempo]. Sérguiev Possád, s/l, 1917-1918.

ALEKSANDR BOGDÁNOV

Retrato de estúdio de Bogdánov, feito por volta de 1904.

ALEKSANDR ALEKSÁNDROVITCH BOGDÁNOV (sobrenome verdadeiro: Malinóvski) (1873-1928) • Nasceu em 10 (22) de agosto de 1873, em Sokółka. Foi médico, filósofo, escritor de ficção científica, revolucionário e um dos fundadores do Partido Operário Social-Democrata Russo. Nos anos em torno da Revolução de 1905, participou, no exílio, de agrupamentos de cunho político e cultural juntamente com Górki e Lunatchárski. Logo após outubro de 1917, participou da fundação do movimento Proletkult, pelo fomento de uma arte proletária pura. A partir de 1920, a posição oficial do governo tornou-se hostil em relação ao Proletkult, que passou a ser considerado um movimento "pequeno-burguês". Em 1923, foi preso pela polícia secreta soviética por suspeita de envolvimento com o grupo de oposição Рабочая правда/ Rabótchaia Pravda [A Verdade Operária], mas foi solto semanas depois. Em 1924, trabalhou em experimentos de transfusão de sangue, com o objetivo de rejuvenescimento (e superação da morte, um antigo anseio de diversos pensadores russos, que agora, nas novas condições revolucionárias, tentava encontrar encaminhamentos concretos). Muitos se submeteram ao procedimento, inclusive a irmã de Lênin, Maria Uliánova, e o próprio Bogdánov. Este, porém, foi vítima da própria dedicação, em 7 de abril de 1928, ao receber o sangue de um estudante que sofria de malária e tuberculose.

A carta aqui traduzida, escrita logo após a Revolução de Outubro, traz uma conversa franca sobre as relações entre o Partido e a cultura, no contexto de guerra, entre dois intelectuais bolcheviques que vinham se ocupando do tema desde longa data.

(Por Priscila Marques.)

CARTA DE BOGDÁNOV A LUNATCHÁRSKI*

Para A. V. Lunatchárski
19 de novembro de 1917

Querido Anatóli,

Sua carta ficou parada tranquilamente no Soviete de Deputados dos Trabalhadores por uma semana e só agora me foi entregue "de surpresa". Respondo imediatamente. Em junho-agosto, eu lhe escrevi, mas, pelo visto, a carta não chegou.
Claro, não defendo sabotagem nem boicote. Não vejo nada de ridículo naquilo que acontece com vocês e que muitas vezes costuma ser absurdo, mas quase sempre *forçado*. Não só vejo a tragédia de sua situação, mas acho que vocês estão longe de enxergá-la por completo; vou até tentar explicar à minha maneira.
A raiz de tudo é a guerra. Ela deu origem a dois fatos básicos: 1) o declínio econômico e cultural; 2) o desenvolvimento gigantesco de um *comunismo de guerra*.
O comunismo de guerra, ao endurecer da linha de frente à retaguarda, reorganizou a sociedade temporariamente: a comuna do Exército formada por milhões, a ração da família dos soldados, o consumo regulado e, *ligado a ele*, o racionamento da venda e da produção. Todo o sistema do capitalismo estatal não é nada além de um bastardo do capitalismo e do comunismo de consumo militar – algo que os economistas atuais não entendem por não terem nenhuma compreensão sobre análise organizacional. A atmosfera do comunismo de guerra deu origem ao *maximalismo*: o seu, prático, e o da *Nóvaia Jizn* [Vida Nova], acadêmico. Qual é melhor, isso eu não sei. O seu é abertamente anticientífico, o outro é pseudocientífico. O seu chega sem rodeios, como Sobakiévitch, pisando nos pés do marxismo, da história,

---
* Tradução de Cecília Rosas. (N. E.)

da lógica, da cultura; o outro sonha em vão com a revolução social na Europa, que também nos ajudará – é um Manílov*.

Na Rússia, o maximalismo se desenvolveu mais do que na Europa, porque em nossa terra o capitalismo é mais fraco, e a influência do comunismo de guerra como forma organizacional, relativamente mais forte. O partido bolchevique antes era um partido operário socialista. Mas a revolução sob a égide do militarismo exacerbado encarregou-o de uma tarefa que deturpa profundamente sua natureza. Eles tiveram de organizar uma massa de soldados pseudossocialista (um campesinato afastado da produção e que vivia do soldo do governo em comunas de quartel). Por que justo eles? Parece que só porque era o partido da *paz*, do ideal das massas de soldados em certo período. O partido tornou-se soldadesco-operário. O que isso significa? Há uma lei da tectologia: se o sistema é constituído organizacionalmente de partes altas e baixas, sua relação com o meio é determinada pela parte mais baixa da organização. Por exemplo, a solidez de uma corrente é determinada pelo elo mais fraco, a velocidade de uma esquadra, pelo navio mais lento, e assim por diante. A posição de um partido formado por destacamentos de classes com diferentes origens é determinada por sua ala mais atrasada. Um partido de soldados e trabalhadores é *objetivamente* um partido só de soldados. E, surpreendentemente, até certo ponto o bolchevismo se reformulou nesse sentido. Ele assimilou toda a lógica do quartel, seus métodos, sua cultura específica e seu ideal.

A lógica do quartel, em oposição à lógica da fábrica, se caracteriza por entender qualquer tarefa como uma questão de força bruta, e não como uma questão de trabalho e experiência organizada. Derrotar a burguesia, isso é o que é o socialismo. Tomar o poder, e então conseguiremos tudo. Acordos? Para quê? Dividir as presas? Nada disso; o quê? Não pode ser de outro jeito? Bom, tudo bem, vamos dividir. Mas espere! Novamente somos mais fortes! Não precisa... e etc.

A partir desse ponto de vista, decidem-se todas as questões táticas e programáticas. Voto aos dezoito anos: são crianças! A vida é complicada, deixem que eles se orientem... Que absurdo! Já conseguem segurar um fuzil. E o mais importante é que estão do nosso lado. Para que discutir? Eleições da chefia das tropas – agitadores são escolhidos como estrategistas e organizadores da complicadíssima administração

---

* Personagem de *Almas mortas*, de Nikolai Gógol. (N. E.)

das companhias e dos regimentos. Um operário consciente dificilmente exigiria eleições para engenheiros...

Eis um exemplo pequeno, mas concreto. Se eu *quisesse* aceitar essa proposta, *eu não poderia* fazer isso por razões materiais. É preciso dedicar tempo e força integrais; e o salário é "menor do que o de um trabalhador qualificado". Como eu poderia sustentar duas famílias e editar por conta própria a segunda parte da *Текмология/ Tektológuia* [Tectologia], que estou publicando eu mesmo, porque nenhum editor aceitará esse assunto tão comercialmente absurdo, mas, como acredito, ideologicamente necessário? Claro, um operário socialista não exigiria que o pagamento do engenheiro não fosse maior que o dele: interesses do negócio. Mas o quartel não faz essa pergunta, pois não há a questão da produção, ele só conhece a ração. Será que Lênin e Trótski não leram Marx, não sabem que o custo da força de trabalho é definido pelo nível normal de demanda em relação à execução de determinada função? Eles sabem, claro, mas rompem conscientemente com a lógica do socialismo em favor da lógica do comunismo de guerra. Aliás, talvez não seja consciente.

A propósito, como você manteria a si mesmo aqui e à sua família na Suíça com essa ração, se não tivesse uma herança casual? Faria uns bicos de literatura? A causa do ministério revolucionário ganharia muito com isso...

E a cultura... As relações de vocês com todos os outros socialistas: vocês passam o tempo todo apenas queimando suas pontes com eles, tornando impossível qualquer conversa e acordo; seu estilo político se impregnou dos palavrões cabeludos dos quartéis, suas redações publicam versos sobre como destripar a burguesia...

Suas relações com os camaradas... Um dia depois de você gritar "Não consigo!", um de seus camaradas mais próximos, Iemelian Iaroslávski, publicou no *Sotsial Demokrat* [Social-Democrata] um artigo sobre "intelectuais histéricos que têm pena das pedras e não das pessoas", que "estridulam 'Não consigo!', ferindo suas bem cuidadas e aristocráticas... mãos" etc. (cito livremente, mas sem deturpar o estilo). Esse é o respeito de seu camarada. É um proletário? Não, é um soldado grosseiro que beija os camaradas pelo quartel enquanto bebem juntos álcool desnaturado e resolvem a menor discordância com palavrões e uma baioneta na barriga. Eu não conseguiria viver e trabalhar nesse ambiente. Para mim, relações cordiais são o princípio da nova cultura. Para não o violar na relação com selvagens caucasianos distantes que passaram a ter direitos de amizade comigo na vida revolucionária, rompi com quase todos os que me eram próximos, o grupo Vperiód* – você lembra. E não mudo minha natureza com tanta facilidade. Não sinto nenhuma culpa: tudo isso é inevitável. Sua demagogia desenfreada é uma adaptação necessária à tarefa de juntar uma massa de soldados; seu rebaixamento cultural é resultado necessário dessa relação com soldados em meio à fraqueza cultural do proletariado. Os anos negros da reação deixaram-nos grosseiros, ensombreceram a consciência deles. Ainda há dois anos, os trabalhadores de Moscou – de Moscou, e até de Présnia!** – participaram com toda a sinceridade de um *pogrom* alemão feito pelas Centúrias Negras... A situação econômica dos trabalhadores também foi corroída por uma falsificação, uma deturpação: três quartos deles vivem de um salário do governo, todos os aumentos que recebem também vêm da tesouraria, e isso nenhum economista nega.

E o ideal do socialismo? Fica claro que quem considera uma insurreição de soldados o princípio de sua realização rompeu objetivamente com o socialismo operário e está equivocado em se considerar socialista: está trilhando o caminho do comunismo de guerra e do consumo, confunde a caricatura de uma crise decadente com um ideal de vida e beleza. Pode executar uma tarefa objetiva e necessária, como o bolchevismo atual; ao mesmo tempo, está condenado à ruína política e ideológica. Tal pessoa entregou sua fé às baionetas dos soldados – e não está distante o dia em que essas baionetas vão estraçalhar sua fé, senão seu corpo. Nisso está o elemento efetivamente trágico.

Não tenho nada contra o fato de que essa entrega do socialismo à soldadesca seja executada pelo enxadrista grosseiro que é Lênin, pelo ator ególatra que é Trótski. Me entristece saber que você se meteu nessa questão: 1) porque para você a decepção será muito pior do que para eles; 2) porque você podia fazer algo diferente, não menos necessário, mas mais sólido, ainda que no momento menos perceptível – e fazer isso sem mudar a si mesmo. Vou parar nessa outra coisa, por mais penosa que seja a solidão de quem tem olho em terra de cego.

---

* Grupo de revolucionários criado em 1909 na emigração com o objetivo de discutir questões políticas e culturais. Dele fizeram parte, além de Lunatchárski e Bogdánov, Górki e outros. (N. E.)

** Bairro operário de Moscou. (N. E.)

Não haverá uma revolução socialista na Europa agora – a classe trabalhadora não está nesse nível de cultura e organização, sua idade é claramente confirmada pela história da guerra. Lá haverá uma série de revoluções do tipo aniquilador, que exterminarão a herança da guerra: autoritarismo (oligarquia, ditadura dos poderes), endividamento (e, consequentemente, hipertrofia do rentismo), resquícios de uma opressão nacional, isolamento da nação criado novamente pela guerra e fixado pelo capitalismo estatal etc. – há muito trabalho a ser feito.

Na própria Rússia, a revolução soldadesca-comunista é algo que mais se opõe à revolução socialista do que se aproxima dela. A demagógica ditadura militar é instável por princípio: não se pode "mantê-la pela baioneta". O partido trabalhador-soldadesco deve se dissolver e dificilmente fará isso de forma pacífica. Então, um novo partido operário – ou o que restar dele depois das balas e das baionetas dos soldados – precisará de *sua própria* ideologia (as anteriores, mesmo se sobreviverem, não vão servir após percorrer a escola da demagogia da ditadura). É para esse futuro que eu trabalho.

É preciso que a cultura proletária deixe de ser uma *questão* sobre a qual se discute *em um discurso* que não tem conteúdo claro. É preciso esclarecer seus princípios, estabelecer seus critérios, formar sua lógica para que sempre seja possível decidir se é isso ou não é isso.

Essa é minha tarefa, e não a abandonarei até o fim.

Enviei a você umas brochuras, espero que as tenha recebido (pela *Jizn*). Vou enviar também a segunda parte de *Tectologia* e *Вопросы социализма/ Vopróssy sotsializma* [Questões de socialismo], que não são publicados já há três meses. Ficaria feliz se você voltasse ao socialismo operário. Temo que a ocasião tenha se perdido. A situação com frequência é mais forte do que a lógica.

Saudações do seu *Aleksandr*.

Fonte: Aleksandr Bogdánov, *Неизвестный Богданов/ Neizvestni Bogdánov* [O Bogdánov desconhecido]. Moscou, AIRO – XX, 1995, p. 189-92.

MARINA TSVETÁIEVA

Marina Tsvetáieva em retrato de 1914, aos 22 anos.

MARINA TSVETÁIEVA (1892-1941) • Nascida em 26 de setembro (8 de outubro) de 1892, em Moscou, pode ser considerada uma das principais vozes da poesia russa de sua geração, ao lado de nomes como Vladímir Maiakóvski, Borís Pasternak e Anna Akhmátova. Deixou a Rússia em 1922, passou uma curta temporada em Berlim, viveu cerca de dois anos na Tchecoslováquia e, em 1925, estabeleceu-se em Paris. A princípio, sua chegada é festejada pela emigração, mas as portas começam a se fechar devido, em grande medida, às suas posições relativas à prática poética, à sua amizade com Borís Pasternak, às suas reiteradas declarações de admiração ao poeta e revolucionário Maiakóvski e à sua colaboração com órgãos de imprensa simpáticos à União Soviética. Ainda assim, ela tenta publicar seus escritos na imprensa francesa, ora traduzindo do russo, ora escrevendo diretamente em francês – processo que resultou num interessante conjunto. Apesar da distância, procurou se manter a par do que era feito em termos de poesia na Rússia, muito em virtude de sua longa troca de cartas com Pasternak (que compreende um fato literário único: ao longo de quatro intensos meses de 1926, juntou-se à dupla o poeta Rainer Maria Rilke).

Marina Tsvetáieva retorna à União Soviética em 1939, com seu filho mais novo, Gueórgui Efron. No mesmo ano, assiste à prisão de Serguei e Ariadna Efron (respectivamente, seu marido e sua filha, que haviam retornado antes à pátria, em meio à ofensiva sobre Moscou das tropas alemãs durante a Segunda Guerra Mundial). Em 1941, a poeta se suicida em Elábuga, cidade russa da República Tártara.

Dos diários é uma série de sete textos curtos reunidos e retrabalhados pela autora, a partir de anotações feitas nos anos 1918-1919, para publicação em 1925, no *Последние новости/ Posliédnie Nóvosti* [Últimas Notícias], jornal russo da emigração baseado em Paris.

(Por Paula Vaz de Almeida.)

DO DIÁRIO*

O roubo

Duas da manhã. Estou voltando da casa de conhecidos que visito todas as noites. Nos ouvidos, ainda as últimas exclamações admiravelmente cautelosas: "Que corajosa! Sozinha a uma hora dessas! Bem na hora dos roubos. E com todas essas joias!". (São eles que insistem para eu ficar, eles que não me convidam para passar a noite, eles que não se oferecem para me acompanhar – e a corajosa por partir sou eu! Tão corajosa como um cachorro que é atirado aos lobos.)
   E assim são três da manhã. A lua direto no rosto. Capturo-a com meu anel de prata como se ele fosse um espelho. A voz fina da fonte, um lamento prolixo, não em russo, mas como a esposa mais nova de um harém lamenta-se à mais velha. Como a moça persa que se lamentava entre tranças e véus (entre colares de contas e véus, entre lágrimas e véus), em vão – a ninguém – na canoa de Rázin**. A fonte: a urna puchkiniana na pracinha Sobátchia – puchkiniana porque fica em frente à casa em que Púchkin leu seu *Godunov****. Quase – a fonte de Bakhtchissarai****!
   Ergo meu rosto em direção à lua, o ouvido, à água: uma dupla fluidez.
   A água, a lua

---

* Tradução de Paula Vaz de Almeida. (N. E.)

** Alusão a Stepan Rázin (1630-1671), líder cossaco que conduziu uma rebelião entre os anos 1670 e 1671, a maior e mais importante do período anterior a Pedro, o Grande. (N. E.)

*** Trata-se do drama em versos Борис Годунов/ *Borís Godunov* (escrito em 1825, publicado em 1831), de Aleksandr Púchkin (1799-1837), cujo tema é Borís Godunov, regente e tsar da Rússia de 1598 a 1605. (N. E.)

**** Referência ao poema homônimo de Púchkin, "Бахчисарайский фонтан"/ Bakhtchissaráiskii fontan [A fonte de Bakhtchissarai], escrito entre 1821 e 1823, pouco depois de sua viagem à Crimeia, onde visitou o palácio de *khans* e admirou a célebre fonte "que chora" o amor de um príncipe mulçumano por uma escrava cristã. (N. E.)

Dupla fluidez...
Fluidez... forma... flor... fervor... (Que palavras frouxas! Vazias. Sem par – às pressas.)
Na esquina da Sobátchia com a Borís e Gleb, abano com meu vestido dois policiais que dormem. Sonolentos, levantam os olhos. Mais vivas que eles estão as mesinhas em que dormem. Um pensamento inútil: "Eh! Eles bem poderiam me roubar!". Nove anéis de prata (o décimo é uma aliança de casamento), um relógio-bracelete de oficial, uma enorme corrente chapeada com um monóculo, uma bolsa de oficial cruzada sobre um ombro, um broche antigo com leões, dois braceletes enormes (um sepulcral, outro chinês), uma caixa de cigarros (250! um presente) – e ainda um livro alemão. Mas os policiais não ouviram meu conselho e continuaram dormindo. Passei pela padaria Milechin, a isbá da Baba-Iagá, a cerca – e já estou diante dos meus dois álamos. Casa. Já estou passando uma perna pelo portão de ferro (à noite, a entrada é pelo pátio), quando debaixo do alpendre da varanda:
— Quem está aí?
Um rapaz de dezoito anos, em um uniforme militar, embaixo do quepe – um petulante topete. Ruço. Sardento.
— Tem arma?
— Que arma teria uma mulher?
— E o que é que você tem aí?
— Veja, por favor.
Retiro da bolsa e dou a ele, um após o outro: o novo porta-cigarros preferido com leões (amarelo, inglês: *Dieu et mondroit* [Deus e meu direito]), o porta-moedas e os fósforos.
— E ainda tem um pente, as chaves... Se está na dúvida, vamos falar com o zelador, moro aqui há quatro anos.
— Tem documento?
Aqui, recordando a despedida de meus cuidadosos amigos, com boa-fé e nenhum bom senso, replico:
— E você, tem documentos?
— Aqui está!
O aço branco do revólver sob a lua. ("Quer dizer que é branco, e eu por alguma razão sempre pensei que fosse preto, *vi* preto. Revólver – morte – preto.")
Naquele exato instante, por minha cabeça, sufocando-me e agarrando-se ao chapéu, voa a corrente do monóculo. Só então eu percebo o que se passa.

— Você solte este revólver e abaixe as mãos, você está me sufocando.
— E você não grite!
— E você escute o que estou falando.

Ele abaixa e, já sem me sufocar, rápida e habilmente, tira em dois turnos a corrente de duas voltas. A ação com a corrente foi a última. "Camarada!", ouço às costas, já passando a outra perna pelo portão de ferro.

(Esqueci de dizer que, durante todo o tempo (um minuto e tanto) da nossa conversa, do outro lado da travessa, algumas pessoas iam e vinham.)

O militar deixou para mim: todos os anéis, o broche de leão, a própria bolsa, ambos os braceletes, o relógio, o livro, o pente, as chaves.

Levou: o porta-moedas com um cheque inútil de mil rublos, o maravilhoso porta-cigarros novo (ei-lo, *droit*s em *Dieu*!), o colar com o monóculo, os cigarros.

Resumindo, senão por caridade, por camaradagem.

* * *

No dia seguinte, às seis da tarde, na Málaia-Moltchanovka, o mataram! (Eles atacaram em plena luz da tarde um transeunte que se deixou roubar e, quando se viraram, ele lhes deu um tiro nas costas.) Soube-se que ele era um dos três filhos do zelador da igreja de Rjev, que tinha voltado das galés em virtude da revolução.

Sugeriram que eu fosse pegar minhas coisas. Com arrepios, rejeitei. Como eu – uma viva (ou seja, feliz; ou seja, rica) – vou pegar dele, um morto, seu último espólio?! Só de pensar me dá arrepios. De uma maneira ou de outra, fui sua última (talvez a penúltima!) alegria, aquela que ele levou para o túmulo. Não se rouba dos mortos.

A execução do tsar

Retornávamos, Ália* e eu, da peregrinação atrás de alimentos, pelos caminhos desanimados, desanimados, desanimados dos bulevares. Vitrine – a janela miserável de um relojoeiro. Entre ninharias inúteis, um enorme anel de prata com um brasão.

Depois, uma praça qualquer. De pé, esperamos o bonde. Chove. O grito de galo audacioso do menino:

---

* Diminutivo de Ariadna. (N. E.)

— Execução de Nicolau Románov! Execução de Nicolau Románov! Nicolau Románov foi executado pelo trabalhador Beloboródov!

Olho para as pessoas que também esperavam o bonde e que também (tão bem!) ouviam. Trabalhadores, um membro da *intelligentsia* esfarrapado, soldados, mulheres com crianças. Nada. Pelo menos alguém! Pelo menos isso! Compram o jornal, dão uma rápida olhada, de novo desviam o olhar – para onde? Pois sim, para o vazio. Quem sabe não fazem o bonde surgir como um passe de mágica.

Então, eu para Ália, numa voz embargada, suave e forte (como de quem sabe o que diz):

– Ália, mataram o tsar russo, Nicolau II. Reze pelo repouso de sua alma!

E Ália, meticulosa, faz três vezes o sinal da cruz, com um aceno de cabeça profundo. (Um pensamento simultâneo: "Pena não ser um menino. Tiraria o chapéu".)

Atentado a Lênin

Batidas na porta. Corro para abrir. Um homem de *papakha**. De bronzeado cor de café – os olhos brancos. (Depois percebi: azuis.) Arfa.

— Você é Marina Ivánovna Tsvetáieva?
— Sou.
— Lênin está morto.
— Oh!!!
— Vou levá-la para o Don.

Lênin está morto e Serioja, vivo! Me jogo em seus braços.

* * *

Noite do mesmo dia. O administrador comunista Z<ak>s, entrando pela cozinha:

— E, então, a senhora está satisfeita?

Suavizo o olhar – não por timidez, é claro: temo ofendê-lo com minha alegria explícita. (Lênin está morto, a Guarda Branca chegou, todos os comunistas foram enforcados, Z<ak>s– o primeiro)... Já sentindo a generosidade do vencedor.

---

* Chapéu de cossaco. (N. E.)

— E você, está muito triste?
— Eu? — Dando de ombros. — Para nós marxistas, que não reconhecemos personalidades na história, isso, em geral, não é importante – Lênin ou qualquer outro. Esses são vocês, representantes da cultura burguesa... — Um novo espasmo. —... com seus Napoleões e Césares...
— Um riso satânico. — Mas para nósss, sabe: hoje Lênin, amanhã...
Eu, ofendida por Lênin (!!!), me calo. Pausa de perplexidade. E logo em seguida:
— Marina Ivánovna, eu recebi açúcar, três quartos de libra, não vou usar, não bebo nada com açúcar, talvez você possa pegar para a Ália?

* * *

(Esse mesmo Iks, na Páscoa de 1918, me deu de presente uma estatueta do tsar entalhada em madeira.)

Asarna

Agora em Moscou está tendo um surto de sarna. Moscou inteira se coça. Começa entre os dedos, depois passa para todo o corpo, um ácaro subcutâneo onde se encontra – o abcesso. Acontece somente à noite. Nos locais de trabalho, placas: "Estão abolidos os apertos de mão". (Seria melhor – os beijos!)

E eis que há algum tempo eu estava fazendo uma visita, e um parente da anfitriã, também uma visita, insistentemente e com uma emoção contida, começa a indagar à dona da casa sobre como é, o que é, quando começa e quando termina– se termina.

E, de repente, grita-lhe o homem curado:
— Abracha*, provavelmente você está com sarna! — "Sarna", em sua concepção, pelo visto, é o próprio ácaro. Pulgas, moscas, baratas, percevejos, sarnas.

À saída, sob o pretexto das piadas, ninguém se dá as mãos. O anfitrião evita até os beijos. A visita – um desagradável burguês. Já bastante repugnante mesmo sem sarna. A visita – um covarde que se solidariza com os que se abstêm. A sarna é revoltante. E, considerando o peso, todo o sem sentido do gesto e da gesta, em completo desespero e

---

* Diminutivo de Avraám ou Abrám. (N. E.)

suando frio, não apenas estendo a mão – mas, ainda, retenho a dele por mais tempo do que o de costume.
Um aperto de mão, de fato, cheio de consequências; para você, o sarnento, minha confiança e, portanto (considerando a sarna!), duas noites insones; para mim, a não sarnenta, a sarna e, portanto (considerando sua confiança!), também duas noites insones.

* * *

Como ele dormiu não sei. Eu, pelo menos, não cocei nem estou coçando.

Fräulein

A multidão faminta na Okhótnyi Riad*. Vendem cenouras e gelatinas de framboesa em pires de papelão, repugnantes. Os obstinados – correm, os desesperançados – vagam. De repente, uma nuca conhecida: algo raro, ruço... Me adianto, espio: os olhos leitosos, o triste bico avermelhado – *Fräulein*. Minha professora de alemão do último ginásio.
— *Guten Tag, Fräulein!* — Olhos assustados. — Não me reconhece? Tsvetáieva. Do ginásio Briukhonenko.
E, preocupada:
— Tsvetáieva? Onde vou acomodá-la? — E, detendo-se: — Sim, onde vou acomodá-la?
— Vamos lá, minha senhora, o que é que há?

* * *

Seu cérebro germânico havia sucumbido!

Uma noite na comuna

Visita aos conhecidos. Pedem para eu recitar alguns versos. Assim como no salão comunista, recito "Белая гвардия"/ "Bélaia gvárdia" [A Guarda Branca].
Guarda Branca – seu caminho é as alturas...

---

* Rua no centro de Moscou. (N. E.)

Depois da Guarda Branca, mais uma Guarda Branca; depois da segunda Guarda Branca, a terceira, todo o "Don", depois "Puro--sangue" e "Tsar na Páscoa" – resumindo, quando me dou conta já é meia-noite, e o portão de minha casa, sem dúvida, já estará fechado. Não posso passar a noite aqui; é "uma casa honesta", com servos, com parentes, e só me resta uma coisa: ir para a pracinha Sobácthia e dormir sob o som da fonte puchkiniana. Anuncio; sorrindo, levanto--me e, com três passos, estou na porta. E, ainda na porta, o melodioso:
— Marinuchka!
— Pois não?
— É sério que você vai dormir na rua?
— Perfeitamente.
— Mas, veja bem, isso...
— Sim, muito, mas...
— Então, venha comigo, para a comuna.
— Mas eu não vou incomodar?
— Em quê? Tenho um quarto privado.
— Então, obrigada.
Estou radiante, pois, apesar do espírito de aventura interior, ou melhor, graças a todo o espírito de aventura interior, passo muito bem, obrigada, sem o exterior! (*Nota bene!* Entre passar a noite em uma rua comunista e passar a noite em uma casa comunista – espírito de aventura mesmo –, seria o primeiro!)

Caminhamos. A comuna não é longe: uma esplêndida mansão de pedra, que lembra a Inglaterra (nunca estive lá). Entramos. Uma escada com tapete. Um silêncio de veludo. O silêncio da noite. As mãos calejadas pelo veludo do corrimão. Atravessamos pela cozinha vazia (de gente e de comida), ainda mais alguns cômodos – chegamos. Parece um quarto e meio de hotel: o cômodo que contorna assume o formato de um gancho. Uma cortina fantasmagórica cor de damasco atrás da qual está certamente uma janela invisível inteiriça de vidro – se não foi quebrada por Outubro. O mínimo de móveis, um tipo de mesa, uma estante de livros, uma jardineira. Uma cama de solteiro baixa, de madeira, muito profunda, muito ampla. Para dormir bastante, para acordar tarde. Para a preguiça, a alegria, a gordura, para tudo aquilo que detesto – em uma cama!

— Você pode dormir aqui, Marinuchka.
— E você?
— Eu durmo no divã, no escritório — o escritório, pelo visto, era o próprio gancho.

— Não, eu durmo no divã! Eu adoro dormir no divã! Em casa sempre deito no divã! Até com os cachorros! Quando retornei da pensão! E o cachorro, percebendo que já estava dormindo, e também roncava, da maneira mais descarada deitou na minha cabeça... Palavra de honra!
— Mas você não está em uma pensão, Marinuchka!
— Não me lembre de onde estou, meu amigo!
Sentamos. Fumamos. Conversamos. Me oferece seu jantar: um pedaço de pão, três beterrabas cozidas e uma xícara de chá com uma colherinha de açúcar.
— E você?
— Eu já jantei.
— Onde? Não, não, juntos!
Falamos sobre poesia, sobre a Alemanha, que ambos amamos apaixonadamente, pergunta sobre minha vida.
— Sua vida está muito difícil?
Envergonhada, coro.
E ele:
— Marinuchka, Marinuchka... Então, logo vou receber um pouco de farinha, trarei para você... Que horror tudo isso!
Eu:
— Mas eu lhe asseguro...
Ele, pensando alto:
— Talvez eu consiga arranjar um pouco de painço...
E de modo inseguro:
— E de ir para o sul, há alguma possibilidade?
(Um trabalhador responsável!)
Olho o rosto: charmoso, magro; os olhos: castanhos, óculos de chifres. E tamanha é a consciência de sua inocência, de sua desobrigação, tamanha é a ingenuidade da piedade e da gratidão, que as lágrimas já correm, e ele, assustado:
— E as notícias que você recebeu do sul, pelo menos não são ruins?

* * *

Durmo, claro, na cama – nem o cachorro nem os protestos ajudaram. Antes do sono, conversamos mais.
— N! Você gostaria de estar agora em Viena? Em um hotel, estamos agora em 1912, veja a noite viva da Viena escolar... e *Wienerblut* [sangue vienense].

E ele, arrastando a voz:
— Ah, eu não sei de nada, Marinuchka!

* * *

Levanto-me com o sol. Visto rapidamente meu vestido vermelho vasto (de cor *cardinal* – incêndio!). Deixo um bilhete a N. Abro cuidadosamente a porta e – oh, que horror! – uma enorme cama de casal; sobre ela, os que dormem. Recuo. Depois, decidindo de uma vez, com passos silenciosos largos, me ponho rumo à porta oposta, já estou prestes apoiar a mão...
— Mas então o que é isso?
Um homem está sentado na cama – cabelo despenteado, gola desabotoada, olha.
E eu, polidamente:
— Sou eu. Por acaso passei a noite aqui e estou indo para a casa.
— Mas, camarada...!
— Por Deus, me desculpe. Eu achei que... Eu acho que... Eu, pelo visto, não deveria estar aqui...
E, sem sequer esperar a réplica, desapareço.

* * *

(*Nota bene!* Justamente – *aqui*!)

* * *

Depois ouvi de N: o que estava dormindo tomou-me por um fantasma vermelho. O fantasma da revolução, que desaparece com os primeiros raios de sol!
Ao contar, ria como louco.

* * *

Só agora, depois de cinco anos, faço uma apreciação apropriada da situação: a única coisa que eu não imaginava fazer era, ao entrar em uma comuna, entrar no quarto de alguém, a única coisa – contrária a todos os apelos da senhora [Aleksandra] Kollontai e cia. – na casa dos comunistas – não comunista.

— *Plus royaliste que le roi* [mais realista que o rei].
(Nota da primavera de 1923)

Soldado de cristo

Primeiras horas da manhã. Estou caminhando com Ália perto da igreja da Borís e Gleb. Há um serviço. Entramos, depois de uma velhinha de preto, pela escada branca do alpendre. A igreja está cheia, a alvorada e o silêncio dão um ar de conspiração. Em instantes, ouço claramente com meus próprios ouvidos:

— ... Assim, irmãos, se essa terrível notícia sobre a qual já estou vos advertindo se confirmar, o sino irá tocar e por todas as casas correrão mensageiros enviados para alertar a todos sobre o inadvertido crime. Estai prontos, irmãos! O inimigo é vigilante, estai vigilantes também! Ao primeiro badalar do sino, a qualquer hora do dia ou da noite – todos, todos para a igreja! De pé, irmãos, de peito aberto, defendamos o santuário! Tragam convosco vossas crianças pequenas, que os homens não portem armas: ergamos as mãos nuas em louvor, em sinal de prece, vejamos se ousam vir com a espada sobre o povo desarmado!

E, se isso acontecer – bem, então deitemos todos, deitemos com o sentimento de dever cumprido nos degraus da igreja, até a última gota de sangue protegendo nosso Senhor e o soberano Jesus Cristo, patronos desta igreja e de nossa pátria infeliz.

— ... As badaladas serão repetidas, cortadas, com claras interrupções... Eu vos explico, irmãos, para que vós, ao acordardes, não vos confundais com os sinos de incêndio. Quando ouvirdes, em uma hora estranha, um som incomum, sabei: é o chamado, o chamado do Senhor!

Assim, queridos irmãos...

E minha resposta precipitada: "Queira Deus! Queira Deus, queira Deus!".

Fonte: Marina Tsvetáieva, "Из Дневника"/ "Iz dnevniká" [Do diário], em Anna Saakiants e Liev Mnúkhin (orgs.), Собрание Сочинений в 7-ми томах/ *Sobránie sotchinénii v 7-mi tomákh* [Obras completas em sete volumes]. Moscou, Ellis Lak, 1994-1997, v. 4, p. 487-96.

VLADÍMIR
ILÍTCH
LÊNIN

Lênin em reunião no Conselho de Comissários do Povo em 1920 com um de seus gatos.

VLADÍMIR ILÍTCH LÊNIN (sobrenome verdadeiro: Uliánov) (1870-1924) • Nascido em 10 (22) de abril de 1870, em Simbírsk (atual Uliánovsk), Lênin foi um dos mais proeminentes revolucionários comunistas e importante teórico político. Mudou-se para São Petersburgo em 1893 e lá se tornou figura de destaque no Partido Operário Social--Democrata Russo. Foi preso em 1897 e exilado. No exílio, suas publicações fizeram dele um destacado teórico do partido. Em 1903, com a divisão do partido, encabeçou a facção bolchevique. Depois da Revolução de Fevereiro, retornou à Rússia e liderou os bolcheviques para a tomada do poder, em outubro. Sua leitura do marxismo, chamada de leninismo, considerava que a humanidade chegaria ao comunismo puro, a uma sociedade igualitária, sem classes, sem Estado, livre de exploração e de alienação. Para conquistar esse objetivo, seria preciso passar pelo socialismo, que, por meio da ditadura do proletariado, suprimiria a burguesia. Lênin enfatizava o papel da vanguarda, que conduziria o proletariado à revolução, e do uso da violência. Foi o primeiro presidente do Soviete dos Comissários do Povo e, de 1917 a 1924, ocupou o cargo mais alto do governo soviético. Em março de 1923, sofreu um AVC (o terceiro) que lhe provocou a perda da fala e paralisia parcial. Em 21 de janeiro de 1924, faleceu em sua propriedade na localidade de Górki, próxima a Moscou.

Os três textos apresentados nesta antologia trazem aspectos da relação complexa que Lênin tinha com os meios artísticos e com a cultura de modo geral. "Um livrinho de talento" é a resenha, extremamente ambígua, sobre um escritor que (juntamente com Téffi) fora muito popular na Rússia por seus textos publicados na revista *Сатирикон/ Satirikon* (fechada em agosto de 1918 pelos bolcheviques) e que agora, na emigração, republicava uma de suas antologias satíricas.

(Por Priscila Marques.)

PROJETO DE RESOLUÇÃO SOBRE A LIBERDADE DE IMPRENSA (NOVEMBRO DE 1917)*

A burguesia entendia a liberdade de imprensa como liberdade de publicação de jornais pelos ricos, como apropriação da imprensa pelos capitalistas, o que, na realidade, em toda parte e em todos os países, inclusive nos mais livres, levou à venalidade da imprensa**.

O governo operário e camponês entende a liberdade de imprensa como a libertação desta da opressão do capital, a transferência da propriedade das fábricas de papel e gráficas para o governo, a concessão a todos os grupos de cidadãos que atingem certo número (por exemplo, 10 mil) do direito igualitário à utilização de uma parcela correspondente das reservas de papel e do trabalho tipográfico.

Como primeiro passo para a realização desse objetivo, que está intrinsecamente ligado à libertação dos trabalhadores da opressão do capital, o governo provisório dos operários e dos camponeses nomeará uma comissão de instrução para investigar as relações das publicações periódicas com o capital, a fonte de seus recursos e sua receita, a composição de seus doadores, o encobrimento de seus déficits e toda a economia geral dos jornais. Qualquer ocultação dos livros de contabilidade ou de outros documentos perante a comissão de instrução, assim como toda e qualquer prestação de falso testemunho, será punida pela justiça revolucionária.

---

*   Tradução de Priscila Marques. (N. E.)

** Após o fechamento de uma série de jornais burgueses em 26 de outubro (8 de novembro) de 1917, por decreto do Comitê Revolucionário de Guerra, o Soviete dos Comissariados do Povo aprovou o decreto sobre a imprensa. Em 4 (17) de novembro, Lênin discursou sobre a necessidade das medidas tomadas e escreveu presente projeto de resolução. Por maioria de 34 votos a favor, 24 contrários e uma abstenção, o Comitê Executivo Central acatou a resolução da fração bolchevique sobre o apoio incondicional ao Soviete dos Comissariados do Povo no âmbito da imprensa. O projeto de resolução, contudo, não foi levado à discussão no Comitê Executivo Central. (N. E.)

Todos os proprietários de jornais e acionistas e todos os funcionários estão obrigados a apresentar imediatamente relatórios e notas por escrito para a *comissão de instrução*, no Instituto Smólny, em Petrogrado, para que se revelem as relações da imprensa com o capital e a dependência da imprensa ao capital.

A comissão de instrução será composta por*:

A comissão tem o direito de suplementar sua composição, convocar especialistas e testemunhas, exigir a abertura de todos os livros etc.

Fonte: Vladímir Ilítch Lênin, "Проект резолюции о свободе печате"/ "Proiekt rezoliútsii o svobódie petcháti" [Projeto de resolução sobre a liberdade de imprensa], 4 (17) nov. 1917.

---

* No manuscrito há um espaço livre para a inserção dos sobrenomes; vf. V. I. Lênin, О литературе и искусстве [Sobre literatura e arte] (Moscou, Khudójestvennaia Literatura, 1967). (N. E.)

UM LIVRINHO DE TALENTO

Trata-se de um livro de Arkádi Aviértchenko, um guarda branco exasperado até a perturbação mental: *Дюжина ножей в спину революции/ Diújina nojiéi v spinu revoliútsii* [Um punhado de facas nas costas da revolução] (Paris, 1921). É interessante observar como um ódio fervilhante provocou tanto momentos incrivelmente fortes como outros fraquíssimos nesse livrinho de elevado talento. Quando o autor desses contos se dedica a um tema que ele desconhece, o resultado não é artístico. Por exemplo, o conto que representa Lênin e Trótski na vida doméstica. Há muita maldade, mas não é nada plausível, amável cidadão Aviértchenko! Garanto ao senhor que Lênin e Trótski têm muitos defeitos, e de todo tipo, inclusive na vida doméstica. Só que, para se escrever com talento sobre eles, é preciso conhecê-los. E o senhor não os conhece.

Em compensação, uma grande parte do livro é dedicada a temas que Arkádi Aviértchenko conhece magnificamente bem, sobre os quais refletiu e que vivenciou e sentiu. Com incrível talento são retratados impressões e estados de espírito daquele representante do antigo senhor de terras ou do dono de fábrica que se fartou e se empanturrou da Rússia. Assim, precisamente assim, os representantes das classes dirigentes devem ver a revolução. O fogo que consome o ódio torna os contos de Aviértchenko, por vezes, na maior parte das vezes, impressionantemente vivos. Há coisinhas realmente magníficas, por exemplo, "A relva pisoteada pelas botas", que trata da psicologia das crianças que sofreram e ainda sofrem com a Guerra Civil.

O *páthos* verdadeiro, contudo, é alcançado pelo autor apenas quando ele fala da comida. Como os ricos comiam na velha Rússia, como petiscavam em Petrogrado – Petrogrado não, Petersburgo – por catorze rublos e meio e por cinquenta rublos etc. O autor descreve com franca volúpia: isso, sim, ele conhece; isso, sim, ele viveu e sentiu, aí ele não comete nenhum erro. Seu conhecimento do assunto e sua honestidade são fora de série.

No último conto, "Estilhaços do que foi despedaçado", são representados, na Crimeia e em Sebastópol, um ex-senador – "era rico, generoso, bem relacionado", "agora, na artilharia, todos os dias descarrega e separa os projéteis"– e o ex-diretor "de uma enorme empresa metalúrgica, considerada a maior no distrito Výborgski. Agora, ele é empregado em uma loja de consignação e, nos últimos tempos, ganhou até alguma experiência na avaliação de roupões femininos e ursos de pelúcia infantis, trazidos em troca de comissão".

Ambos os velhinhos se lembram do passado, dos crepúsculos de Petersburgo, das ruas, dos teatros e, é claro, da comida no Medviéd, no Viena, no Mályi Iarosláviets etc. E as lembranças são entrecortadas por exclamações: "O que fizemos para eles? Quem estávamos estorvando?"... "Por que isso os estorvava?"... "Por que eles fazem isso com a Rússia?"...

Arkádi Aviértchenko não compreende o porquê. Os operários e os camponeses compreendem, é óbvio, sem esforço, e não precisam de esclarecimentos.

Em minha opinião, alguns contos merecem ser republicados. O talento deve ser encorajado.

Fonte: Vladímir Ilítch Lênin, "Talântlivaia kníjka"/ "Талантливая книжка" [Um livrinho de talento], em *Правда/ Pravda* [Verdade], n. 263, 22 nov. 1921.

SOBRE A PURIFICAÇÃO DA LÍNGUA RUSSA
(Reflexões feitas nas horas vagas, ou seja, ao ouvir discursos em assembleias)

Estamos estragando a língua russa. Empregamos palavras estrangeiras sem necessidade. E as empregamos de maneira equivocada. Para que dizer "defeito", quando se pode dizer "falta", "deficiência" ou "lacuna"*? É claro que uma pessoa que tenha aprendido a ler há pouco tempo, que lê fundamentalmente jornais e passa a lê-los em minúcia, assimila involuntariamente as expressões ali existentes. Contudo, é justamente a linguagem de nossos jornais que está começando a se corromper. Se podemos perdoar a quem aprendeu a ler há pouco tempo o emprego no vidadeiro de palavras estrangeiras, os literatos não têm desculpa. Não estará na hora de declararmos guerra ao uso de palavras estrangeiras sem necessidade?

Reconheço que, ainda que o uso de palavras estrangeiras desnecessárias me exaspere (pois dificulta nossa influência sobre as massas), alguns erros cometidos nos jornais são de tirar do sério. Por exemplo, emprega-se o verbo "*budirovat*", no sentido de "incitar", "sacudir", "despertar". Mas a palavra francesa *bouder* significa "irritar-se", "amuar-se". Por isso, "*budirovat*" significaria, na realidade, "irritar-se", "amuar-se". Imitar o uso das palavras do francês de Níjni Nóvgorod significa imitar o pior dos piores representantes da classe dos senhores de terra russos, que foram alfabetizados em francês, mas, em primeiro lugar, não concluíram os estudos e, em segundo lugar, deformaram a língua russa.

Não estará na hora de declarar guerra à deformação da língua russa?

Fonte: Vladímir Ilítch Lênin, "Об очистке русского языка"/ "Ob otchístke rússkogo iazyká" [Sobre a purificação da língua russa], escrito em 1919 ou 1920 para uma reunião do Politburo do PC e publicado em *Правда/ Pravda* [Verdade], n. 275, 3 dez. 1924.

---

* Em russo, respectivamente, *defekt* [defeito], *nedotchiót* [falha], *nedostátok* [deficiência] e *probiel* [lacuna]. O primeiro dos termos é o único de origem não eslava. (N. E.)

NIKOLAI BUKHÁRIN

Nikolai Bukhárin aos quarenta anos, em foto de 1929.

NIKOLAI IVÁNOVITCH BUKHÁRIN (1888-1938) • Nasceu em 27 de setembro (9 de outubro) de 1888, em Moscou. Em 1907, entrou na faculdade de direito da Universidade de Moscou, da qual foi expulso em 1911, quando de sua prisão por envolvimento com atividades revolucionarias. Em 1906, ingressou no Partido Operário Social-Democrata Russo e aderiu à facção bolchevique. Ficou no exílio até a Revolução de Fevereiro, quando retornou à Rússia. Participou ativamente da propaganda pela Revolução de Outubro e foi redator-chefe do jornal *Правда/ Pravda* [Verdade]. Era o líder dos comunistas de esquerda, de posição contrária ao tratado de paz de Brest-Litovsk e à linha trotskista pela revolução proletária mundial. Mais tarde, em 1921, passou a defender a Nova Política Econômica (NEP) e, ao lado de Stálin, se opôs a Trótski, Zinóviev e Liev Kámenev. De 1926 a 1929, foi secretário-geral do comitê executivo do Comintern. Em 1929, foi expulso do Politburo por divergências em relação à política de coletivização da terra. Durante o Grande Terror, foi acusado de conspiração contra o Estado soviético e executado em 1938.

O texto aqui traduzido é resultado de uma fala de Bukhárin por ocasião de uma reunião convocada em maio de 1924 pelo Comitê Central do PC. Mais tarde, as opiniões expostas por Bukhárin foram usadas por Stálin contra ele.

(Por Priscila Marques.)

INTERVENÇÃO NA REUNIÃO SOBRE A POLÍTICA DO PARTIDO PARA A LITERATURA*

Acho que a posição da maioria dos camaradas que intervieram aqui é posta de forma extremamente simplificada, de forma generalizada. Pois temos na realidade três questões básicas e principais: a do leitor, a do escritor e a de nossa relação com um e outro. E é exatamente dessa forma que é necessário abordá-las.

Se o problema é posto dessa forma, no geral e no todo ele coincide com o problema social em seu sentido mais amplo. Seria incorreto se, no âmbito político, supuséssemos que existe apenas uma classe – o proletariado – e que fora dela só existe a burguesia. Igualmente incorreto aqui seria excluir do círculo de nossa atenção uma série de problemas que constituem a dificuldade de resolução da tarefa, pois ela está no fato de não termos um leitor genérico nem um escritor genérico. Por isso, não há e não pode haver uma resolução genérica para a questão.

Subentende-se que nesse caos há certo princípio dominante básico, assim como na política esse princípio dominante é a classe trabalhadora, sob cuja liderança está nosso partido comunista. Por isso, entende-se que devemos assumir uma direção determinada, na medida em que se trata de um objetivo final determinado a que tudo está relacionado. Assumo uma posição bastante radical, como é sabido por muitos, mas para mim isso não resolve em absoluto a questão como ela está agora, em toda sua complexidade. Acho que podemos aspirar, e devemos aspirar, a que, no fim das contas, tenhamos uma abordagem definida e específica para nós em todas as áreas da vida ideológica e científica, até na matemática. É daí que cresce o novo espírito das relações culturais.

Mas, camaradas, infelizmente isso é apenas a preparação generalizada da questão, que não esgota as dificuldades específicas nem os estágios de transição. Está claro que não devemos nos esquivar dos

---

* Tradução de Cecília Rosas. (N. E.)

problemas da criação da literatura proletária, não devemos nos esquivar de, por todos os meios, apoiar os brotos que existem. Em nenhum caso temos o direito de nos recusar a fazer isso; pelo contrário, devemos entender que esse é o princípio dinâmico que, no fim das contas, constitui o cerne de nossa existência. Mas me parece que a revista *Na Postú* [Em Guarda]* simplifica a questão. Ela acha que temos um proletariado, mas que não temos agrupamentos intermediários, portanto a tarefa é descobrir em qualquer escritor que ele não é um puro proletário em sua concepção artística de mundo e lascar nele os enormíssimos porretes que se encarnam organizacionalmente na Mapp e em organizações similares.

É aí que está a forma incorreta de propor a questão. Em nosso país, deve haver uma literatura camponesa. É claro que devemos dar andamento a ela. Devemos sufocá-la por não ser proletária? Isso não faz sentido. Devemos ter uma política tal para que gradualmente, do mesmo modo paulatino com que conduzimos o campesinato, levando em conta todo o seu peso e as suas particularidades, com que o guiamos no sentido do descampesinamento, façamos exatamente o mesmo na literatura e em todas as outras áreas ideológicas. Devemos arrastar essa literatura camponesa a reboque da literatura proletária. Se a questão é posta dessa maneira em relação ao leitor, ela também aparece dessa forma em relação ao escritor. Devemos, a qualquer custo, acalentar os rebentos da literatura proletária, mas não devemos difamar um escritor camponês e não devemos difamar um escritor diante da *intelligentsia* soviética. Não se esqueçam de que uma questão cultural é distinta de uma questão militar, no sentido de que ela não pode ser resolvida a toque de caixa por meio da violência mecânica. Ela também não pode ser resolvida por um assalto de cavalaria, por um ataque de cavalaria. Ela deve ser resolvida por um método misto, compatível com uma crítica razoável. E o mais importante: pela *concorrência* na área produtiva em questão.

No fim das contas, é preciso compreender que nossos escritores proletários não devem se dedicar à escrita de teses, como estão fazendo até agora, mas à escrita de obras literárias. *(Aplausos)* Estamos exaustos de ler infinitas plataformas. São idênticas como duas gotas d'água. Elas nos cansaram até o último grau. Criar, em vez de vinte

---

* Revista literária organizada em 1923 pela Московская ассоциация пролетарских писателей/ Moskóvskaia assossiátsia proletárskikh pissátelei [Associação Moscovita de Escritores Proletários] (Mapp). (N. E.)

plataformas, por melhor que soem, por mais ortodoxas que sejam, uma boa obra literária – eis no que consiste toda a questão, pois o que está acontecendo conosco em nossas organizações literárias é uma enorme substituição do problema. E aí que está o mal fundamental. Em vez de fazer o que é necessário, ou seja, ir ao cerne da vida, observar, resumir, tentar captar ao máximo possível os aspectos da vida atual, em vez disso ficam inventando teses na própria cabeça.

É preciso acabar com isso. E me parece que o melhor meio de arruinar a literatura proletária, da qual sou partidário, a suprema forma de arruiná-la, é a recusa dos princípios da livre concorrência anarquista (*vozes: "Bravo! Correto!"*), porque é impossível agora formar bons escritores que não tenham passado por determinada escola literária vital, por uma luta vital, que não tenham lutado por um lugar para si, não tenham lutado por cada palmo de sua posição nessa batalha. Se, pelo contrário, assumirmos o ponto de vista de que a literatura deve ser regulada pelo poder estatal e gozar de todo tipo de privilégio, não temos dúvida de que à força disso destruiremos a literatura proletária. Faremos dela Deus sabe o quê. Camaradas, será que não estamos vendo que, no âmbito de nossa literatura proletária, o maior pecado é este: o escritor escreveu duas ou três obras e já começa a se nivelar a Goethe...?

Já indiquei quais são as tarefas que os escritores proletários têm diante de si e as nomeei: ser uma força dinâmica. Repito que essa é nossa perspectiva. Mas precisamos, repito, entender que temos métodos particulares para cumprir esse plano de longo alcance. Disso decorre toda uma série de questões que o grupo *Na Postú* não entende. A crítica literária se apresenta na condição de determinada pessoa ou de determinado grupo que formula nossa opinião geral. Será que essa pessoa – ou esse grupo – deve arrastar atrás de si os "companheiros de viagem", deve atraí-los gradualmente, como atraímos os camponeses? Claro, deve. Será que deve e pode "atraí-lo", golpeá-lo na cabeça com um porrete e cercá-lo para que ele não consiga respirar? Aí está toda a questão.

Creio que temos diferentes tipos de leitores. Também temos diferentes tipos de escritores. Por isso, o método de solução das questões não pode ser total, único para todos os casos. A tarefa fundamental consiste em que o leitor deve se elevar de forma a levar consigo o escritor proletário. Ele pode fazer isso. O escritor proletário deve conquistar determinada autoridade artística, criar para si o direito de liderança desses leitores, assim como nosso partido e a classe trabalhadora conquistaram na consciência das mais amplas massas trabalhadoras determinado direito à liderança, depois de demonstrar isso não com teses, mas com todo seu trabalho prático.

Em seguida, mais uma pequena observação para terminar. Camaradas, me parece que é preciso entender que não devemos construir toda uma série de organizações como se criam partidos, sindicatos, um exército. É necessário entender que, em uma época determinada, em particular em relação a tarefas culturais, devemos estabelecer outros princípios organizacionais. O que importa, claro, não é o nome, mas eu insisto que essa organização deve ser absolutamente voluntária, muito ativa, não uma organização que vive de subsídios. *(Risos)* Os agrupamentos aqui devem ser variados e, quantos mais existirem, melhor. Eles podem se distinguir em suas nuances. O partido deve indicar uma linha geral, mas ainda assim precisamos da famosa liberdade de movimento dentro dessas organizações. Não é como o partido e sua disciplina, não é como os sindicatos – é uma organização de um tipo totalmente diferente. É muito frequente apresentar a questão de modo a exigir uma autorização do partido para todos os assuntos de política artística exatamente do mesmo modo como o partido dá resposta para todos os assuntos miúdos da vida política e similares. Essa é uma metodologia absolutamente incorreta para o trabalho cultural, pois este possui suas particularidades.

São essas as observações que eu gostaria de fazer aqui.

Fonte: Nikolai Bukhárin, "Выступление на совещании о политике партии в художественной литературе"/ "Vystuplénie na soveschánii o polítike pártii v khudójestvnnoi literature" [Intervenção na reunião sobre a política do partido para a literatura]. *Революция и культура: статьи и выступления 1923-1936 годов/ Revoliútsia i kultura: Stati i vystuplênia 1923-1936 godóv.* Moscou, Fond ímeni N. I. Bukhárina, 1993, p. 63-6.

ZINAÍDA
GUÍPPIUS

Adepta do vestuário masculino, Guíppius posa aos 28 anos para esta fotografia de dezembro de 1897, num estúdio de São Petersburgo.

ZINAÍDA NIKOLÁIEVNA GUÍPPIUS (grafia alternativa: Hippius) (1869-1945) • Nasceu em 8 (20) de novembro de 1869, em Belióv. Foi poeta, dramaturga e crítica literária, sendo considerada uma das principais representantes da Era de Prata da literatura russa. Casou-se com Dmitri Merejkóvski, em 1889. Sua poesia tratava do lado obscuro da alma humana e explorava a sexualidade e o narcisismo. Sua primeira coletânea de versos saiu em 1903 e causou boa impressão no meio literário. Após a Revolução de 1905, fez fortes críticas à autocracia. Em 1906, o casal se exilou na França. A Revolução de Fevereiro também foi bem recebida pelo casal, mas a de Outubro foi vista como um desastre cultural para a Rússia. Escreveu versos antibolcheviques, denunciou atrocidades da Tcheká e a fome que assolava a população. Transferiu-se para Paris em 1920, onde continuou publicando literatura e crítica e fundou a sociedade Lâmpada Verde, que reuniu escritores russos emigrados. Em 1933, mudou-se para a Itália, onde viveu por três anos. No fim da década, com o início da Segunda Guerra Mundial e a aproximação dos alemães, ela e Merejkóvski caíram no ostracismo. Guíppius morreu em 9 de setembro de 1945, em Paris.

Esta antologia apresenta um trecho dos diários que Guíppius – à maneira da grande maioria dos intelectuais russos da Era de Prata, que cultivavam o gênero com afinco – vinha mantendo. No imediato pós-outubro, o diário se desdobrou com o subtítulo de "Cadernos negros". A notação de Guíppius é, juntamente com a de Búnin, uma das manifestações "clássicas" de resposta visceralmente negativa aos processos revolucionários de outubro.

(Por Priscila Marques.)

OS CADERNOS NEGROS (1917-1919) (TRECHOS)*

7 de novembro, terça-feira (tarde da noite)
Sim, ele é negro, um fardo negro. Os endoidecidos ditadores Trótski e Lênin disseram que, mesmo que restem apenas eles dois, então os dois juntos, apoiando-se nas "massas", governarão muito bem. Preparam decretos sobre o confisco de todas as tipografias, de todo o papel e, principalmente, de tudo que venha dos "burgueses", incluindo o pão.
O banco estatal, provavelmente, já foi quebrado: durante o dia passou por lá a Guarda Vermelha deles, com música e salvas de tiro.
A chegada de cada soldado do *front*, ou mesmo do sul, é uma lenda. Tais lendas realmente nascem na alma dos povos conquistados pelos bárbaros. Mas são bem isto mesmo, uma lenda. Não há nenhum líder no *front*, e ele próprio está se desfazendo. Os cossacos só cuidam do que é deles. Ficam lá pelo [rio] Don e pouco pensam na Rússia. Ainda não viraram bolcheviques, mas... que "bolcheviques" são esses mujiques de Penza e Tambóv vindos do *front* esfrangalhados? Simplesmente foram contaminados. A contaminação pode pegar qualquer um. E os cossacos não movem um dedo para nos ajudar, os pobres russos capturados, por ordem dos alemães, pela própria plebe ignara.
O famoso artigo de Górki pareceu apenas uma tagarelice lamentável. Górki é um lamento puro, mas ter pena dele é um crime.
Manúkhin é um homem admirável. Todo dia vai para a fortaleza. Emprega todos os esforços para ajudar os prisioneiros. Dia e noite está seja com as "esposas", seja conosco, seja num lugar qualquer. Hoje sumiu por meia hora com aquela judia Galina, mulher de Sukhánov-Himmer.
— Eu tentei enfiar de qualquer maneira na cabeça dela, entende? Ela, a princípio, só Deus sabe como, enrolou, depois acho que mudou de ideia. Mas como eu briguei com ela!

---
* Tradução de Rafael Frate. (N. E.)

— Mas quem é ela?
— Uma bolchevique! Primeiro foi casada com um russo, depois tomou o lado de Sukhánov e virou uma internacionalista, depois foi aprisionada pelos olhos demoníacos de Trótski, apaixonou-se e tornou-se bolchevique. Tudo bem que seu papel lá ainda não é muito visível. Agora já diz que não está mais apaixonada. No entanto, diz ela, vou amanhã até Trótski e falo sobre os ministros. Prometeu. Ela está comum abscesso dental, mas exigi que fosse mesmo assim, pois que vá com o abscesso... Suponho que ela o tenha enfeitado com cravo-da-índia. — E foi...
O que é isso, que mundo é este? Uma bolchevique com um abscesso e com flores para Bronstein, aquele que quebrou o banco estatal, um comandante da fortaleza de Pedro e Paulo que se comunica com Manúkhin com objetivos desconhecidos e diz que "há um caminho secreto, só que fechado, que conduz para fora do bastião Trubetskói*", Moscou, sob fogo pesado feito por russos comandados por experientes "prisioneiros de guerra", um criminoso comum na cela dos prisioneiros políticos (ele sente-se muito bem com isso), uma centena de *junkers* mortos (só de judeus eram cinquenta), soldados do *front* se empanturrando de salsichas dos guardas vermelhos... Essas "massas", esse bicho zumbindo e faminto... O que é isso? O que é isso?

8 de novembro, quarta-feira
Meu aniversário. Caiu uma neve intensa. Fomos andar de trenó. Nada de novo. Continua o mesmo pesadelo.

10 de novembro, sexta-feira
E ele continua. Lênin removeu o comandante em chefe Dukhônin. Nomeou o suboficial Krylienko (camarada Abraão). Não se sabe se Dukhônin aceitou a remoção.
Foi anunciada uma "trégua" unilateral. A Alemanha não dá a mínima.
E mais: capturaram em Moscou todas as divisas de ouro.
O que mais? Proibiram os socialistas populares. Espancam e matam por agitações de qualquer teor além do deles. Muito boa essa Assembleia Constituinte! Só que prometem em alto e bom som "dissolvê-la" se ela não for, digamos, "do nosso jeito".

---
* A prisão que existia na fortaleza de Pedro e Paulo. (N. E.)

11 de novembro, sábado
O barômetro (verdadeiro) indica "tempestade". Eu me amargurei demais hoje... mas me aconselham a não escrever sobre isso. A escravidão voltou a nós – só que sob um terrível e perverso aspecto e com a máscara do terror. Será que não sobrará uma só página branca no livro? Mas eu esquecerei. Pois não sei se a liberdade voltará... ainda que em âmbito doméstico. Bem, o que fazer? Vamos digerir essa vergonha! Deixemos a página em branco.

15 e 17 de novembro
Que nestes dois dias fiquem as páginas em branco. Já basta uma. Porque eu esquecerei os detalhes.

18 de novembro, sábado
Algo aconteceu comigo. Não posso escrever. "Venderam a Rússia no atacado." Depois de várias "tréguas" feitas por intermédio do suboficial que é comandante em chefe, depois de eleições humilhantes na Assembleia Constituinte – eleições que aconteceram sob os tiros e as baionetas da broncocracia!* –, depois de todos os "decretos" totalmente insanos e, ainda por cima, da estupidez da dissolução da Duma Estatal como se ela fosse "um bastião contrarrevolucionário", sobre o que posso escrever? Essa é uma verdade vergonhosa de se pronunciar, é uma mentira.

Quando dissolverem (dissolverem!) a Assembleia Constituinte, tudo indica que me calarei para sempre. De vergonha. É difícil se acostumar, é difícil tolerar essa vergonha.

Todos os ministros (socialistas) que restaram se esconderam depois de fazer sua proclamação. E aqueles tomam posse.

Uma paz obscena está às portas.

Hoje na fortaleza, Manúkhin, em presença do comissário bolchevique Podvóiski, conversava com marinheiros e soldados. Um marinheiro de pronto anunciou:

— Mas nós queremos o tsar.

— Marujo! — gritou o pobre Ivan Ivánovitch. — Você votou em qual chapa?

— Na quarta (a dos bolcheviques).

— Então como é...?

---

* Trocadilho entre *Khamoderjávie* (broncocracia) e *Samoderjávie* (autocracia). (N. E.)

— Desse jeito. Tudo isso já encheu a paciência.
O soldado, inocente, confirmou:
— É claro que nós queremos o tsar.
E quando o comandante bolchevique começou furiosamente a xingar, o soldado se espantou com a inocência anterior:
— Mas eu pensei que o senhor aprovaria...
Não é conveniente? A cada dia, o "governo" bolchevique, composto de puro e simples rebotalho criminoso (com exceção dos canalhas-chefes e dos catequizadores), atrai cada vez mais o lixo vigilante. O bandido perpetrador de *pogroms** [*pogrómschik*] Orlov** de Kíev já é comissário.
Fecharam hoje mais uma vez os jornais.

No Teatro Íntimo***, durante um concerto beneficente, tocava-se a romança de Rakhmâninov baseada no antigo texto de Merejkóvski, *Христос воскрес/ Khristos voskres* [Cristo ressuscitou]. Um marinheiro do público não gostou do sentido das palavras (Cristo soluçaria se visse a terra ensanguentada e o ódio de nossos dias). Bem, o marinheiro atirou à queima-roupa no cantor. Passou perto, quase o matou.

É assim que se passa conosco.

A escadaria do Smólny**** está toda cheia de vinho tinto e, assim, se congelou. Esse é mesmo um Residenz-Palast*****!

26 de novembro, domingo
O jornal *Dién* [O Dia] se tornou *Notch* [A Noite] depois da primeira interdição; *Tiômnaia Notch* [Noite Escura] depois da segunda; circulou como *Pólnotch* [Meia-Noite] depois da terceira; depois da quarta, *Glukháia Notch* [Noite Profunda]; e, depois disso, fecharam por completo suas portas. Hoje circulou o jornal de número único, feito por escritores. Durante o dia, houve uma reunião, um protesto contra o sufocamento da imprensa. Muitos falaram: Deitch, Pechekhónov,

---

* Agressões, pilhagens e massacres organizados contra judeus na Rússia tsarista. (N. E.)

** Provavelmente Vassíli Grigórievitch Orlov (1866-1917), monarquista, membro da organização União Popular Russa de São Miguel Arcanjo. (N. E.)

*** *Litiéiny Intímny Teatr*, o Teatro Íntimo (do francês *théâtre intime*) localizado na avenida Litiény, em Petersburgo, desde 1913 (com esse nome). (N. E.)

**** Quartel-general dos bolcheviques. (N. E.)

***** Palácio do governo (em alemão). (N. E.)

Merejkóvski, Sologub... Górki não compareceu, alegando estar doente. Porém o encontramos ao ir para a casa de Manúkhin – soturno, hostil, sombrio, mas saudável. Não deixaram de reprová-lo. Acho que ele tem medo. Teme por dentro e por fora...

"Eles" se enfureceram após a "tomada" do quartel-general, com o estraçalhamento de Dukhônin* após a ida aos germanos com a súplica por um cessar-fogo. Para lá, aliás, foram dois provocadores: um não totalmente comprovado, Maslóvski, e o outro totalmente, Schneur-Chpiets. Este, o próprio Krylienko promoveu a coronel.

Mas logo estourou um escândalo. Não houve o que fazer, os bolcheviques "cassaram sua patente".

Informaram pela linha direta dos alemães para o Smólny. Os alemães não vão parar de lutar! Propõem condições que o Smólny nem revela. Não quer fazê-lo agora. Prepara seu "povo fiel" para elas. Ordenou por enquanto aos parlamentares que se segurem, que fiquem quietos e aguardem.

Imagino que as condições dos alemães sejam bastante simples. Provavelmente algo como o seguinte (senão pior): "O norte da Rússia torna-se nossa colônia. Serão separadas as áreas ocupadas, que passarão para nós; a Finlândia torna-se nosso protetorado; Petersburgo torna-se um porto franco, a segunda Hamburgo; e mais coisas nesse sentido.

Os bolcheviques vão se virar, "prepararão" seu povo e, no final, aceitarão. O que mais? Antes é preciso preparar os assuntos domésticos: eleger amanhã uma Duma Municipal nova, deles, inteiramente bolchevique. Aniquilar a Assembleia Constituinte depois de amanhã.

Batalhas estão sendo preparadas sob nossas janelas. Toda a comissão eleitoral já foi presa. No Palácio da Táurida** não há ninguém. Os membros restantes da assembleia estão sendo sistematicamente presos também. Há uma animação febril no Smólny.

O sul é incompreensível: vêm ora lendas, ora contendas.

27 de novembro, segunda-feira
A Assembleia Constituinte de amanhã foi adiada. Os bolcheviques ainda não se acertaram com sua Duma Municipal. Isso é uma coisa.

---
* Dukhônin foi morto com requintes de crueldade por uma multidão de soldados e marinheiros ao ser preso, em dezembro de 1917, em Moguilióv. (N. E.)
** Sede do governo provisório. (N. E.)

A outra é que eles precisam de um mínimo de quatrocentas pessoas presentes, sabendo muito bem que, na prática, as eleições na Rússia atrasaram em resultado de suas ações. Estão planejando prender sistematicamente os que forem chegando.

A uma família próxima a Miliukóv apareceu um "membro do Comitê Revolucionário de Guerra" com uma advertência secreta: que Miliukóv não apareça. O sujeito com certeza foi tomado como provocador, ao que ele respondeu: como queiram, eu só odeio os bolcheviques e fiz de propósito para prejudicá-los e me vingar. Eles mataram meu filho...

Ainda que a Assembleia Constituinte seja adiada por decreto oficial, a Duma Municipal (a verdadeira) convocou para amanhã marchas e manifestações. Vamos ver. O palácio está guardado por bolcheviques letões.

Manúkhin já viu hoje Schneur-Chpiets, membro da primeira delegação de paz enviado para os alemães... na masmorra! Bigodes pretos e roliços sobre os lábios, torcidos sobre as bochechas, uma cara de "Alfonso", usando uniforme de coronel, medalhas:

— Só estou aqui por alguns dias! Até que se esclareça o mal-entendido! Os jornais burgueses me perseguiram! Inventaram que eu era agente da Okhrana* na época do Nicolau [II]! Eu mesmo, por autorização do Comitê dos Comissários do Povo, decidi ficar aqui até a comprovação de minha inocência! Que não reste uma sombra de dúvida no comitê! Estou pronto. Pois a cidade de Moguilióv fui eu que tomei! Eu sou um primeiro coronel do povo!

Agora eis um sério aborrecimento.

Os ministros presos – Kíchkin, Konoválov, Teriéschenko, Tretiakóv e Kartachóv** –, desesperando-se e sem entender realmente o que está acontecendo (ao contrário de nós, "em liberdade", que nos acostumamos com o inacreditável), vieram com uma história estúpida. Imaginando que a Assembleia Constituinte se reuniria no dia 28 (mais uma vez sabemos que não se reunirá), escreveram um comunicado coletivo ao "Senhor Presidente da Ass. Const., com o propósito de um pronunciamento". Sustentam sua fidelidade anterior e presente ao governo provisório, não reconhecem o poder dos "golpistas", que os mantêm contra a lei em reclusão, e avisam

---

*   A polícia secreta tsarista. (N. E.)
** Todos ministros do governo provisório. (N. E.)

apenas que agora se eximem de seus poderes e os entregam à Assembleia Constituinte.

Hoje de manhã I. I. Manúkhin veio nos procurar com uma papeleta entregue a ele em segredo. O pedido insistente dos detidos é que a proclamação seja publicada amanhã sem falta em todos os jornais. Não encontrei Ivan Ivánovitch. Dima não estava em casa. Dmitri [Merejkóvski] enviou I. I. ao secretário Konoválov. E somente à noite esclareceu-se toda a louca lástima: esses ingênuos detentos, ao enviar sua proclamação a I. Ivánovitch, ao mesmo tempo a enviaram oficialmente ao comandante da prisão, ao Smólny! E queriam publicar nos jornais, pois temiam que a assembleia se iniciasse e o Smólny não conseguisse entregar a proclamação ao sr. presidente. O que aconteceu então? Quando Dima correu de noite para a casa de Pânina e aos jornais, essa papeleta já estava em todas as redações. Pelo visto, em todas as bolcheviques também.

E será apenas um novo incriminante, como há pouco aquele com a proclamação do governo provisório, assinada pelos ministros socialistas libertados, após a qual todos os jornais foram fechados e todos que a assinaram começaram a ser presos. Eles bateram em retirada e se esconderam.

Essa "nova hidra", para a alegria dos bolcheviques, já está em suas mãos. O que farão? O que quiserem! Todos já ameaçam mandá-los para Kronstadt...

Ó lealíssimos, respeitáveis, inteligentes políticos "reais"! Pensaram bem? Entenderam? Entregaram com toda honra ao comandante? Não verão nunca com quem e com o que estão tratando. Mudo de nome se todos os cadetes eleitos para a A. C. [Assembleia Constituinte] não aparecerem bem aqui (que pelo menos Miliukóv seja retido!) em total convicção de que, "como membros da ilustre assembleia, eles são plenipotenciários e têm imunidade"... Eis aí sua imunidade! É preciso ver o que está acontecendo e *quem* manda em nós agora.

Nós pedimos na bruma gelada, escura, no canto, por um jornal. Apenas um!

— Que jornal, quando todos eles estão se arrastando? — responde um sério "proletário". E continua: — Prometeram pão, prometeram terra, prometeram paz... aqui ó! Como dá pra ver, não vai ter é nada.

— E vocês acreditam neles por quê? — pergunto.

— Só imbecis acreditam. Te confundem a cabeça, parece...

O ar cheira a terror. Todo tempo, em todo canto. Vale a pena se enlamear? E, de qualquer forma, à diferença do antigo poder branco, esse vermelho é sem rosto, de massa. Não é preciso que o terror seja de massa, isto é, combatente, militar? Não à toa, nossa lenda principal é a guerra do norte contra o sul. De Kaledín contra os bolcheviques.

— Ah, se isso fosse só uma lenda!

No *Rússkie Viédomosti* [Notícias Russas] de 21 de novembro, foi publicado o folhetim de Borís, "К выступлению большевиков"/ "K vystupléniiu bolchekóv" [Com a chegada dos bolcheviques], sobre os dias de Gátchina. Protocolar, severo, como tudo que vem dele, e muito curioso. Todos os meus palpites e as minhas suposições estão na roupagem concreta dos fatos. Todos, como eu pensei e reconstruí por escassas fontes. Kérenski continuou com sua terrível linha. E pelo visto se afundou no sofá. Borís esteve lá quase o tempo todo. Já não era possível fazer nada. As deliberações dispersas de Kérenski contaminaram a todos. Há muito tempo. E o quartel-general! E Dukhônin!

Houve orgias noturnas no Palácio de Inverno no dia 24. No porão, o vinho inundou até a altura de um *archín**. E o bando de ladrões se esbaldava, bebia do chão e caía. "Se entupiram", gargalhava o soldado. Tiraram-nos afogados.

28 de novembro, terça-feira
Acordei com música (há uma janelinha aberta sobre minha cabeça). Dez graus negativos, mas está luminoso como na primavera.

Uma procissão infindável de bandeiras até o Palácio da Táurida, até a Assembleia Constituinte (que não existe).

No entanto, *não* é primavera: a multidão com cartazes de "Todo poder à Assembleia Constituinte", por incrível que pareça, não é militar nem proletária, mas democrática. Era a democracia trabalhadora que passava. Os bolcheviques proibiram os militares de participar: "As forças obscuras da burguesia planejam uma ação contrarrevolucionária" (nota oficial de hoje).

Guardas vermelhos em algazarra, rifles apontados, lançam-se para a multidão: "Diiispersar!".

Na redação de *Rietch* [O Discurso] há soldados. Nos cantos, queimamos números do jornal, dos 15 mil exemplares que foram postos em circulação.

---
* Medida de comprimento russa equivalente a 71 centímetros. (N. E.)

E tudo saiu conforme o programado. Foram buscar, nos endereços conhecidos (agora eles têm muitos investigadores nos quadros), o Comitê Central dos Cadetes, às sete horas da manhã prenderam a condessa Pânina, armaram para ela uma emboscada e foram pegar os membros restantes da Ass. Const. (eu não estava certa quando afirmei que estariam prontos?).

Já prenderam Chingarióv, Kokochkin e tantos outros que nem conto mais.

A gente, é claro, não foi até a Duma: março já era! Disseram que uma multidão com cartazes carregou uma "Nossa Senhora provinciana" até o palácio de Tchernóv e ele ficou lá agitando o lencinho. Enquanto isso, os outros travavam conversa com os letões "fiéis" e os repreendiam porque eles vigiavam as portas do povo, as quais depois foram abertas quando pediram por favor! Teria ocorrido uma confraternização... No entanto, não acredito em nenhuma testemunha. Quem conseguiu ver alguma coisa lá? Escuridão, névoa gelada, a desordem vermelha ululando...

C. N. estava presente. Ele, sim, contou muita coisa verdadeira e interessante... Aliás, na primeira delegação enviada aos alemães, fora o voluntário Schneur, havia alguns prisioneiros "pegos ao longo do caminho": um general, certo trabalhador de araque (o primeiro a ser capturado) e um mujique, que foi preso enquanto saía da sauna com o feixe de ramos na mão. Arrastaram-no de lá, e até o fim e ele não entendeu para onde ia nem por quê.

Agora partiu outra "delegação" para apressar as coisas! É totalmente óbvio que alguma delas, senão for essa, vai voltar com a "paz" nas mesmas condições que a Alemanha manda assinar.

Escrevo relativamente pouco porque... é doloroso demais para mim. Na verdade, é quase insuportável. Isso não será esquecido até a hora da morte. E depois... a vergonha de todo o mundo caiu sobre a Rússia. Para sempre, para sempre!

"A desmemoria, como Atlas, esmaga a alma..."*

Ser um russo... Sim, antes era apenas para as mães que não se podia erguer os olhos, agora não se pode erguê-los para ninguém! E nunca mais. Seria melhor que todos nós morrêssemos. Recordo: "Encontre a morte quando quiser e onde quiser, desde que sem vergonha nem crime..."**

---

* Trecho do poema "Vidiênie" [Visão], de Fiódor Tiútchev. (N. E.)
** Trecho de uma litania de Dmitri Merejkóvski. (N. E.)

Eu não acho que eles, em todo caso, conseguiram, por meio de repressão, prisões etc., trocar sub-repticiamente a Assembleia Constituinte, ou seja, ter tempo de manipulá-la de modo a aprovar sua paz obscena, seus decretos e eles próprios. Por isso, acho que vão necessariamente dissolvê-la (se ela vier a se reunir).

Do sul nada se sabe, mas parece que está bem mal.

É duro saber que os europeus nunca entenderão nossa tragédia, isto é, que não entenderão que se trata de uma tragédia e não somente de "vergonha e crime". Mas tudo bem. Que pelo menos nós, pessoas conscientes e ilustradas, guardemos nosso último orgulho, o silêncio.

29 de novembro, quarta-feira
As prisões sistemáticas dos cadetes participantes continuam. No *Izviéstia* [Notícias] (*único* jornal que saiu hoje), foi publicado um decreto no qual os cadetes são anunciados como *fora da lei* e estão terminantemente sujeitos à prisão.

Ontem, afinal, houve uma espécie de reunião no Palácio da Táurida; hoje ela foi declarada "criminosa", os soldados e os marinheiros (não mais os letões) foram mobilizados e ninguém foi solto. Prenderam tanta gente que não sei mais onde vão enfiá-las. Foi inclusive "dada uma ordem" para prender Tchernóv.

Hoje *monsieur* Petit esteve conosco. Muito amável, mas não sabe onde enfiar os olhos. Eles (a Embaixada Francesa) decidiram aguentar até o limite, pois "ir embora é a última coisa a ser feita". Considera, entretanto, tudo acabado. A paz em separado é incontornável (vergonhosa) e a continuação da guerra dos Aliados coma Alemanha também é. Ah, eles têm mérito e honra e tudo aquilo sem o que perece um povo.

Já se passou, ao que parece, a possibilidade de assimilar as impressões e, além da permanente pressão na alma, quase não se pode sentir nada.

Frio. As ruas estão mortas, gélidas, sombrias, caladas. O terror – preto no branco – invernal.

A volta de nossos espiões-soberanos com a paz indecente é esperada para o fim de semana.

30 de novembro, quinta-feira
Manúkhin chegou totalmente abalado, totalmente confuso: ele abandonou os prisioneiros do bastião Trubetskói. Hoje. Hoje prenderam

aquela comissão de inquérito, da qual ele era médico sob o governo provisório, para os ministros tsaristas presos no bastião. Agora, para que ele prossiga com as visitas aos detentos, é necessário passar para o serviço dos bolcheviques. Eles não estão nem aí, até o convidaram para ficar "ao lado deles". De modo geral, é um traço notável: antes e acima de tudo, eles exigem um "reconhecimento". E estão prontos a dar clemência, "se os caídos se submeterem a eles".

Manúkhin é um homem admiravelmente bom. E foi doloroso de dar pena ver como está cindido. Ele entende o que significa para os infelizes sua partida de lá.

— Eu hoje chorei junto com Konoválov. Mas entenda – todos eles entenderam! –, isso não é mais uma prisão, é uma câmara de tortura! Eu me exasperava com eles o tempo todo! Se eu permanecesse lá (foi assim que eu disse para os anfitriões), começaria a gritar que aquilo era uma câmara de tortura! Pois eles, com a cara mais feliz, hoje meteram no xadrez membros da Assembleia Constituinte e disseram: "Estes são os primeiros, nós estamos arrumando as celas, preparando para os socialistas". Se ao menos Tseretéli... Todos são "inimigos do povo". Kokochkin está totalmente doente, tuberculoso. Puseram-no numa cela úmida... (eu lutei por uma cela seca para ele). Eles não têm nada, nem velas nem roupas.

— E o sentinela, como é?

— É muito mau. Agora são somente esses guardas vermelhos bestializados. Os presos estão em um estado de espírito muito sério; os novos estão nervosos, os antigos, mais controlados, mas todos eles se preparam para a morte. Konoválov me transmitiu seu testamento... Ah, isso tudo é um horror, horror! — grita o pobre Ivan Ivánovitch.

— Pois seria o fim se eu passasse para o serviço "deles"! Como os próprios presos passariam a me encarar, como eu poderia ajudá-los? Em segredo "daqueles" a quem estaria servindo?

Sim, a perda da ligação humana com os presos é de suma importância, e um prisioneiro dos bolcheviques está pior do que o de um alemão! Mas eu, *em boa consciência*, não poderia dizer a Manúkhin: vá mesmo assim se juntar a eles. Pois dá no mesmo, a honestidade com fins bons cai na vigilância policialesca. Eu me lembro...

Fogo cerrado há dias nas ruas. Os "comissários" resolveram destruir todos os depósitos de bebidas. Isso gerou um pandemônio entre eles. Destruíram e entornaram metade, a outra metade surrupiaram: uma parte é tomada ali mesmo, outra parte é levada embora. Enviaram um destacamento. Em volta dele se juntou uma multidão completamente bêbada e feroz de guardas, e aí ninguém entende mais onde começa o tiroteio. Perto das seis horas, quando voltávamos para casa, trovejava na [avenida] Znâmenskaia: tiros incessantes... Agora, de madrugada, enquanto escrevo, percebo batidas surdas, disparos... Corro para a sala de jantar que dá para o pátio, vejo as janelas iluminadas das guaritas. Volto. Terminado o fogo, levanto a cortina e olho para a rua: esbranquiçada, desértica, de um branco azulado (na verdade, a lua atrás das nuvens), e volta e meia figuras sombrias rapidamente se insinuando pelas paredes.

Nós aqui, nesta casa, estamos literalmente cercados por soldados: no Palácio da Táurida dispuseram até 8 mil homens. Marinheiros. Trouxeram metralhadoras. O palácio, que acabara de ser reformado, está coberto de cusparadas e excrementos, transformado, à semelhança do Smólny, em uma caserna bolchevique.

É impossível estar fisicamente mais próximo da Assembleia Constituinte do que nós. E eis que estamos quase na mesma escuridão e ignorância que se estivéssemos numa aldeia isolada. Estamos nas patas de um gorila...

Os enviados aos alemães "possuem plenos poderes para firmar uma paz imediata", anunciou Trótski.

E as condições dos alemães... mas eu já escrevi sobre elas, e certamente são ainda piores do que aquelas que escrevi e posso conceber.

A Assembleia Constituinte, mesmo corrompida, mesmo composta de idiotas sob a baioneta, está sendo extirpada sem retorno.

No Don, há sangue e fumaça. Nada de bom se delineia, em todo caso.

Estamos nas patas de um gorila, e seu dono é um canalha.

Os cadetes de pronto se tornaram santos. Acabou de morrer a mulher de Chingarióv; ele tem um monte de filhos e não há mais nenhum meio de subsistência... Ele veio corajosamente e, como um santo, fica preso, com honra, na fortaleza. Sim, santo e honrado. Mas, talvez, será que:

"Não se pode ser honrado nas mãos de um gorila...?"

Fonte: Zinaída Guíppius, *Чёрные Тетради (1917-1919)/ Tchôrnie Tetrádi (1917-1919)* [Os cadernos negros (1917-1919)]. Moscou, Intelvak, 1999.

PLATÓN
KÉRJENTSEV

Retrato de Platón Kérjentsev, provavelmente do fim dos anos 1930.

PLATÓN MIKHÁILOVITCH KÉRJENTSEV (sobrenome verdadeiro: Lebedev) (1881-1940) • Nasceu em 4 (16) de agosto de 1881, em Moscou. Ingressou na faculdade de história e letras da Universidade de Moscou, da qual foi expulso ao ser preso em 1904. Na prisão, conheceu outros revolucionários. Foi enviado para Níjni Nóvgorod e entrou para o Partido Operário Social-Democrata Russo. Participou da Revolução de 1905, em seguida foi preso e, entre 1912 e 1917, viveu na emigração em Paris, Londres e Nova York. Participou de grupos bolcheviques no exterior. Até 1927, exerceu uma série de funções em setores do governo soviético, como a agência telegráfica, o comissariado para assuntos estrangeiros, a organização científica do trabalho etc., além de ter sido embaixador na Suécia e na Itália. A partir de 1928, foi nomeado chefe da Agitprop e do departamento de cultura e ciência do comitê central do Partido Comunista, no qual atuou de maneira repressora em relação a trabalhos de artistas russos como Bulgákov e Chostakóvitch. Foi dispensado em 1938. Morreu em 2 de junho de 1940, devido a complicações cardíacas.

O texto aqui publicado é um capítulo do livro intitulado *Teatro criador*, inicialmente publicado em 1918, e que faz parte de um esforço mais amplo para se pensar a formação de um teatro proletário e coletivista.

(Por Priscila Marques.)

A ARTE NAS RUAS*

A arte burguesa floresceu em torno do seio do lar. Arquitetos, escultores e artistas empregaram toda sua imaginação para adornarem elegantemente quartos de palacetes e conferir a seu conforto uma marca de significação artística. Os melhores quadros das exposições caíram no cativeiro de residências particulares e desapareceram da memória das pessoas. As mais belas edições viraram parte do mobiliário burguês, desapareceram para as amplas massas nas bibliotecas particulares. Móveis, tapetes, objetos de uso doméstico, papéis de parede, armações e louças: tudo atraía a atenção do artista que buscava criar um ambiente aconchegante para quem tinha classe.

Nesses apartamentos, separados do mundo exterior, aconteciam concertos privados de famosos mestres.

Ali populares beletristas liam suas obras inéditas. Espetáculos reluzentes eram organizados para um público selecionado.

E, apesar de toda a perfeição de alguns prédios e construções públicas, eram precisamente os apartamentos particulares da rica burguesia da Inglaterra, da Alemanha e da América que mais chamavam a atenção dos homens de arte. Pode-se dizer que, não obstante toda a monstruosidade do gosto burguês, um apartamento, por exemplo, num rico prédio inglês proporciona muito mais satisfação artística do que qualquer construção pública – uma estação, um teatro, uma biblioteca. Nas casas, o artista obviamente trabalha com mais gosto e amor. Já para a sociedade ele cria sem entusiasmo e conforme um padrão.

A época do avanço mundial na direção do socialismo, que agora vivemos, leva os homens de arte para um novo caminho. A construção de teatros, salões, clubes, circos, arcadas monumentais e galerias atrai a atenção de arquitetos. Os adornos decorativos dos prédios, os murais das paredes, os efeitos dos agrupamentos de edifícios começam a dar

---
* Tradução de Priscila Marques. (N. E.)

resultado para a criação dos artistas. Mais do que isso. A arte é arrancada das paredes e levada para as ruas. Da mesma forma que antes ela foi levada para a prisão dos apartamentos particulares, onde era vista apenas por apreciadores selecionados, agora ela está posta em liberdade nas praças e nas ruas, onde amplas massas podem se deleitar.

"Arte nas ruas!", eis o lema dos artistas contemporâneos, dos decoradores, dos atores, dos músicos, dos arquitetos. Que o trabalho criativo se realize agora em escala grandiosa não para os escolhidos, mas para todos, não para apartamentos privados, mas para quem estiver passando, não para o aconchego do lar, mas para a beleza de toda a cidade.

Quanto ainda falta ser feito. Experimentem passar por uma cidade contemporânea com esse pensamento sobre a beleza, com esse sonho acerca da arte celebrada nas ruas, e verão um caos absoluto das fachadas, a dissonância dos edifícios, praças confinadas, uma composição tosca de cores, o tom desalentado das roupas. Ficarão impressionados com a ausência de sons e canções, o desalento da multidão, o vazio dos palcos para músicos nos bulevares, a horrível banalidade das placas.

Agora surge a oportunidade de cuidar da totalidade artística da cidade. É possível criar a harmonia das partes e dos quarteirões da cidade, cuidar da moderação do estilo de cada esquina e praça, pensar no efeito visual de tal ou qual pintura dos prédios, submeter ao controle artístico todas as novas edificações e as reformas e cuidar da integridade da impressão geral causada pela cidade. Alguma coisa precisará ser destruída, outra será habilmente mascarada, uma terceira, proposta. Para os arquitetos e os artistas, abre-se um vasto campo de ação.

Mas, depois de cuidar das linhas arquitetônicas da cidade e do efeito das cores das fachadas, será preciso buscar também novos caminhos para familiarizar as ruas com a beleza. Certa vez, um futurista pendurou seu quadro na esquina de Kuzniétski Most. Muitos ironizaram, mas na realidade havia uma ideia saudável nesse ato. Por que não transformar as paredes dos edifícios e as vitrines especiais em exposições permanentes de quadros? Por que a pessoa precisa se enfiar em um prédio ou entre as paredes de um museu? Deixem os quadros e as esculturas irem eles mesmos ao encontro do espectador. Talvez, num futuro próximo, sejam criados pavilhões e vitrines especiais onde, em vez de pernis suculentos ou gravatas (como agora), serão expostas obras de arte.

Por que os artistas hoje gastam suas energias e seus talentos pintando murais que serão vistos apenas por uma dezena de pessoas e fazendo decorações que caducarão daqui a alguns anos, em vez de pensar em algo original (senão murais, que seja pintura de prédios)? Que vasto e inexplorado campo se abre para o decorador que resolve, por meio da combinação de dois ou três tons, transformar uma enfadonha fachada de uma única cor em um tapete colorido e vibrante, fazendo com que um prédio fabril monótono e suas fileiras de janelas virem uma mancha assimétrica de verdadeira pintura!

E que vastidão proporciona ao artista a hábil utilização da plantação de árvores, a construção de canteiros, o plantio de trepadeiras que embelezam os muros com uma gama de cores ora verde, ora vermelho-amarelado.

Músicos, cantores e atores terão ainda mais trabalho pela frente. Nossa multidão está calada. A rua não canta. Até os antigos realejos rudimentares desapareceram. Não se ouvem canções em lugar algum. É necessário criar novamente na Rússia os sons das ruas, em parte pelo exemplo das ruas melodiosas e musicais de Veneza e Paris.

Mais do que a Inglaterra, a Alemanha ou a América, nós podemos criar pequenas cenas, como as observadas em noites tranquilas nas ruazinhas parisienses. Um vagabundo com um pacote de partituras nas mãos começa com uma voz rouca a cantar uma melodia, em geral um motivo de uma romança sentimental da moda. À volta, reúne-se uma multidão. Começam a acompanhá-lo. Muitos pagam com prazer dez *sous** pela partitura da romança, e eis que se forma um coro improvisado, no qual tomam parte os mais diversos representantes das ruas parisienses.

É claro que as pessoas aqui não sabem ler partituras, mas em compensação muitos motivos de canções populares da revolução são extremamente conhecidos. Se cinco ou seis pessoas que já saibam cantar bem começarem a entoar uma canção popular, digamos, em algum lugar no Jardim de Verão, na avenida Kronviérski ou algo do tipo, em dez minutos haverá uma multidão não apenas de ouvintes, mas também de cantores. Basta distribuir ou vender-lhes as folhas com as notas e (o principal) as letras, e o coro acontece. Depois de dez domingos, essa cantoria nas ruas, tão reprimida durante o governo tsarista, se tornará um costume, os coros cantarão, solistas se destacarão e assistiremos a

---

* Moeda de cinco centavos de franco. (N. E.)

concertos vocais improvisados nas ruas que farão inveja à Europa. Não duvido que nossos melhores cantores de ópera se entusiasmem com essa comunicação direta com a multidão das ruas e se apresentem nas telegas de carga no [parque] Campo de Marte com prazer ainda maior do que nos palcos das assembleias da nobreza.

Creio que em um ou dois anos será possível tornar as cidades russas irreconhecíveis nesse sentido. O amor ao canto coral que se observa na Rússia pode, mediante habilidosa instrução, dar resultados excepcionais. Para tanto, num primeiro momento será preciso cuidar da criação de pequenos grupos de canto, que funcionem como o núcleo do coro. Será preciso imprimir centenas de milhares de exemplares das partituras e letras das canções favoritas e dos hinos revolucionários. Um grupo ativo de amantes do canto em coral será capaz, em um curto período, de infundir o amor pela canção nas ruas.

Então, é preciso cuidar da música. Não apenas dos concertos sistemáticos em dezenas de lugares da cidade, mas das pequenas orquestras, solistas e cantores itinerantes, músicos que executem peças para violino e harmônio etc. Os jovens das escolas de música provavelmente terão gosto por esse precioso contato livre com a multidão casual das ruas e, é claro, encontrarão nessa familiarização das massas com a arte uma nova fonte de satisfação artística.

Que ressoem novamente as harpas e os violinos dos músicos ambulantes, que toquem as orquestras que perambulam pelas encruzilhadas e retinam harmônios e pianos carregados em carrinhos de mão.

Que grupos teatrais jovens organizem trupes itinerantes com de cinco a dez pessoas, cenários e biombos leves, uma espécie de palco móvel medieval (sobre carros ou caminhões), com repertórios especiais simplificados e, possivelmente, um pouco enfáticos (sátiras ácidas, bufonaria e pantomima terão lugar de destaque).

O teatro itinerante deve criar seu novo repertório e outros métodos de encenação, baseados nas condições especiais de interpretação nas praças para multidões casuais. Qualquer ator genuíno terá alegria em se apresentar nesse palco móvel e com gosto atuará, declamará e improvisará sobre ele.

Esses espetáculos de trupes itinerantes, assim como os bonecos para as crianças, as marionetes, os palhaços, os declamadores etc., devem se tornar parte do dia a dia.

A arte, depois de ter sido expulsa das ruas, novamente retorna à multidão.

A turba citadina não apenas admirará os espetáculos de rua e se deleitará com as músicas e as canções, como ela mesma se tornará parte ativa dessas representações. Ela se juntará ao coro e aos cantores, dançará com dançarinos, participará dos diálogos das peças, destacará de seu meio os recitadores e os declamadores.

Para aqueles que desejarem trabalhar no campo da familiarização da rua democrática com a arte, abre-se, dessa forma, um atraente campo de conquistas criativas absolutamente novas.

A própria arte, tendo saído das paredes cerradas para as praças, transforma-se sob a influência daquelas massas às quais ela agora passa a servir.

* * *

Entre os artistas russos, especialmente os jovens, encontram-se muitos que agora, depois da Revolução de Outubro, vieram trabalhar com o poder soviético. Glória e fama a eles por isso!

Agora, muitas centenas de artistas, escultores e professores de arte estão trabalhando em diversas instituições do Comissariado pela Educação em prol da popularização da arte entre as amplas massas da população. Nos dias dos festejos de Outubro, os artistas demonstraram muita energia a fim de lograr uma nova beleza para as festividades populares.

É assim. Tudo isso é muito bom. No entanto, sempre resta um grande "mas" que pode deslanchar uma série de recriminações até mesmo aos homens de arte mais ativos da Rússia soviética.

Eu afirmo que, ainda assim, nossos artistas não se dedicaram integralmente às tarefas do momento, ficaram encerrados em seus estúdios e continuaram, como antes, com sua existência individualista, descolados da vida e dos interesses das massas operárias. Com licença, vocês me dirão, mas foram justamente os artistas que decoraram a cidade nos dias de Outubro, precisamente eles ergueram monumentos nas praças e nos jardins da capital, eles deram vida à "propaganda monumental", distribuíram baixos-relevos e máximas pelas paredes dos edifícios.

Antes de tudo, todas essas incumbências vieram "de cima". Eles não manifestaram nesse caso suas próprias iniciativas. Não criaram nenhum plano próprio de tipo análogo. Dito de outro modo, eles não sentiram por si mesmos a palpitação do batimento coletivo e o desejo da vontade coletiva. Em segundo lugar, mesmo ao cumprir essas incumbências artísticas, eles não se mostraram à altura da situação. Entre as imagens espalhadas na época por Moscou, será que havia ao menos duas ou três que fossem verdadeiros "monumentos" e que, além disso, não fossem de tipo antigo, mas sim objetos verdadeiramente populares, monumentais, heroicos e inspiradores, que fizessem os passantes pararem involuntariamente? Esse tipo de monumento não existiu.

E não se trata apenas disso. É claro que os primeiros experimentos são difíceis. Erros são inevitáveis. Temos pouca força artística. Mas por que será que essas forças artísticas enérgicas, talentosas e ávidas se fecharam em si mesmas, tão longe das demandas da classe operária, e ignoram com tanto desdém nosso cotidiano?

Comecemos pelo elementar. Temos pouca matéria. Há pouca tinta. Passamos à produção em massa de roupas, enfeites para o cabelo etc. Mas será que existe na Rússia soviética ao menos um artista que tenha refletido sobre como substituir nossa roupa desajeitada, vulgar e pequeno-burguesa por algo novo, verdadeiramente maravilhoso, de corte elegante e cores belas? Já passou da hora de abandonarmos nossa paleta azul-escura e cinza-esverdeada para roupas masculinas e os desajeitados quepes e chapéus-coco. Que os artistas criem os modelos das novas roupas que tenham as cores peculiares da revolução e reflitam seu caráter democrático. Seria possível, enfim, substituir nossos paletós e nossos coletes desajeitados. Talvez a fantasia do artista crie para nós um novo tipo de barrete frígio...

Até o momento, o fabricante criou a moda com a ajuda de seus auxiliares. Que agora os verdadeiros artistas se ocupem da moda, buscando a beleza e levando em conta todas as particularidades de nossa vida e o caráter da nova produção.

Por que a Seção de Belas-Artes não passa a editar uma revista de "moda", na qual sejam elaboradas ideias para as novas roupas? Confesso que preferiria um álbum de moda como esse do que uma edição maravilhosa de [Vassíli] Kandínski.

Mas nem só de roupas se trata. Que os artistas pensem um pouco mais sobre outros aspectos do cotidiano: sobre papéis de parede, pintura de prédios, mobília, louça, luminárias e panelas, castiçais e tinteiros.

Sei que essa seção já dedicou alguma atenção à indústria artística, mas afirmo que ainda é muito pouco. Eis um exemplo típico: vá a qualquer refeitório soviético, a qualquer instituição, estação, clube, teatro etc. Onde se vê a mão de um artista? Em toda parte, vemos sujeira, desordem, ausência de cuidados básicos com a beleza. Parece mais um chiqueiro, uma cloaca asquerosa. Por que os artistas não se revoltam? Por que não espalham ali seus quadros, seus painéis e seus cartazes? Por que não pintam paredes? Não se preocupam em decorá--las ou, ao menos, em harmonizar a pintura? O que se passa em nossas ruas? Será que há alguém elaborando planos de reforma e embelezamento das cidades? Sei de arquitetos que criaram uma série de projetos, mas por que até agora eles não caminharam? Por que ninguém se interessa pelo aspecto horrível de nossos prédios, com as fachadas descascadas? Por que, enfim, os artistas permitem que, no lugar das antigas, tenham sido espalhadas as tediosas e banais placas das lojas soviéticas?

Pode ser que os artistas digam: não somos caiadores. Não pintamos fachadas. Ao que eu respondo: errado. Os senhores têm a obrigação de se preocupar com a beleza das ruas e dos prédios. Têm a obrigação de fornecer seus esboços de fachadas. Não se pode cacetear a vista com as palavras "Loja de Produtos Alimentícios n. 2", "Loja de Louças n. 23". Por que não retomar as belas maneiras do passado e usar nas fachadas imagens simples, belas, simbólicas (livros, pães, roupas), de modo que até os analfabetos possam compreender que tipo de loja é aquela?

E, conservando o número das lojas, por que não acrescentar uma denominação a elas, conforme a rua, a especialidade (loja de livros médicos) ou o nome de alguém?

Nossas cidades continuam a se desfigurar com letreiros e cartazes afixados de qualquer maneira. As paredes estão emporcalhadas com pedaços de papel. E por que os artistas se calam? Por que se calam ao ver que estão sendo construídos para os letreiros pedestais grossos e malfeitos (os quais, por algum motivo, continuam sem os letreiros).

Por que não dizem nem uma palavra em protesto ao ver os horríveis cartazes baratos publicados por diversas instituições soviéticas? Por que não exigem o controle do aspecto artístico de todos os livros impressos na Rússia?

Ao se depararem com nosso cotidiano comezinho e observarem nossa infinita monstruosidade, involuntariamente vocês devem se perguntar milhares de vezes: por que os artistas se calam? Onde eles estão? Será que não estão vendo? Isso não os fere? O que estão fazendo sentados em seus estúdios, em comissões na rua Pretchístenka?

Sim, a Rússia soviética tem motivos para lançar tais reproches aos artistas. O proletariado tem razões para perguntar-lhes: por que desprezam nossa vida cotidiana e não tentam transformar nossa monotonia em uma festa bonita, que alegre os olhos e o coração?

Fonte: Platón Kérjentsev, "Искусство на улице"/ "Iskússtvo na úlitse" [A arte nas ruas], em *Творческий театр/ Tvórtcheskii teatr* [Teatro criador]. Moscou, Государственное издательство/ Gossudárstvennoe izdátelstvo, 1923.

TÉFFI

Téffi por volta dos cinquenta anos, em fotografia da década de 1920 tirada no célebre estúdio de Henri Roger-Viollet, em Paris.

TÉFFI (nome verdadeiro: Nadiéjda Aleksándrovna Lokhvítskaia) (1872-1952) • Nasceu em 9 (21) de maio de 1872, em São Petersburgo. Começou sua carreira literária em 1900, como escritora satírica e folhetinista no jornal *Сатирикон/ Satirikon*. Seus textos foram publicados em renomadas publicações parisienses, até que, em 1919, mudou-se para Paris, onde organizou salões literários. Entre 1922 e 1923, viveu na Alemanha. Nos anos 1930, passou a se dedicar a escritos memorialísticos e retratos literários de pessoas famosas. Atualmente, sua obra recebe grande atenção crítica e editorial, e pesquisas têm tentado ultrapassar a imagem de escritora cômica "leve" que se colou a ela por muito tempo. Faleceu em 6 de outubro de 1952, em Paris.

O texto original foi publicado no periódico *Возрождение/ Vozrojdénie* [Renascimento] entre 1928 e 1930. O trecho traduzido pertence ao terceiro capítulo das *Воспоминания/ Vospominániia* [Memórias].

(Por Priscila Marques.)

MEMÓRIAS (TRECHO)*

Nossa viagem começou sem muitos obstáculos.
Entramos num vagão da segunda classe, cada um em seu próprio assento. Não ficamos debaixo de um banco nem no bagageiro, mas como um passageiro habitualmente deve se sentar.
Meu empresário, cujo pseudônimo é Guskin, ficou agitado: "Por que o trem está demorando para sair?". E, quando enfim partiu, ele assegurou que fora antecipadamente.
— Isso não é um bom sinal! Veremos o que vai acontecer!
A aparência de Guskin mudou imediata e estranhamente assim que ele subiu no vagão. Era como se ele estivesse viajando por dez dias e, além disso, nas condições mais brutais: os sapatos desamarrados, o colarinho desabotoado, uma mancha arredondada e esverdeada sob seu pomo de adão, causada por uma abotoadura de cobre. E o mais estranho de tudo era que suas bochechas estavam cobertas de pelos, como se ele não fizesse a barba havia uns quatro dias.
Além de nosso grupo, havia três damas naquele mesmo compartimento. As conversas ocorriam a meia-voz, e até em sussurros, sobre um tema correlato à preocupação daquele instante: quem conseguiu dar um jeito de enviar seus brilhantes e dinheiro para o exterior.
— Você ouviu? Os Prokins conseguiram mandar toda a fortuna deles. Esconderam-na com a avó.
— Mas por que a avó não foi revistada?
— Oh, o que você acha? Ela é tão desagradável. Quem é que iria se dispor a...?
— E os Korkins, como foram astuciosos! E tudo de improviso! Madame Korkina, que já havia sido revistada, estava num lado e de repente, "Ai, ai!", torceu o pé. Ela não podia andar. E o marido, que ainda não havia sido revistado, disse para um soldado vermelho: "Passe a ela minha bengala, por favor, para que ela se apoie". Ele deu a

---
* Tradução de Gabriela Soares da Silva. (N. E.)

bengala. E a bengala deles fora carcavada e preenchida de brilhantes. Inteligente, não?

— Os Bulkins têm uma chaleira com fundo falso.

— Fanitchka levou um brilhante enorme, um que você nem acredita, no fundo do nariz.

— Então para ela ficou bem, pois tem um nariz de cinquenta quilates. Não é qualquer um que tem tanta sorte.

Depois contaram a história trágica de como uma tal madame Fuk escondeu muito habilmente um brilhante dentro de um ovo. Ela fez um pequeno furo na casca de um ovo cru, enfiou o diamante e depois o cozinhou. Vai ver se conseguem achá-lo! Ela colocou o ovo em sua cestinha de provisões e sentou-se tranquilamente, sorrindo. Soldados vermelhos entraram no vagão. Examinaram a bagagem. De repente, um deles apanhou aquele mesmo ovo, descascou-o e abocanhou-o diante dos olhos da madame Fuk. A pobre mulher não prosseguiu seu caminho. Desembarcou na estação e por três dias andou atrás desse miserável soldado vermelho, sem tirar os olhos dele, como se ele fosse uma criança pequena.

— E então?

— Ah, não teve chance! Voltou para casa sem nada.

Elas começaram a recordar todo tipo de artimanhas utilizadas para apanhar os espiões durante a guerra.

— Esses espiões se tornaram muito ardilosos! Apenas imagine: começaram a desenhar nas próprias costas a planta dos fortes e depois pintavam por cima. Bem, a inteligência militar também não era idiota: logo adivinharam. Começaram a lavar as costas de todos os tipos suspeitos. É claro que ocorreram erros lamentáveis. Em minha cidade, Grodno, capturaram certo cavalheiro. Era um moreno verdadeiramente surpreendente na aparência. Depois de o lavarem bem, revelou-se um rapaz louro e honesto. O serviço de inteligência se desculpou muito...

Nessa conversa pacífica sobre temas horríveis, a viagem transcorreu agradável e confortável, mas não haviam se passado nem três horas quando, subitamente, o trem parou e ordenaram a todos que desembarcassem.

Saímos, arrastamos nossa bagagem para fora. Permanecemos na plataforma por duas horas e depois embarcamos em outro trem, um todo de terceira classe, cheio até o teto. À nossa frente havia camponesas raivosas de olhos esbranquiçados. Elas não gostaram de nós.

— Eles vão — disse uma delas, com marcas de bexiga no rosto e uma verruga. — Vão, mas para onde e para que eles mesmos não sabem.

— Perderam as estribeiras — concordou a outra. Ela usava um lenço engordurado e, com suas pontas, limpava o nariz de pato de maneira elegante.

O que as irritava mais do que tudo era o cachorro chinês, um "pequinês", uma minúscula bola de seda que estava no colo da mais velha de nossas atrizes.

— Veja só, leva um cachorro! De chapéu na cabeça e cachorro no colo.

— Deixasse em casa. Não tem onde as pessoas se sentarem, e ela leva um cão.

— Mas ele não está te atrapalhando — falou a atriz, com a voz trêmula em defesa do seu "cão". — Afinal, não é como se você fosse se sentar no meu colo.

— Por certo que não levaríamos um cachorro conosco — a camponesa não se continha.

— Não poderia deixá-lo em casa sozinho. É tão delicado. Precisa de mais cuidados do que uma criança pequena.

— O quê?

— Ai, o que isso quer dizer? — De súbito e definitivamente, a mulher com marcas de bexiga ficou tão enfurecida que até saltou do lugar. — Ei! Escutem o que estão dizendo! Aquela de chapéu diz que nossas crianças são piores do que cachorros! Não somos obrigadas a aguentar isso, não é?

— Quem? Nós? Somos cachorros e ela não? — Vozes raivosas começaram a se queixar.

Não se sabe como teria terminado a situação se um grito estridente e selvagem não tivesse interrompido essa conversa interessante. Alguém gritava na plataforma. Todos deixaram seu lugar às pressas e puseram-se a investigar. A de rosto bexiguento também se intrometeu e, quando retornou, de maneira muito amigável nos contou que haviam pegado um ladrão e que estavam prestes a "jogá-lo debaixo do vagão", mas ele saltou do trem em movimento.

— Tipos horríveis! — disse Aviértchenko. — Tente não prestar atenção. Pense em alguma coisa animadora.

E assim eu faço. Hoje à noite as luzes do teatro se acenderão, as pessoas se reunirão, sentarão em seus lugares e ouvirão:

O amor é malvado
O amor é traiçoeiro
O amor faz todos os homens
Virarem cegos...

E para que me lembrei disso?! De novo esse refrão idiota ficou preso em minha cabeça! Que desgraça!

Ao redor, as camponesas continuavam tagarelando alegres sobre como teria sido bom atirar o ladrão sob as rodas do trem e que agora ele certamente estaria estirado no chão com a cabeça quebrada.

— É preciso linchar todos eles! Perfurar os olhos, arrancar a língua, cortar as orelhas e depois amarrar uma pedra no pescoço e atirar na água!

— Na nossa aldeia, arrastamos eles pelo gelo com uma corda de um buraco ao outro...

— Também queimavam muitos deles...

Oh, imagino o que elas teriam feito conosco por causa do cachorro se a história do ladrão não houvesse interrompido seu estado de espírito.

O amor é malvado
O amor é traiçoeiro...

— Que terrível! — eu disse para Aviértchenko.
— Shhh... — ele me interrompeu.
— Não me refiro a elas. Tenho meu próprio tormento. Não consigo tirar Silva* da cabeça. Pensarei em como elas nos queimariam (talvez isso ajude). Imagino como a mulher de rosto bexiguento à minha frente ficaria agitada! Ela é precavida. Colocaria fogo na lenha... E o que Guskin diria? Ele gritaria: "Com licença, mas temos um contrato! Você a está impedindo de cumprir o acordo e está me arruinando como empresário! Primeiro me pague a multa!".

"Traiçoeiro" e "malvado" gradualmente começaram a se afastar, a se extinguir, sumir.

O trem chegou a uma estação. As camponesas precipitaram-se com suas trouxas; as botas dos soldados começaram a retumbar;

---

* Referência à personagem da opereta *Die Csárdásfürstin* [A rainha dos ciganos], do húngaro Emmerich Kalman, com libreto de Leo Stein e Bela Jenbach. Na União Soviética foi adaptada para o cinema com o título *Silva*, em 1944, por Aleksandr Ivanovski. (N. E.)

bolsas, sacos e cestas cobriram a luz do dia. E de repente, do outro lado do vidro, o rosto de Guskin desfigurado pelo terror: nas últimas horas ele viajara em outro vagão. O que acontecera com ele? Estava terrível, pálido e ofegante.

— Saia logo! A rota mudou. Não é possível continuar por este caminho. Explicarei depois...

Se não é possível, então não é possível. Desembarcamos. Demorei e fui a última a sair. Assim que saltei na plataforma, um pobre menino maltrapilho aproximou-se de mim e disse claramente:

— "O amor é malvado, o amor é traiçoeiro." Cinquenta copeques, por favor.

— O quê?

— Cinquenta copeques. "O amor é malvado, o amor é traiçoeiro."

Está tudo acabado. Enlouqueci. Ouço uma alucinação. Ao que parece minha falta de forças não conseguiu suportar essa combinação: a opereta de Silva e a ira do povo.

Procuro um suporte amigável. Procuro nosso grupo. Aviértchenko examina suas luvas com uma atenção atípica e não responde a meu apelo. Passei cinquenta copeques ao menino. Não compreendo nada, mas tenho minhas suspeitas...

— Admita agora mesmo! — eu disse para Aviértchenko.

Ele ri embaraçado.

— Enquanto você se demorava dentro do vagão, perguntei ao menino: "Quer ganhar algum dinheiro? Está para sair desse vagão uma passageira com um chapéu vermelho. Aproxime-se dela e diga: 'O amor é malvado, o amor é traiçoeiro'. Ela sempre dá cinquenta copeques a quem lhe diz isso". O menino se mostrou inteligente.

Guskin, que estava ocupado com nossas malas no vagão de bagagens, aproximou-se banhado em um suor verde de horror.

— Mais um problema! — disse, sussurrando tragicamente. — Aquele bandido foi fuzilado!

— Que bandido?

— Aquele seu comissário. O que você ainda não entendeu? E então? Foi executado por roubo e por suborno. Não podemos cruzar esta fronteira. Aqui não só seremos roubados, mas também apunhalados. Vamos tentar atravessar por outro lugar.

Por outro lugar, então, será. Duas horas depois pegamos outro trem e seguimos numa direção diferente.

Ao anoitecer, chegamos à estação fronteiriça. Estava frio, queríamos dormir. O que nos espera? Quão logo nos deixarão passar e como vamos prosseguir?

Guskin e o "pseudônimo" de Aviértchenko foram juntos à estação negociar e esclarecer a situação. Ele nos instruiu rigorosamente a permanecer ali e esperar. Os presságios eram alarmantes.

A plataforma estava vazia. De vez em quando, uma figura escura aparecia, talvez um guarda ou uma camponesa vestindo um capote, lançava para nós um olhar suspeito e de novo sumia. Esperamos por muito tempo. Finalmente Guskin apareceu. Não estava sozinho. Quatro homens vieram com ele.

Um deles lançou-se à frente e correu em nossa direção. Nunca esquecerei aquela figura: um homem pequeno, magro, sombrio e de nariz torto, usava um boné de estudante e um enorme e suntuoso casaco de pele de castor, que arrastava pelo chão como um manto em um retrato da realeza, pendurado em alguma sala de trono. O casaco era novo e evidentemente acabara de ser arrancado dos ombros de alguém.

O homem veio correndo até nós e, ao que parecia, num gesto habitual, puxou suas calças com a mão esquerda, levantou a mão direita para o alto e, com inspiração e entusiasmo, exclamou:

— Você é a Téffi? E você é Aviértchenko? Bravo, bravo e bravo! Diante de vocês está o comissário das Artes deste povoado. As demandas são enormes. Vocês, nossos estimados visitantes, ficarão conosco e me auxiliarão a organizar uma série de apresentações artísticas com sua performance, uma série de espetáculos em que o proletariado local interpretará suas peças sob a direção de vocês.

A atriz com o cachorro deu um suspiro silencioso e sentou-se na plataforma. Olhei em volta. Crepúsculo. Um pequeno prédio da estação com um jardim minúsculo. Além, miseráveis casinhas aldeãs, uma loja fechada com tábuas, sujeira, um salgueiro pelado, uma gralha e esse "Robespierre".

— Nós ficaremos felizes, é claro — Aviértchenko respondeu com tranquilidade —, mas, infelizmente, alugamos um teatro em Kíev para nossas noites e, por isso, precisamos muito nos apressar.

— Nada disso! — exclamou Robespierre, abaixando a voz de repente. — Vocês nunca conseguirão atravessar a fronteira, a menos que eu faça uma solicitação especial em seu nome. E por que eu faria uma solicitação? Porque vocês responderam às necessidades de nosso

proletariado. Então eu poderei inclusive requisitar que permitam passar a bagagem de vocês!...
   Nesse momento, Guskin deu um salto e, atrapalhado, disse:
   — Senhor comissário. Bem, é claro que eles concordam. Ainda que eu perca um capital enorme por causa deste atraso, eu mesmo me encarregarei de persuadi-los, embora imediatamente perceba que eles já estão felizes em servir o nosso estimado proletariado. Mas tenha em vista, senhor comissário, apenas uma noite. E que noite será! Uma noite que você lamberá todos os dedos. É isso mesmo! Será amanhã à noite, e depois de amanhã, cedo, tomaremos nosso caminho. Bem, vocês já estão de acordo, então todos estão felizes. Mas onde nossos convidados vão pernoitar?
   — Fique aqui. Vamos arranjar tudo agora mesmo! — exclamou Robespierre, e saiu correndo, o casaco de castor apagando suas pegadas. As outras três figuras, evidentemente sua comitiva, seguiram-no.
   — Temos problemas! Caímos num ninho de vespas! Há fuzilamentos todos os dias... Três dias atrás queimaram vivo um general. Tomaram toda a bagagem. Precisamos sair daqui.
   — Talvez tenhamos de voltar para Moscou.
   — Shhh...! — sussurrou Guskin. — Você acha que eles vão permitir que você volte para Moscou e conte como te roubaram? Eles não vão permitir isso! — Disse, com espantosa ênfase no "não" e depois calou-se.
   O empresário de Aviértchenko voltou. Caminhava grudado à parede, olhando ao redor e com a cabeça enterrada nos ombros.
   — Onde você estava?
   — Fiz um pequeno reconhecimento. Que azar... Não há onde ficar. O povoado está abarrotado de gente.
   Olhei ao redor, surpresa. Essas palavras não correspondiam ao vazio daquelas ruas, com o silêncio e o crepúsculo azulado que os raios do poste não atravessavam.
   — Onde estão todas essas pessoas? E por que elas estão aqui?
   — Por quê?! Estão aqui há duas ou três semanas. Não permitem que prossigam ou retornem para lugar nenhum. O que se faz por aqui! Não posso falar...! Shhh...!
   Como um pássaro de asas largas, nosso Robespierre voava pela plataforma em seu casaco de pele de castor. A comitiva ia atrás dele.
   — Foram encontradas instalações para vocês. Dois quartos. Os despejos estão sendo realizados. Estavam muito cheios... com crianças...

levantaram um berreiro! Mas eu tenho um mandado. Requisito pelas necessidades do proletariado.

E de novo ajustou as calças com a mão esquerda, estendeu a direita à frente e para o alto, de maneira inspirada, como se indicasse o caminho em direção às estrelas distantes.

— Sabe o quê? — disse eu. — Isso realmente não é conveniente para nós. Você poderia, por favor, não despejá-los? Não podemos ir para lá.

— Sim — corroborou Aviértchenko. — Eles têm crianças, isso não está certo, compreenda.

De repente, Guskin encolheu os ombros confuso e alegre.

— Sim, eles são assim mesmo! Não há nada a ser feito! Mas não se incomode, nós encontraremos algum lugar... Eles são assim mesmo...

Convidava o público com um gesto alegre a surpreender-se com nossa excentricidade, porém, ele próprio, é claro, compartilhava conosco os mesmos sentimentos.

Robespierre ficou desconcertado. No mesmo instante, inesperadamente, algum sujeito que até então se ocultava de forma modesta atrás da comitiva fez uma proposta:

— Pos-so ofe-recer me-meu quar-rto...

— O quê?

— Qua-artos.

Quem é esse? Pensando bem, tanto faz.

Levaram-nos para algum lugar atrás da estação, para uma pequena casa de algum funcionário do governo. Verificou-se que o gago era o genro de um antigo empregado da ferrovia.

Robespierre triunfava.

— Pois bem, forneci a vocês uma pousada. Instalem-se e à noite voltarei.

O gago murmurou alguma coisa e fez uma saudação.

Instalamo-nos.

As atrizes e eu ficamos no mesmo quarto. O gago levou Aviértchenko para seu próprio quarto, e os dois "pseudônimos" foram escondidos em alguma despensa.

A casa estava silenciosa. Uma mulher velha, muito pálida e esgotada, perambulava pelos cômodos como se estivesse andando de olhos fechados.

Alguém se movimentava na cozinha, mas não apareceu no quarto: pelo visto era a esposa do gago.

Serviram o chá.

— Poderíamos ter pre-e-e-sunto... — cochichou o gago. — Enquanto está claro...

— Não, já vai anoitecer — sussurrou a velha, em resposta, e fechou os olhos.

— Ma-m-mãe. E se eu for sem lanterna, só com fósforos...

— Vá, se não tem medo.

O gago estremeceu e ficou parado. O que significa tudo isso? Por que eles só comem presunto durante o dia? Seria embaraçoso perguntar? É impossível tentar descobrir qualquer coisa. Nossos anfitriões se assustavam com a pergunta mais simples e se esquivavam da resposta. E, quando uma das atrizes perguntou à velha se o marido dela estava ali, esta levantou a mão trêmula horrorizada, silenciosamente ameaçando-a com o dedo e, calada, olhou longamente para a escuridão fora da janela.

Ficamos em absoluto silêncio, angustiados. Foi Guskin quem nos salvou. Ele resfolegou alto e também alto falou sobre coisas surpreendentes:

— Vejo que vocês tiveram chuva por aqui. A rua está molhada. Quando chove, a rua sempre fica molhada. Quando chove em Odessa, é Odessa que fica molhada. Nunca acontece de chover em Odessa e Nikoláiev ficar molhada. Ha, ha! Onde a chuva cai é onde fica molhado. E, quando não chove, Deus me livre como fica seco. Bem, quem gosta de chuva, eu lhes pergunto? Ninguém gosta, por Deus. Bem, por que eu mentiria? Ah!

Guskin foi genial, vivo e simples. E, quando a porta se escancarou e Robespierre entrou voando, acompanhado por uma comitiva reforçada de seis pessoas, ele achou o grupo confortável, reunido ao redor da mesa de chá e ouvindo um narrador engraçado.

— Magnífico! — exclamou Robespierre. Puxou as calças com a mão esquerda e, sem tirar o casaco, sentou-se à mesa. Sua comitiva também se acomodou.

— Magnífico. Começaremos às oito. O barracão está decorado com cones de abetos. Capacidade: 150 pessoas. Fixaremos os cartazes pela manhã. E agora podemos conversar sobre arte. Quem é mais importante, o diretor ou o coro?

Ficamos desnorteados, mas não todos. Nossa atriz mais jovem, como um cavalo de regimento militar ao ouvir o som da trombeta, soltou-se e disparou em círculos, saltos e voltas. Lampejos de Meyerhold com seus "triângulos de forças correlativas", Evréinov e seu "teatro para si

mesmo", a *commedia dell'arte*, o ator-criador, "fora do palco", a ação conjunta etc. etc. etc.
Robespierre estava extasiado.
— Isso é exatamente do que precisamos! Você ficará aqui conosco e dará algumas palestras sobre arte. Está decidido.
A pobre moça empalideceu e olhou confusa em nossa direção.
— Eu tenho um contrato... em um mês posso... voltarei... eu juro...
Mas agora Robespierre já disparava. Ele tinha seu próprio repertório: uma peça em linguagem *zaum**. Um amplo desenvolvimento gestual. A própria audiência compõe as peças e as interpreta ali mesmo. Atores para representar a audiência é algo que requer mais talento do que uma rotina habitual de atuação.
Tudo corria bem. Esse quadro tranquilo de conforto cultural foi perturbado apenas pelo pequeno cachorro. Robespierre produziu claramente uma impressão sinistra nele. Pequeno como uma luva de lã, rosnava para o outro com a fúria de um tigre, mostrava os dentes de contas e, subitamente, atirou a cabeça para trás e pôs-se a uivar como um ordinário cão de guarda numa corrente. E Robespierre, que era transportado para uma misteriosa imensidão nas asas da arte, por alguma razão, de repente, assustou-se de maneira tão terrível que parou na metade da frase.
A atriz levou o cachorro embora.
Por um minuto, todos ficaram em silêncio. E de algum lugar não muito longe da casa, vindo da mesma direção onde estava o aterro da estrada de ferro, ouviu-se algo que parecia inumano, como o gemido de um bode, cheio de terror e desespero animal. Em seguida, três tiros secos, regulares, distintos e diligentes.
— Vocês ouviram? — perguntei. — O que pode ter sido isso?
Mas ninguém me respondeu. Pelo visto, ninguém havia ouvido.
A anfitriã, pálida, sentou-se imóvel e fechou os olhos. O anfitrião, o tempo todo em silêncio, tremia convulsivamente a mandíbula, como se pensasse gaguejando. Robespierre começou a falar com fervor, num

---

* O termo "*zaum*" ("заумь") é um neologismo criado pelos poetas futuristas russos, composto pelo prefixo "*za*" ("além", "atrás") e pelo substantivo "*um*" ("mente", "razão"). O termo "*zaum*" pode ser compreendido como uma linguagem sem significados predeterminados, transracional, transmental, além da razão; por isso, possibilitaria à poesia uma forma que fosse capaz de expressar aquilo que a linguagem comum não conseguiria. Os principais expoentes dessa vertente são os poetas Velimir Khlébnikov e Aleksei Krutchônykh. (N. E.)

tom muito mais alto do que antes, sobre a noite do dia seguinte. Por causa disso, compreendi que ele havia ouvido alguma coisa...

A comitiva permaneceu fumando em silêncio e sem se intrometer na conversa. Um deles, um rapaz de nariz arrebitado usando uma esfarrapada camisa militar marrom, pegou uma maciça cigarreira de ouro com um monograma. A pata cheia de calos de alguém se estendeu para fora com as unhas quebradas; nessa pata brilhou fraco um maravilhoso rubi cabochão, profundamente cravado no engaste maciço de um anel antigo. Estranhos esses nossos visitantes...!

A jovem atriz, pensativa, circundou a mesa e encostou-se numa parede. Senti que ela me chamava com os olhos, mas não me levantei. Ela olhava para as costas de Robespierre e contraía os lábios nervosamente...

— Oliônuchka — eu disse. — É hora de dormir. Amanhã de manhã vamos ensaiar.

Despedimo-nos com uma reverência geral e fomos para o quarto. A quieta anfitriã nos seguiu com uma vela.

— Apague a vela — murmurou ela. — Terão de se despir no escuro... E, por Deus, não fechem as cortinas.

Apressamo-nos em nos instalar. Ela apagou a vela.

— E lembrem-se da cortina. Por Deus...

Ela deixou o quanto.

Senti a respiração quente de alguém perto de mim. Era a atriz, Oliônuchka.

— Há um buraco nas costas daquele casaco maravilhoso dele — sussurrou — e tem alguma coisa escura envolta... alguma coisa terrível.

— Vá dormir, Oliônuchka. Estamos todos cansados e com os nervos à flor da pele...

O cachorro perturbou a noite inteira, rosnando e ganindo. Ao amanhecer, Oliônuchka falou durante o sono com uma voz alta e horripilante:

— Eu sei por que ele está uivando. Há um buraco de bala e sangue seco no casaco dele.

Meu coração batia tanto que senti náuseas. Eu mal olhei para o casaco, mas naquele instante compreendi tudo. Mesmo sem ver, eu sabia...

Acordei tarde pela manhã. Um dia frio e cinzento. Chuva. Lá fora, barracões e celeiros e, mais além, o aterro. Um deserto. Não havia alma viva.

A anfitriã nos trouxe chá, pão e presunto. Num sussurro, disse:
— Ao amanhecer, meu genro conseguiu trazê-lo. O presunto estava escondido no celeiro. Se você for com uma lanterna à noite, eles te denunciam. E durante o dia também estão vigiando. Eles vêm revistar. Todos os dias nos revistam.

Hoje ela estava mais falante. Mas o rosto ainda estava "calado". Era de pedra, como se ela temesse expressar mais do que queria.

Guskin batia na porta.
— Já estão prontas? Aquele jovem... já passou por aqui duas vezes.
A anfitriã saiu. Entreabri a porta, chamei Guskin:
— Guskin, diga-me, está tudo bem? Vão nos permitir ir embora daqui? — perguntei, num sussurro.
— Sorria, por Deus, sorria — sussurrou ele, distendendo a boca num sorriso atroz, como *L'hommequi rit**. — Sorria quando falar. Alguém, que Deus nos guarde, pode estar observando. Eles prometeram nos deixar ir e fornecer uma escolta. Aqui começa uma zona fronteiriça de quarenta verstas. É aí que assaltam as pessoas.
— Quem assalta?
— Ah! Quem? Eles mesmos. Bem, se tivermos uma escolta desse próprio inferno, eles ficarão com medo. Te digo uma coisa: precisamos ir embora daqui amanhã. Do contrário, juro que ficarei muito surpreso se algum dia puder ver minha mãe novamente.

Era uma ideia complexa e, claramente, nada reconfortante.
— Hoje fique em casa o dia todo. Não saia. Está cansada e ensaiando. Estão todos cansados e ensaiando.
— E você não sabe onde está o dono da casa?
— Não sei ao certo. Ou foi executado, ou fugiu, ou está aqui mesmo, sob os nossos pés. Por que eles têm tanto medo? As portas e as janelas ficam abertas dia e noite. Por que eles não se atrevem a fechá-las? Por que precisam mostrar que não têm nada a esconder? E o que temos com isso? E para que discutir esse assunto? Alguém vai nos pagar? Nos darão uma cidadania honorária? Aconteceram coisas aqui, coisas que espero que não aconteçam conosco. Por que ele começou a gaguejar? Há três semanas que gagueja. Se não quisermos terminar assim, é melhor sairmos daqui com nossas malas e uma escolta.

Na sala de jantar uma cadeira foi movida.

---

* Referência ao personagem Gwynplaine, do romance *O homem que ri* (1869), de Victor Hugo. (N. E.)

— Se apressem, é hora de ensaiar! — Guskin levantou a voz, afastando-se da porta. — Levantem-se logo! Minha nossa, onze horas e elas ainda estão dormindo como belas adormecidas!

Oliônuchka e eu ficamos em casa o dia todo sob o pretexto de estarmos cansadas... Aviértchenko, o empresário e a atriz com o cachorro assumiram a tarefa de conversar com os entusiastas da "disseminação cultural". Inclusive foram caminhar juntos.

— Uma história curiosa — contou Aviértchenko ao retornar. — Vê aquele celeiro destruído? Disseram que dois meses atrás os bolcheviques estavam numa situação ruim aqui e algum comissário chefe deles teve de fugir às pressas. Ele pulou numa locomotiva e mandou o empregado da ferrovia levá-lo embora. Mas esse pôs a máquina em movimento a toda velocidade em direção à parede do depósito. O bolchevique foi queimado vivo.

— E o outro?

— Não o encontraram.

— Talvez, será que... Não seria este o nosso anfitrião...?

Fonte: Téffi, *Воспоминания/ Vospominániia* [Memórias]. Paris, Лев/ Liev, 1932.

EVGUIÉNI ZAMIÁTIN

Evguiéni Zamiátin por volta dos 35 anos, em retrato estimado de 1919.

EVGUIÉNI IVÁNOVITCH ZAMIÁTIN (1884-1937) • Nasceu em 20 de janeiro (1º de fevereiro) de 1884, em Lebedián. Estudou no instituto politécnico da Universidade de São Petersburgo, quando se aproximou-se das ideias socialistas e se juntou à facção bolchevique do Partido Operário Social-Democrata Russo. Em 1905, foi preso por atividade revolucionária e passou a viver ilegalmente em São Petersburgo até 1911. Em 1908, publicou seu primeiro conto e começou a trabalhar como engenheiro. Durante a Primeira Guerra Mundial, assumiu uma posição internacionalista e contrária à guerra. Após a revolução, tornou-se membro do comitê editorial da coleção **Всемирная литература/** Vsemírnaia literatura [Literatura Universal] – idealizada por Górki, o projeto editorial mais significativo do período – e foi representante da seção de Leningrado da União dos Escritores Russos. Sob pseudônimo, publicou críticas às ações do governo bolchevique durante a guerra civil. Em 1929, anunciou sua saída da União dos Escritores e pediu a Stálin autorização para deixar o país. Mudou-se para Paris, onde continuou escrevendo sobre literatura russa contemporânea, além de contos e roteiros para cinema. Algumas de suas obras (como o romance **Мы/** *My* [Nós]) tornaram-se textos-chave da nova prosa russa dos anos 1920 e 1930. Em 1935, participou, como representante soviético, de um congresso de escritores contra o fascismo. Faleceu em 10 de março de 1937, em Paris.

No ensaio a seguir, Zamiátin articula suas ideias sobre a evolução da literatura e sua função social, em especial no contexto da revolução e de debates sobre os rumos e o futuro das artes literárias na URSS. Intelectuais soviéticos reagiram expressivamente: enquanto alguns elogiaram o conceito de uma literatura em constante evolução (semelhante ao da revolução permanente, popular em círculos políticos àquela época), outros criticaram sua tentativa de atribuir leis científicas ao conceito de evolução literária e o que consideraram uma ênfase exagerada na obra de arte do futuro em detrimento da revolução do presente.

(Por Priscila Marques e Cássio de Oliveira.)

SOBRE A LITERATURA, A REVOLUÇÃO, A ENTROPIA E OUTROS ASSUNTOS*

— Diga-me qual é o *último* número, o mais elevado, o maior de todos.
— Mas isso não faz sentido! Ora, se a quantidade de números é infinita, como pode haver um último número?
— Pois como você pode querer que uma revolução seja a última? Não há uma última revolução, revoluções são infinitas. A última é para as crianças: as crianças têm medo do infinito, então é preciso que as crianças durmam em paz...**

Se alguém perguntar francamente "O que é *revolução?*", responderão *à la* Luís XIV: a revolução somos nós. Ou responderão pelo calendário: foi em tal mês e em tal data. Ou responderão com um abecedário. Mas, se for para avançarmos do alfabeto para as sílabas, então ela será o seguinte: duas estrelas, mortas e apagadas, chocam-se com um estrondo inaudível e ensurdecedor e acendem uma nova estrela, isso é a revolução. Uma molécula se desprende de sua órbita e, tendo irrompido no infinito atômico vizinho, faz nascer um novo elemento químico, isso é a revolução. Lobatchévski com um só livro demole os muros do mundo milenar euclidiano***, com o intuito de abrir caminho para os incontáveis espaços não euclidianos, isso é a revolução.

A revolução está em todas as partes, em tudo; ela é infinita. Não há uma última revolução, bem como não há um último número. A revolução social é somente um dos incontáveis números: a lei da revolução não é social, mas sim incomensuravelmente maior – a lei cósmica e universal (*universum*) é a mesma que a lei da conservação de energia,

---

* Tradução de Cássio de Oliveira. (N. E.)

** Do romance *Nós* (Мы, escrito em 1920 e publicado em 1924), de Evguiéni Zamiátin. (N. E.)

*** Referência a Nikolai Ivánovitch Lobatchévski (1792-1856), físico russo que, simultaneamente com (mas independentemente do) húngaro János Bolyai, desenvolveu os fundamentos da geometria não euclidiana. (N. E.)

da dissipação de energia (entropia). Um dia a fórmula da lei da revolução será estabelecida com precisão. E nessa fórmula haverá quantidades numéricas: nações, classes, moléculas, estrelas – e livros.

* * *

A lei da revolução é rubra, ígnea, mortal, mas essa morte serve para a concepção de uma nova vida, de uma nova estrela. E fria, azul, como o gelo, como as gélidas infinitudes interplanetárias, é a lei da entropia. Uma chama rubra torna-se rosa, homogênea, morna, não mortal, mas sim confortável; o Sol envelhece e se converte num planeta conveniente para avenidas, lojas, camas, prostitutas, prisões, isso é uma lei. E, de modo a novamente inflamar o planeta por intermédio da juventude, é necessário inflamar a própria juventude, é necessário lançá-la para fora da fluida avenida da evolução, isso é a lei.

Pouco importa que a chama se esfrie amanhã ou depois de amanhã (no *Gênesis* os dias equivalem a anos, séculos). Mas alguém precisa ver isso hoje e, já a partir de hoje, falar hereticamente sobre o amanhã. Os heréticos são o único remédio (amargo) contra a entropia do pensamento humano.

* * *

Quando a esfera ardente e fervente (na ciência, na religião, na vida social, arte) se esfria, o magma ígneo é coberto pelo dogma – pela crosta sólida, ossificada, imóvel. A dogmatização na ciência, na religião, na vida social, na arte constitui uma entropia do pensamento; o que é dogmatizado já não arde, somente amorna, é tépido e refresca. Em vez do sermão da montanha, sob um sol escaldante, sobre prantos e braços levantados, a oração sonolenta na magnífica abadia; em vez do trágico "No entanto ela se move!" galileano, os cálculos pacatos no morno gabinete de Púlkovo*.

---

* "No entanto ela se move!" é a frase apócrifa atribuída a Galileu Galilei quando de seu julgamento por teorizar que a Terra se move em torno do Sol, ao contrário da física ptolemaica, defendida pelo Vaticano, que preconizava que todos os corpos celestes se movem em torno da Terra. Púlkovo é uma referência ao Observatório Astronômico da Academia Russa de Ciências, localizado em uma região nos arredores de São Petersburgo (a locação é mais conhecida na atualidade por também acomodar o aeroporto internacional de São Petersburgo). O observatório antecede o aeroporto, tendo entrado em operação em 1839. (N. E.)

Na Galileia, os epígonos lentamente, como pólipos e corais, constroem o que é seu, o caminho da evolução. Até o momento em que uma nova heresia arranque a crosta do dogma e de todas as construções erguidas sobre ela, as mais sólidas e pétreas construções.

* * *

Explosões são coisas desconfortáveis. Por isso, os explosivos, os heréticos, são justificadamente exterminados com o fogo, com o machado, com a palavra. Os heréticos são nocivos a cada hoje, a cada evolução, ao trabalho duro, lento, útil, utilíssimo, construtivo, coral. Os heréticos são românticos, eles saltam de modo imprevisível e estúpido do hoje ao amanhã. Com razão decapitaram Babeuf em 1797; ele deu um pulo no ano 1797 e saltou através de 150 anos. Com razão decapitam a literatura herética que atenta contra os dogmas: essa literatura é nociva.

Mas a literatura nociva é mais útil do que a literatura útil, porque ela é antientrópica, ela é um instrumento na luta contra a calcificação, a esclerose, a crosta, o musgo, o sossego. Ela é utópica, ridícula – como Babeuf em 1797, ela terá razão dentro de 150 anos.

* * *

Mas e os Velhos Crentes, os Avvákums*? Os Avvákums, afinal de contas, também são heréticos?

Sim, os Avvákums também são úteis. Se o patriarca Níkon tivesse conhecido Darwin, ele teria oficiado uma liturgia de ação de graças diariamente pela saúde de Avvákum.

Nós conhecemos Darwin, sabemos que depois de Darwin vêm as mutações, o weismannismo, o neolamarquismo**. Mas isso tudo são

---

* Os Velhos Crentes (em russo, *staroobriádtsy*; Zamiátin usa o termo *dvupiérstniki*, literalmente "aqueles que usam dois dedos", o polegar e o indicador, ao fazer o sinal da cruz) são um grupo esquismático dentro da Igreja ortodoxa russa que se recusou a adotar as reformas eclesiásticas implementadas no século XVII pelo patriarca Nikon (mencionado no parágrafo seguinte). O protopapa Avvákum (1620 ou 1621-1682) foi o principal líder da revolta dos Velhos Crentes e autor de uma notória autobiografia. Por sua heresia, foi preso e exilado em um monastério no Círculo Polar Ártico, onde em 1682 foi queimado na fogueira. (N. E.)

** De certa forma, uma resposta às ideias de Darwin sobre a seleção natural, o neolamarquismo preconiza a herança de características adquiridas como principal processo de evolução. (N. E.)

apenas balcões e mezaninos. O edifício é Darwin. E nesse edifício não há apenas girinos e fungos, há também o ser humano, não há somente presas e dentes, mas há também pensamentos humanos. As presas só são afiadas quando têm o que morder. As galinhas domésticas batem as asas, não fazem mais nenhum uso delas. Para as ideias e as galinhas, a lei é a mesma: as ideias que só se alimentam de croquetes de carne moída ficam banguelas, tanto quanto pessoas-croquetes civilizadas. Avvákums são bons para a saúde; é necessário inventar os Avvákums, se eles não existirem*.

* * *

Mas eles são o ontem. A literatura viva vive não só de acordo com as horas de ontem e não só de acordo com as de hoje, mas também de acordo com as de amanhã. É como o marinheiro, enviado para o alto do mastro, de onde podem ser vistos os navios afundando, podem ser vistos os icebergs e os turbilhões, ainda indistinguíveis do convés. Você pode tirá-lo do mastro e posicioná-lo perto das caldeiras ou do cabrestante, mas isso não altera nada. O mastro permanecerá, e outro marinheiro no mastro observará o mesmo que o primeiro.

Um marinheiro é necessário no mastro em uma tempestade. Hoje estamos em uma tempestade, com pedidos de S.O.S. de todas as partes. Ainda ontem um escritor poderia tranquilamente passear pelo convés, clicando sua Kodak (o dia a dia), mas quem pensaria em observar atentamente filmes fotográficos com paisagens e cenas do dia a dia quando o mundo está tombando 45 graus, as goelas verdes estão se abrindo e o casco começa a estalar? Agora só é possível observar e pensar como antes da morte: bom, então morreremos – e daí? Sobreviveremos – e como? Se for para viver – desde o começo, de novo – então como, para quê? Atualmente a literatura necessita de enormes perspectivas filosóficas, observadas dos mastros e dos aeroplanos, necessita dos mais recentes, mais assustadores, mais intrépidos "para quê?" e "qual é a próxima?".

* * *

---

* Referência à máxima de Voltaire: "Se Deus não existisse, seria necessário inventá-lo". (N. E.)

São crianças que fazem essas perguntas. Mas afinal as crianças são os mais corajosos dos filósofos. Elas chegam à vida nuas, sem estar cobertas nem por uma única folhinha de dogmas, absolutos, fés. É por isso que cada uma de suas perguntas é absurda e ingênua e ao mesmo tempo tão assustadora e complicada. Aqueles, novos, que entram agora na vida são nus e intrépidos, como as crianças, e possuem os "para quê?" e os "qual é a próxima?" tanto quanto elas, tanto quanto Schopenhauer, Dostoiévski e Nietzsche. Filósofos geniais, crianças e o povo são igualmente sábios, porque fazem perguntas igualmente estúpidas. Estúpidas para uma pessoa civilizada, que tem um apartamento bem mobiliado, com uma belíssima privada, e um dogma bem mobiliado.

* * *

A química orgânica já eliminou o limite entre a matéria viva e a matéria morta. É errôneo dividir as pessoas entre vivas e mortas: há mortos-vivos e vivos-vivos. Os mortos-vivos também escrevem, andam, falam, fazem; no entanto, não cometem erros. Máquinas também não cometem erros, mas produzem somente coisas mortas. Os vivos-vivos vivem nos erros, nas buscas, nas perguntas, nos suplícios.

E o mesmo ocorre com o que nós escrevemos: isso anda e fala, mas pode ser tanto morto-vivo quanto vivo-vivo. O verdadeiramente vivo, que nada pode parar, procura respostas a perguntas estúpidas e "infantis". As respostas podem ser incorretas, a filosofia pode ser errônea – o erro é mais valioso do que a verdade: a verdade é mecânica, o erro é vivo, a verdade tranquiliza, o erro perturba. E as respostas podem até ser completamente impossíveis – melhor ainda: ocupar-se com questões já resolvidas é o privilégio de cérebros constituídos de acordo com o princípio do estômago de vaca, que, como se sabe, é feito para a ruminação.

* * *

Se houvesse algo imutável na natureza, se houvesse verdades, tudo isso, é claro, seria falso. Mas, felizmente, todas as verdades são falhas. O processo dialético consiste precisamente no fato de que as verdades de hoje se tornam erros amanhã. Não há um último número.

Essa (única) verdade é somente para os fortes. Para as mentes de nervos fracos, é imprescindível a finitude do universo, a última palavra, "as muletas do incontestável", como diz Nietzsche. As mentes de nervos fracos não têm forças suficientes para se incorporar ao silogismo dialético. De fato, isso é difícil. Mas isso é o mesmo que Einstein conseguiu fazer. Ele conseguiu lembrar que, ao observar o movimento com um relógio em mãos, ele, Einstein, também está em movimento; ele conseguiu observar *de fora* os movimentos da Terra. Do mesmo modo, a grande literatura, incapaz de saber qual é o último número, observa os movimentos da Terra.

* * *

Os críticos aritméticos e abecedários também procuram hoje, nas artes literárias, algo diferente, além do que se pode apalpar. Mas eles procuram o mesmo que um cidadão num sobretudo verde que eu vi numa ocasião passada na [avenida] Niévski, à noite e na chuva.

O cidadão no casaco verde, cambaleante, tendo abraçado um poste, se curvava em direção à calçada sob a luz do poste. Eu perguntei ao cidadão: "O que o senhor está fazendo?". "Estou p-procurando minha carteira, acabei de perder al-li ó-ó" (lançando o braço em uma direção qualquer na escuridão). "Então por que você está procurando por ela aqui, perto do poste de luz?" "P-porque aqui debaixo do poste de luz está claro, eu posso v-ver tudo."

Eles procuram somente sob seu próprio poste de luz. E convidam todos para procurar sob esse poste.

[No entanto, são a única espécie legítima de críticos. Críticos literários escrevem contos e novelas em que os sobrenomes dos protagonistas, por acaso, são Blok, Pechkóv, Akhmátova*. Consequentemente, eles não são críticos. São romancistas como nós. Só pode ser um crítico legítimo quem tem a capacidade de escrever antiliterariamente – o dom hereditário dos críticos sociais.

Somente esse tipo de crítico é útil ao artista. É possível aprender com ele como não é preciso escrever e sobre o que não é preciso escrever. De acordo com a ética do prudente cão Riquet de Anatole France**: "Uma ação é boa se você recebe comida ou uma carícia em

---

* Referências a Aleksandr Blok; Maksim Górki, pseudônimo de Alieksei Pechkóv; e Anna Akhmátova. (N. E.)

** Referência ao conto "Riquet" (1904), de Anatole France (1844-1924), que narra as impressões de um cachorro cujo dono está se mudando de uma antiga mansão para um apartamento. (N. E.)

215

retribuição; uma ação é má se baterem em você em retribuição". Pessoas são frequentemente imprudentes e, quanto mais distantes da prudência de Riquet elas estiverem, mais se aproximam da regra contrária de ética: "Uma ação é má se você recebe comida ou uma carícia em retribuição; uma ação é boa se baterem em você em retribuição". Se não fosse por esses críticos, como saberíamos quais de nossas ações literárias são boas e quais são ruins?]*

A característica formal da literatura viva é a mesma que a característica intrínseca: ela renuncia às verdades, isto é, àquilo que todos sabem e que até este minuto sabiam; ela se separa dos trilhos canônicos, da estrada larga.

A larga estrada da literatura russa, aplainada e lustrada pelas gigantes carretas a reboque de Tolstói, Górki, Tchékhov, é o realismo, o cotidiano: consequentemente, é necessário se separar do cotidiano. Os trilhos, canonizados e santificados por Blok, Sologub, Biély, são o simbolismo, tendo renunciado ao cotidiano; consequentemente, é necessário partir em direção ao cotidiano.

Sim, um absurdo. O encontro de linhas paralelas também é absurdo. Mas isso é um absurdo somente na geometria plana, canônica, de Euclides: na geometria não euclidiana isso é um axioma. É necessário somente deixar de ser plano, elevar-se sobre a planície. Para a literatura contemporânea, a planície do cotidiano é o mesmo que a terra para um aeroplano: somente um caminho para a decolagem, de modo a se elevar em seguida do cotidiano para a existência real, para a filosofia, para o fantástico. Deixem que as carretas de ontem continuem rangendo nas largas estradas e nas avenidas. Aos vivos bastam forças para cortar fora seu ontem: nos mais recentes contos de Górki, de repente surge o fantástico: em "Os doze", de Blok, uma canção popular de rua, no "Жокей"/ "Jokeí" [Jóquei], de Biély, o cotidiano da Arbat**.

Se um inspetor de polícia ou um comissário se sentar em uma carreta, em todo caso a carreta continuará sendo uma carreta. Do mesmo modo, a literatura continuará a ser de ontem, se levarmos até

---

* Os parágrafos em colchetes constam do manuscrito, mas foram excluídos da primeira publicação do artigo em 1924. (N. E.)

** Não há nenhum texto de Andrei Biély com esse título; é possível que Zamiátin esteja se referindo ao poema "В летнем саду"/ "V Liêtniem sadu" [No jardim de verão], que contém a imagem de um jóquei a cavalo. A Arbat é uma avenida em Moscou que também empresta seu nome ao bairro ao redor. A família de Biély morava em um casarão na rua Arbat. (N. E.)

mesmo o "cotidiano revolucionário" pela larga estrada plana, se o levarmos até em uma troica intrépida e ornada com sininhos. Hoje são necessários o automóvel, o aeroplano, a cintilância, o voo, os pontos, os segundos do relógio, os pontilhados.

Não há mais as descrições lentas e velhas como uma *charrette dormeuse*: há, sim, o laconismo, mas também a imensa carga elétrica, a alta voltagem de cada palavra. É preciso concentrar em um segundo tanto quanto antes havia em um minuto de sessenta segundos: e a sintaxe se torna elíptica, volátil; as complexas pirâmides de períodos são desmanteladas, restando somente os pedregulhos de suas orações autônomas. Quando nos movemos rapidamente, o canônico e o habitual escapam dos olhos: daí derivam o simbolismo e o léxico incomuns, até estranhos. A imagem é nítida, sintética, nela só há uma característica fundamental, a que você consegue perceber da janela de um automóvel. O vocabulário regional, os neologismos, a ciência, a matemática, a tecnologia irromperam no dicionário santificado, produzido pelas monjas moscovitas.

Se isso for considerado a regra, então o talento consiste na capacidade de transformar uma regra em exceção; há muito mais daqueles que transformam a exceção na regra.

* * *

Tanto as ciências quanto as artes projetam o mundo de acordo com certas coordenadas. As formas se distinguem somente pelas diferentes coordenadas. Todas as formas realistas são projeções de acordo com as imóveis e planas coordenadas do mundo euclidiano. Essas coordenadas não existem na natureza. Tampouco existe esse mundo imóvel e finito, ele é uma convenção, uma abstração, uma irrealidade. E, por isso, o realismo é irreal: a projeção nas fugidias, tortuosas superfícies – aquilo que fazem igualmente a nova matemática e a nova arte –, é incomensuravelmente mais próxima da realidade. O realismo não é primitivo, não é *realia*, mas sim *realiora** – no deslocamento,

---

* Os termos em latim *realia* e *realiora* foram primeiramente usados nesse contexto pelo filósofo e poeta simbolista russo Viatcheslav Ivánov (1866-1949) para designar os níveis da realidade exterior e material representada pela obra de arte (*realia*) e a realidade profunda, interior e permanente, "mais" real (*realiora*), que aquela obra de arte anseia exprimir. A formulação mais famosa dessa operação é a frase "*A realibus ad realiora*" [Do real ao realíssimo]. (N. E.)

na desfiguração, na curvatura, na não objetividade. O que é objetivo é a objetiva de uma câmera fotográfica.

As características fundamentais da nova forma – a rapidez do movimento (do enredo, da frase), o deslocamento, a curvatura (no simbolismo e no léxico) – não são acidentais: elas são a consequência das novas coordenadas matemáticas.

É possível que a nova forma não seja compreendida por todos, que ela seja difícil para muitos? Sim. É claro que o habitual e o banal são mais simples, mais agradáveis, mais confortáveis. O beco sem saída de Veressáiev é bastante confortável, mas mesmo assim nada mais é do que um confortável beco sem saída*. O mundo euclidiano é bastante simples e o de Einstein é bastante complexo, mas mesmo assim já não é mais possível retornar a Euclides. Nenhuma revolução, nenhuma heresia é confortável ou fácil. Porque elas são um salto, uma ruptura da suave curva evolucionária, e a ruptura é uma ferida, uma dor. Mas é necessário ferir: a maior parte da humanidade possui o mal hereditário da sonolência, e é proibido recomendar o sono aos acometidos por esse mal (a entropia), senão esse sono será o último, a morte.

Esse mesmo mal frequentemente acomete o artista, o escritor. Ele adormece, saciado, na forma criada uma só vez e aperfeiçoada duas vezes. E não bastam forças para ferir a si mesmo, para deixar de amar o que se ama, para deixar seus aposentos sossegados, habitáveis, cheirando a louro, e de lá partir para o campo virgem e começar tudo de novo.

É verdade que é difícil, até mesmo perigoso, ferir a si mesmo. Blok se feriu mortalmente com "Os doze". Mas é mais difícil ainda, para quem está vivo, continuar a viver hoje como ontem e continuar a viver ontem como hoje.

Fonte: Evguiéni Zamiátin, "О литературе, революции, энтропии и проч"/ "O litierature, revoliútsii, entrôpii i prôtchem" [Sobre a literatura, a revolução, a entropia e outros assuntos], em *Sotchiniênia*. Moscou, Kniga, 1988, p. 446-52.

---

* Referência ao romance "В тупике"/ "V tupiké" [Num beco sem saída] (1922), de Vikenty Veressáiev (1867-1945), sobre os conflitos políticos e ideológicos entre membros de uma família nos anos seguintes à revolução. (N. E.)

**LIEV
LUNTS**

Liev Lunts em 1920, aos 19 anos, em um de seus únicos retratos conhecidos.

LIEV NATÁNOVITCH LUNTS (1901-1924) • Nasceu em 18 de abril (2 de maio) de 1901, em São Petersburgo. Começou sua carreira literária aos dezoito anos e logo foi reconhecido por outros escritores, como Górki e Zamiátin. Formou, com Mikhail Zóschenko e Veniamin Kaviérin, o grupo literário Irmãos Serapião. O manifesto do grupo, ao enfatizar a dissonância, a experimentação e a abertura para o mundo, gerou mal-estar em setores oficiais da cultura soviética. A primeira peça de Lunts, *Вне закона/ Vnié zakóna* [Fora da lei], foi banida na União Soviética em 1923. A partir de então, não conseguiu mais publicar no país. Sua obra, contudo, foi bem recebida na Europa. Ainda em 1923, Lunts se mudou para a Alemanha. Faleceu de embolia cerebral, em 10 de maio de 1924, em Hamburgo, com apenas 23 anos de idade. Sua obra, apesar da brevidade, tem sido cada vez mais estudada pela russística.

O ensaio a seguir marca uma tentativa de proclamar algum grau de relativa independência e é um ponto importante do debate da *intelligentsia* com os escritores proletários e o Proletkult.

(Por Priscila Marques.)

SOBRE A IDEOLOGIA E A PUBLICÍSTICA*

1

Em meu artigo "Почему мы Серапионовы Братья"/ "Potchemú my Serapiónovy Brátia" [Por que somos os Irmãos Serapião] (em Литературные записки/ *Literatúrnyie Zapíski* [Notas Literárias], n. 3 [1922]), havia pouquíssimas "novas verdades que abrem os horizontes" (talvez nenhuma). Entretanto, ele provocou inúmeras respostas.

"Um escritor deve ter ideologia", essas são as objeções gerais de todos os meus críticos ao... não ao meu artigo! Eu disse em russo e de maneira bastante clara: "Cada um de nós tem sua própria ideologia, suas próprias convicções, cada um pinta sua cabana da cor que quiser. Assim é na vida. E também é assim nos contos, nas novelas e nas peças de teatro".

Por que os críticos não quiseram ler essas linhas? Pelo que se segue: "Juntos, nós – a irmandade – reivindicamos apenas uma coisa: que a voz não soe falsa. Que acreditemos na realidade da obra, qualquer que seja sua cor".

E veja que o camarada V. Polianski, citando essas mesmas linhas, constata "que a ideologia dos irmãos é vazia, um tipo de mixórdia inimaginável, pertencendo à mesma categoria que apequena burguesia" (Московский понедельник/ *Moskóvski Ponediélnik* [A Segunda-Feira Moscovita], 28 de agosto).

Na verdade, eu apenas expus que cada um de nós possui uma ideologia individual, sem dizer uma palavra sobre qual seria ela exatamente. Mas isso já foi suficiente, uma ideologia individual é inadmissível – é uma mixórdia (!?). Toda a questão é que a própria crítica oficial não sabe o que quer. E o que ela quer não é uma ideologia em geral, mas uma ideologia partidária rigorosamente determinada!

---

* Tradução de Gabriela Soares da Silva. (N. E.)

2

Eu não sou um esnobe da estética, não sou adepto da "arte pela arte" no sentido bruto da palavra. Consequentemente, não sou inimigo da ideologia. Mas a crítica oficial afirma – não, ela tem medo de afirmar abertamente, porém isso fica claro em cada um de seus artigos – que a ideologia é tudo na arte. Nunca concordarei com isso. A ideologia é um dos elementos de uma obra de arte. Quanto mais elementos, melhor. E se num romance há um desenvolvimento orgânico e íntegro, convicções políticas, filosóficas ou religiosas originais, eu aclamo tal romance. Mas não se deve esquecer que um romance que não possui uma "visão de mundo" clara e precisa pode ser excelente, e outro construído apenas na ideologia crua é insuportável.

Prosseguindo. A ideologia exigida atualmente é clara e direta, sem qualquer tipo de desvios suspeitos. Para que a visão de mundo esteja na palma da mão.

É verdade, existe uma organização de escritores que, evidentemente, contradiz minhas palavras. Sempre nos indicam nessa organização: estudem! "Há um grupo literário", escreve o camarada Polianski, "que sabe bem o que quer e com quem. É a Associação dos Escritores Proletários [Proletkult]. A própria vida está a seu lado. Aproximem-se dela, juntem-se a ela, Irmãos Serapião!"

Camarada Polianski, infelizmente eu (e acredito que os outros irmãos também) não tenho a intenção de me aproximar dessa associação. É verdade, os *proletikultistas* sabem bem com quem e o que querem. Mas essa obstinação não os tornará bons escritores. Ao contrário, os talentos genuínos entre eles – por exemplo, os camaradas Kazin e Aleksándrovski – só conseguiram encontrar a própria voz purificando-se da ideologia pobre e evidente. É muito mais difícil fazer um folhetim político com sua lírica atual, porém sua ideologia é muito mais original e, principalmente, revolucionária e vermelha do que a poesia "cósmica"*, em que tudo é fácil de compreender e simples; os temas são maravilhosos e os versos imitativos, ruins.

A arte não é publicística**! A arte tem suas próprias leis.

---

* Refere-se a um grupo de poetas que combinava temas éticos, filosóficos e religiosos em seus versos e, ao mesmo tempo, exaltava o trabalho físico, as máquinas e o coletivo. (N. E.)

** O termo "publicística" [публицистика/*publitsistika*] refere-se a um tipo de literatura que inclui questões políticas e sociais com o objetivo de provocar uma reação no leitor e chamar atenção para problemas da atualidade. (N. E.)

3

Gostaria de fazer uma pergunta que há muito tempo me interessa. Vejamos os excelentes contos de Kipling (para exemplificar). Eles são atravessados de cabo a rabo pela pregação do imperialismo e elogiam o poder da Inglaterra sobre os hindus oprimidos. O que eu faço com esses contos? O camarada Kogan me aconselha a combatê-los. Concordo. Irei desmascarar sua ideologia aos olhos daqueles que já leram Kipling. Mas esses livros devem ser dados para iniciantes ou crianças? Eles são nocivos. Deve-se queimá-los? Mas, com isso, acabarei privando as crianças do mais alto deleite. O que é mais importante na obra da arte: a influência política sobre as massas ou o valor estético?

Na mesma *Krásnaia Gazieta* [A Gazeta Vermelha], ao lado da observação do camarada Kogan, encontro a resposta: um artigo sobre Shakespeare do principal crítico marxista, o camarada Fritche. Sim, Shakespeare é, "sem dúvida, um poeta interessante, brilhante e precioso" (obrigado por isso!), mas ele é um representante da "poesia da nobreza", o bardo "dos reis e dos lordes", e tratava a plebe com desprezo. E o camarada Fritche levanta a seguinte questão: Shakespeare é necessário?

Finalmente, chegamos a um acordo. Claro, Shakespeare não é necessário. Ele é nocivo e perigoso. Também não são necessários Homero, que celebrava os líderes aristocratas, nem Dante, o místico e partidário do poder imperial. O *Tartufo*, de Molière, não pode ser encenado porque o rei é representado como um benfeitor. A arte é necessária unicamente como instrumento para influenciar a sociedade, e apenas uma arte como essa.

E isso está certo. Assim deve parecer aos grandes homens da revolução, às grandes pessoas práticas. Por que será que no último minuto Fritche não se decidiu a dizer abertamente que Shakespeare não pode ser encenado, embora seu artigo todo fale claramente sobre isso?

O *pissarievismo** impera em nossa crítica. E isso, repito, está certo. Assim deve ser em tempos de revolução, quando tudo é ação. Mas Píssariev é tão mais notável porque proclamou essa palavra de ordem às claras e com audácia. Por que, então, seus discípulos atuais se dis-

---

* Relativo a Dmitri Ivánovitch Píssariev, que propôs uma "destruição da estética". Conferir seu artigo com esse título em Bruno Barreto Gomide (org.), *Antologia do pensamento crítico russo, 1802-1901* (São Paulo, Editora 34, 2013). (N. E.)

farçam na toga do respeito pela beleza da arte, embora a arte de que os políticos precisam seja apenas a publicística? Aqui está o porquê. A verdadeira arte é invencível. Em meu artigo, ousei empregar palavras "profanas", pelas quais fui acusado de misticismo e, por isso, o camarada Polianski me rebaixou. As palavras foram: "A arte é sem objetivo e sem sentido. Ela existe porque não pode não existir". A arte não possui um objetivo final, porque somente o que é criado e tem um princípio possui tal objetivo. Mas eu não acredito nisso precisamente porque não sou místico. A arte para os políticos é sem sentido e inútil. É preciso ter coragem para reconhecer isso. Ao mesmo tempo, ela é invencível: "Existe porque não pode não existir". Meus críticos sabem disso, ou melhor, sentem. E é por isso que temem o *pissarievismo* aberto.

4

Não discutirei com as afirmações calmas e confiantes dos críticos, de que nós – a irmandade – necessariamente nos "desagregaremos", que "nosso idílio logo chegará ao fim". Não sou profeta. Se os críticos são profetas, sorte a deles. Veremos.

Mas é preciso acabar com um "equívoco". A crítica de maneira nenhuma pode compreender como, apesar de tudo, a "irmandade" se sustenta, uma vez que, do ponto de vista ideológico, ela não é uma unidade.

Eu disse: "Um irmão pode rezar para Deus, e o outro, para o Diabo, mas eles continuam irmãos".

O camarada Kogan se surpreende: "Novamente, um equívoco. No que se refere à oração, de fato, ninguém irá 'quebrar a unidade de sangue'... Mas e se um irmão tiver a ideia de servir Deníkin e o outro, o poder soviético?".

De boa vontade, concordo com o camarada Kogan – é novamente um equívoco. Porém, mais uma vez, do lado de quem? É evidente até para uma criança que usei Deus e o Diabo apenas como metáfora. E, quanto a Deníkin e o poder soviético, eu respondo: Viktor Chklóvski era e é um dos Irmãos Serapião. E outro "irmão" é um guerrilheiro siberiano vermelho, e um terceiro defendeu Petersburgo de Iudénitch. Todos eles se dão bem, amam e respeitam uns aos outros. Porque nossa irmandade, nossa "unidade de sangue", não reside na unanimidade política. Não nos interessa quais convicções políticas cada um de nós mantém. Mas todos nós acreditamos que a arte é real e vive sua própria vida singular, independentemente de onde ela toma seu material. É por isso que somos irmãos.

Para meus críticos, políticos e escritores são a mesma coisa. E sobre minhas palavras, "Não nos importa com quem está Bunin, o escritor", o camarada Kogan responde: "Mas Bunin se importa com quem você está". Será que o professor Kogan, versado no debate acadêmico, não sabe que isso é uma convenção? Estou falando sobre o escritor, e ele, sobre a pessoa. O que importa o que Bunin pensa de nós? Ele continua sendo um escritor notável.

O camarada Polianski estava certo ao concluir seu artigo edificante desta maneira: "Há muito tempo se sabe que nada de bom acontece quando um artista toma da pena de um publicista ou de um crítico, ainda mais a de um teórico".

Isso foi endereçado a mim. Eu aceito. Mas, se um artista escreve artigos publicísticos, ele com isso não perde nada enquanto artista. É muito pior se ele transformar sua obra artística em publicística. Pois o próprio camarada Polianski inconscientemente demanda isso. Posso apaziguá-lo: não nos tornaremos publicistas.

Por fim, diga francamente que você precisa apenas de arte aplicada. Pois isso é justo. Eu assinarei embaixo.

Fonte: Liev Lunts, "Об идеологии и публицистике"/ "Ob ideológuii i publitsístike" [Sobre a ideologia e a publicística], publicado originalmente como "Дискуссия"/ "Diskussia" [Discussão], em *Nóvosti*, n. 3, 1922.

IÚRI
TYNIÁNOV

Iúri Tyniánov, em retrato de data e autoria desconhecidas.

IÚRI NIKOLÁIEVITCH TYNIÁNOV (1894-1943) • Nasceu em 6 (18) de outubro de 1894, na região de Vítebsk. Entre 1912 e 1919, estudou na faculdade de história e letras da Universidade de Petrogrado. A partir de 1918, fundou, com Chklóvski e Eikhenbaum, a Sociedade para o Estudo da Língua Poética (Opoiaz), que lançou as bases do método formal para os estudos literários. Ao longo dos anos 1920, publicou importantes obras de teoria e crítica literária, como Достоевский и Гоголь (к теории пародии)/ *Dostoiévski i Gógol (k teórii paródii)* [Dostoiévski e Gógol (para uma teoria da paródia)], de 1921, *Проблема стихотворного языка/ Probliéma stikhotvôrnogo iazyká* [O problema da língua poética], de 1924, e *Архаисты и новаторы/ Arkhaísty i novátory* [Arcaístas e inovadores], de 1929. Escreveu também prosa e roteiros para cinema. Nos anos 1930, os formalistas passaram a ser perseguidos, e os problemas de saúde de Tyniánov, que sofria de esclerose múltipla, se agravaram. Nesse período, o autor começou a se dedicar a estudos literários de cunho histórico. Faleceu em dezembro de 1943, em decorrência da doença.

O artigo de Tyniánov, juntamente com os dois textos anteriores, de Zamiátin e Lunts, pertence aos esforços dos intelectuais (nesse caso, de Petrogrado) para, no contexto da NEP, definir os possíveis graus de autonomia da literatura e da arte.

(Por Priscila Marques.)

REVISTA, CRÍTICO, LEITOR E ESCRITOR*

1

O leitor dos anos [18]20 pegava uma revista com uma curiosidade aguda: o que responderá Katchenóvski a Viázemski e como o mordaz A. Bestújev atacará o afetado P. Katénin? As belas-letras entendiam-se por conta própria, claro – mas a graça principal da revista estava nas brigas entre os críticos.

Desde então, as revistas russas sobreviveram a muitas fases de desenvolvimento, até chegar ao completo amortecimento da *revista* como fenômeno *literário* autônomo. Agora tanto faz se é "revista", "almanaque" ou "coletânea". Eles só são diferentes na orientação e no preço (e no material). Mas não é só isso – a própria estrutura da revista possui um significado; pois é possível que todo o material da revista seja bom, mas a própria *revista* como tal seja ruim. O que faz uma revista ser necessária é sua necessidade *literária*, o interesse do leitor por ela como revista, como obra literária de um tipo particular. Se não há esse interesse, é mais racional para os poetas e os prosadores lançar suas coletâneas, mas e para os críticos...?

É aí que está toda a questão: a vida básica de uma revista está sempre na crítica e na polêmica. O crítico não tem onde se enfiar sem a revista, e uma revista sem crítica é impossível. Os dois estão fortemente ligados, e por isso uma revista do tipo antigo convoca de alguma forma imperceptível também uma crítica do tipo antigo.

2

Na verdade, a crítica em nosso país ameaça se transformar, por um lado, em "seção de manuais recomendados" e, por outro, em "conversas de escritores sobre escritores".

---
* Tradução de Cecília Rosas. (N. E.)

A crítica do tipo "seção de manuais recomendados" é muito cheia de princípios, muito educativa e moral. Ela tem antepassados bem sólidos e firmes; é uma árvore genealógica meio ressecada. Essa crítica se dirige ao leitor. Ela quer apontar algo para o leitor, orientar o leitor, corrigi-lo, educá-lo. Seu objetivo, entende-se, é venerável. Só há um problema: essa crítica orientada para o leitor não o vê (a invocação do leitor restou apenas nas paródias: "amável leitor".) O leitor se tornou complicado demais, quase incapturável. E a crítica voltada para o leitor o substitui ou por algum indivíduo ideal – não uma pessoa, mas uma espécie de *antropos* que precisa de educação –, ou pelo primeiro amigo que aparece, ou por si mesma. A crítica educativa também faz lembrar ora as famosas conversas do intelectual com o mujique e do adulto com a criança, ora simplesmente as conversas entre amigos.

Como resultado, ocorreu um fenômeno característico: o leitor vivo dá de ombros para a crítica, lê o que quer, não o que querem os críticos, e, em primeiro lugar, não lê os próprios críticos. Ele não quer de forma alguma iniciar um estudo. Não precisa da crítica. E as "conversas de escritores sobre escritores", que entre nós também desempenham o papel de crítica, habitualmente têm uma falha: no centro da literatura, de alguma forma sempre imperceptível, fica o próprio escritor que escreve o artigo (ou às vezes até seu monumento em metal nobre), em algum lugar do centro está sua escola, e toda a literatura fica na periferia. Além disso, o leitor também não se interessa pela crítica. Ele lê com muito mais prazer quando o escritor escreve contos sobre si, não uma crítica sobre terceiros.

Resta uma saída: a crítica erudita, a crítica armada pela ciência literária. Há pouco tempo B. M. Eikhenbaum apontou para essa saída. Essa crítica, pelo visto, se não for interessante para o leitor, pelo menos é útil para o escritor. Mas essa utilidade é, em essência, bastante duvidosa. A crítica erudita está acostumada justamente a constatar e explicar fatos prontos, mas o escritor não precisa muito disso. Com essa referência ao que é necessário, aconteceu o seguinte: quando, segundo todos os cálculos da ciência, devia triunfar não uma corrente, e sim outra, ambas fracassavam, e aparecia no palco não a primeira, não a segunda e nem mesmo uma terceira, mas uma quarta e uma quinta. E agora a questão está toda na mudança, nas novas formações. Escrever contos e romances de uma forma geral é possível – até mesmo fazê-lo em várias direções, inclusive nas muito definidas. A questão toda é se é necessário. Essa pergunta a crítica faz e a ela responde. Mas sua resposta é sempre monótona e a contragosto. O que havia de novo na literatura não era inventado por ela, ela nunca atava novos nós, apenas desatava os antigos. E essa crítica não é muito necessária para o leitor. Tanto a crítica que se orienta para o escritor quanto a crítica que se orienta para o leitor estão em igual medida vegetando. Essa seção, sem a qual a revista não tem sentido, pode, com muita indiferença, ser trocada em uma revista por qualquer outra.

Onde é que está a saída? *A saída está na própria crítica, e a saída está na própria revista. A crítica deve se reconhecer como gênero literário, antes de mais nada.* Um artigo crítico de tipo antigo evidentemente não consegue se sustentar. Já não ajudam mais os procedimentos bem testados, como o do "conto crítico".

O material lubrificante do antigo artigo-resenha também não ajuda. As resenhas fatiam a literatura como as vinte linhas* da ilha Vassílievski e a cortam em duas avenidas, a Bolchói [Grande] e a Máli [Pequena]. E se pela estrada aparece um jardim, derrubam-no, fazendo cara feia. Esse aspecto também necessita de atenção. Os epígonos dos *artigos* de Dobroliúbov são tão literariamente reacionários na crítica quanto os epígonos de Zlatovrátski na prosa; os epígonos de Aikhenvald são tão insuportáveis na crítica quando os epígonos de Balmont na lírica.

Agora a literatura se bate tentando atar alguns novos nós dos gêneros e descobrir um novo gênero. Ela procura o limite da "literatura" habitual, vai do romance para a crônica, da crônica para a carta, ela se desabala do romance de aventuras para a nova novela picaresca, novamente se aproxima e se afasta do conto. Ela quer organizar, construir, ver algo novo. E só a crítica dá seguimento aos tipos antiquados como se nada houvesse acontecido e nem mesmo reflete sobre se não estaria na hora de ela também, se quer ser literariamente viva – *e passar a ser necessária* –, refletir sobre os gêneros críticos, sobre sua própria essência literária, não sobre a dos outros. "É hora de jogar fora a roupa suja, é hora de vestir uma camisa limpa."**

---

*   "Linha" é o nome dado às ruas paralelas que cortam a ilha Vassílievski, um dos distritos de São Petersburgo. (N. E.)

** Provável alusão, levemente invertida, às palavras de Lênin em um texto de abril de 1917 ("É hora de jogar fora a camisa suja, é hora de vestir uma roupa limpa"). (N. E.)

Não se orientar para um leitor demasiado vago e grande nem para um escritor demasiado limitado e estreito, isso é o que a crítica deve fazer. A crítica deve se orientar para si, como o faz com a literatura. Com exceção das memórias sobre Chelgunov e Aikhenvald, ela deve pensar em outros gêneros, mais alegres (e novos). Essa crítica atava alguns nós no começo do século – a crítica de Viázemski e Bestújev nos anos [18]20, a polêmica de Feofilakt Kossitchkin* –, e nos anos [18]20 e [18]30 houve uma elaboração da crítica como literatura. Essa tradição está esquecida. Esquecida, e isso afinal não importa. Fica para os historiadores a questão de comparar o novo com o velho. O problema não é a tradição nem a repetição do velho. A crítica deve se organizar literariamente de uma nova maneira, um novo tipo de artigo deve substituir um tipo menos perceptivo. Só então a crítica será necessária tanto ao leitor quanto ao escritor.

Mas, nesse caso, a crítica está ligada à revista. Falarei mais sobre isso da próxima vez.

Fonte: Iúri Tyniánov, "Журнал, критик, читатель и писатель"/ "Jurnal, krítik, tchitátiel i pissátiel"/ [A revista, o crítico, o leitor e o escritor], em Жизнь искусства/ *Jizn iskússtva* [A vida da arte], Leningrado, n. 22, 1924, p. 14-5 (assinado como Iu. Van Vezen).

---

* Um dos pseudônimos de Púchkin. (N. E.)

ALEKSANDRA
KOLLONTAI

Retrato do começo do século XX de Aleksandra Kollontai, por volta dos trinta anos.

ALEKSANDRA MIKHÁILOVNA KOLLONTAI (1872-1952) • Nasceu em 19 (31) de março de 1872, em São Petersburgo. Juntou-se aos socialistas nos anos 1890. Em 1898, foi para a Suíça, onde ingressou na Universidade de Zurique. Em 1899, seguiu para a Inglaterra, a fim de estudar o movimento operário inglês. Em 1901, conheceu o teórico marxista Gueórgui Plekhánov, em Genebra. Participou das manifestações em São Petersburgo em 1905. Em 1908, emigrou, passando por diversos países europeus. Entrou em contato com o movimento social-democrata e sufragista. Após o início da Primeira Guerra Mundial, aproximou-se dos bolcheviques e engajou-se na propaganda contra a guerra. Retornou à Rússia depois da Revolução de Fevereiro e tornou-se membro do Soviete de Petrogrado. Foi presa pelo governo provisório em julho de 1917, mas solta mediante pagamento de fiança. Compôs a primeira formação do Soviete dos Comissários do Povo do governo bolchevique. Criou a seção de proteção da maternidade e da infância e fundou e administrou a seção das mulheres do Partido Comunista, que lutava pelo direito das mulheres e pela erradicação do analfabetismo entre a população feminina. Mais tarde, tornou-se crítica ao governo e passou a ser designada para diversos postos diplomáticos. Faleceu em 9 de março de 1952, em Moscou.

Se Kollontai pouco escreveu diretamente sobre literatura ou arte, ela travou combates renhidos em áreas culturais correlatas, tais como a educação e a religião. É o combate a esta última, em uma das principais frentes da nova Rússia soviética, que apresenta o texto traduzido para esta antologia, publicado em fins de 1918.

(Por Priscila Marques.)

OS POPES AINDA TRABALHAM*

A Moscou noturna e cheia de afazeres. Grupos de pedestres enregelados se acumulam no ponto, lutando em vão pelo direito de entrar no último bonde. Ao lado, passam a toda velocidade automóveis com camaradas apressados para chegar à reunião de trabalho, ao comício, à aula... Num relance, olhamos a Moscou dos muitos afazeres e vemos que cada vez mais "seu povo" são os trabalhadores, os operários ou os empregados. De raro em raro, como um anacronismo, como algo vindo daquele mundo que se preservou desde os tempos do tsarismo e da dominação da burguesia, aparece um *bárin* bem-apessoado, com um casacão felpudo e quentinho, ou uma *bárynka* vestida com peles**. Mas eles olham com aspecto confuso, como se pedissem desculpas aos trabalhadores por ainda existirem...

Há cartazes nas paredes convocando para os comícios políticos de sexta-feira. Os vendedores do *Vetchérnie Izviéstia* [Notícias Vespertinas] gritam as novidades, seja sobre as novas vitórias do Exército Vermelho, seja sobre eventos de importância mundial atestando que a revolução se amplia, se fortalece e se espalha pelo mundo... E a alma fica alegre e contente. A vida, não importa o que digam, a nova vida fora dos padrões do antigo mundo burguês, está sendo ajustada, construída, organizada...!

Mas o que é isso?

É aquele som conhecido, saído de um passado burguês recente, arrastado e merencório e, a seguir, retumbante e rasgado... O dobre das vésperas. O repique dos sinos que convida os "cristãos de fé ortodoxa" à oração.

Será que esses fiéis são muitos? E quem são eles? Agora são eles mesmos, ou seja, a paróquia, que devem manter o sacerdote e todo o

---

* Tradução de Priscila Marques. (N. E.)
** *Barin*: senhor, cavaleiro, nos tempos tsaristas; *bárynka*, diminutivo de senhora, dama, à mesma época. (N. E.)

clero. Será que, diante da escassez geral, há muitos paroquianos dispostos a cortar seus orçamentos para manter e alimentar o "paizinho e a mãezinha" e tudo que se faz necessário para o serviço religioso e para a equipe cerimonial?

Templos antigos, moscovitas, repletos de solenidade, viva e festivamente iluminados! Os sacerdotes e o clero vestem as roupas mais caras, também de festa. Os "paizinhos" consideram que agora é preciso "mostrar o que há de melhor": agora, ao lado dos antigos templos, há o clube dos comunistas, onde ocorrem palestras e debates educativos; adiante, há o Conselho com suas sessões políticas, distritos do partido, conselhos administrativos... Tudo isso afasta o povo da Igreja. Os paizinhos não gostam de tal concorrência. Não é de admirar que precisem vestir as melhores roupas num sábado qualquer e acender até o candelabro central da igreja, como se fosse noite de Páscoa! O clero se empenha, não poupa a voz e as forças.

Mas quem reza? Para começar, eles não são tão poucos como se poderia imaginar!

O grave é que buscam salvação não apenas a alma dos velhinhos e das velhinhas, da parte mais atrasada da classe operária (as esposas de operários) ou dos adolescentes ingênuos e das crianças. Não, lá também há o operário barbado, o membro do Exército Vermelho, o jovem de aspecto proletário e a trabalhadora vivaz e sabida, com seu lenço amarrado na cabeça, cujo rosto cintila nos comícios de sexta-feira.

O que significa isso? Por que está tão cheia essa igreja de iluminação tão festiva, onde os sacerdotes incutem no povo não a *independência, não a construção da vida* de uma maneira nova, não a luta eficaz contra a herança maldita do sistema capitalista e seus resquícios (a fome, o frio, a desigualdade, o egoísmo, a cobiça, o rancor em relação ao próximo), mas sim acalentam o pensamento e o desejo de uma vã esperança por um "milagre" ou a doce "vida além-túmulo"? Enquanto os comunistas lutam contra o embrutecimento histórico e as trevas do povo, convocam todos os trabalhadores a conquistar "o paraíso na Terra", ou seja, a que eles mesmos se lancem na construção e na organização da vida para que todos possam respirar mais levemente, para que todos estejam saciados, vestidos e calçados, tenham a oportunidade de receber educação e conhecimentos e, então, lutem de forma amigável contra a única força invencível (a natureza), os popes e a Igreja entoam seus velhos cânticos sobre "o paraíso celeste".

Não é de surpreender que o povo, extenuado pelos anos de guerra mundial, que tanto sofreu com a fome e todo o desarranjo da economia, busque conforto nos lugares costumeiros, na igreja, e recorra à oração, esperando inocente, como uma criança, por um "milagre". Quem sabe esse senhor Deus, sem qualquer esforço de nossa parte, apenas porque o paizinho acendeu todos os candelabros, trará do sul da Rússia uns 100 mil vagõezinhos com farinha, manteiga, ovos e açúcar. Ainda é grande o poder das trevas, da falta de consciência sobre a mente historicamente oprimida do povo...

Mas não seremos nós, os comunistas, culpados pelo fato de os templos estarem tão cheios (em dias festivos ou não)? Será que fizemos tudo para extirpar profundamente, pela raiz, as velhas superstições, para derrotar os fundamentos do pensamento religioso?

Os camaradas dirão: "Com licença, por acaso não lutamos contra a religião? As disputas religiosas, as aulas sobre religião, a propaganda sobre 'a separação entre Estado e Igreja'! O que mais querem?".

Tudo isso é importante e necessário, mas ainda é pouco. Com palavras e, em especial, com o estrangulamento violento da manifestação da crença religiosa, não extirparemos a antiga escravidão espiritual do homem. A religião sempre se colocará no caminho do pensamento do homem, do voo livre do espírito, da incansável crítica da razão humana ao cativeiro, à escravidão. Por isso ela é tão nociva para o comunismo, para um sistema que pode se manter e florescer apenas *mediante a plena liberdade do pensamento humano, mediante a busca incansável e ávida da razão* no campo da ciência, do conhecimento da natureza, até suas profundezas mais recônditas e, ainda hoje, ocultas aos olhos humanos.

O que pode destronar a religião, solapar o poder do clero sobre as mentes e as almas, não é tanto a agitação contra a Igreja, mas uma visão de mundo integral, científica, materialista.

É aí que nós, comunistas entusiasmados pela luta social e pelos acontecimentos políticos atuais, somos culpados por termos colocado em segundo plano a questão da elaboração das bases do pensamento materialista e científico dos camaradas mais jovens, dos comunistas das últimas gerações.

Pelas ciências naturais no sentido mais amplo do termo: esse é o lema na luta contra a religião e as trevas seculares, que com frequência impedem a semente comunista de dar frutos bons, saudáveis e suculentos.

Não apenas os muros das academias socialistas e dos diversos cursos especiais e de ensino técnico são o lugar para as ciências naturais, desde as grandiosas alturas da astronomia ao estudo da vida dos infusórios e da interação entre os átomos. Deve haver espaço para o estudo ponderado da natureza dentro de uma série de palestras populares sobre temas sociais, econômicos e políticos.

A economia comunista pode vencer o sistema capitalista de produção apenas sob a condição de que, juntamente com a organização social racional da economia, *a ciência acerca da natureza*, de como subordiná-la ao trabalho e à vontade da humanidade comunista, comece a se desenvolver, se ampliar e se aprofundar.

A religião é um meio de manter o pensamento humano aprisionado, de reter o avanço da ciência e o desvelamento dos mistérios da natureza. A ciência é um meio de emancipar o espírito da eterna busca pelo homem.

Apenas a ciência – precisamente a ciência da natureza, isto é, as ciências naturais, o pensamento materialista – fará os templos moscovitas se esvaziarem e privará os popes de seus doadores e seus clientes voluntários!

Quando diante dos olhares dos operários ou das trabalhadoras se revelarem os grandiosos e majestosos horizontes da criação do universo em toda a sua continuidade natural, então a adoração a Deus, o apelo por um "milagre", desaparecerá, deixará de existir por si mesmo...

Aulas populares sobre astronomia, filosofia, ciências naturais, darwinismo, monismo etc., ilustradas por experimentos, filmagens cinematográficas e até as esquecidas "lanternas mágicas", são os meios práticos e os mais inclementes para a luta contra as superstições religiosas.

A tarefa dos camaradas do Comissariado de Educação é transformar isso em realidade; a atividade dos camaradas do partido é apressar o comissariado para a realização dessa missão.

A libertação do espírito e do pensamento para dominar a natureza e subordiná-la integralmente às forças produtivas da economia deve ser o lema do combate daquela classe que, tendo vencido os inimigos sociais, busca com todas as forças e com energia criadora tornar a natureza indomável sua serva dócil.

Fonte: Aleksandra Kollontai, "Попы еще работают"/ "Popy eschió rabótaiut" [Os popes ainda trabalham], em *Правда/ Pravda* [Verdade], 29 dez. 1918.

VLADÍMIR MAIAKÓVSKI

Vladímir Maiakóvski aos 31 anos, retratado por Aleksandr Rodchenko em 1924.

VLADÍMIR VLADÍMIROVITCH MAIAKÓVSKI (1893-1930) • Nasceu em 7 (19) de julho de 1893, em Baghdati (atual Geórgia). Em Moscou, conheceu estudantes revolucionários e se interessou por leituras marxistas. Em 1908, filiou-se ao Partido Operário Social-Democrata Russo. Foi preso em 1909 e, apesar de ter permanecido um socialista entusiasmado, deixou o partido. Em 1911, entrou para a Escola de Arte de Moscou, onde conheceu Burliúk, com quem fundaria o movimento futurista. Com o grupo Hiléia, fez polêmicas apresentações públicas. Após a publicação do manifesto futurista, *Пощёчина общественному вкусу/ Poschiótchina óbschesvennomy vkússu* [Bofetada no gosto do público], do drama *Владимир Маяковский/ Vladímir Maiakóvski* e da antologia poética *Я сам/ Iá sam* [Eu mesmo], o poeta viajou com seu grupo por dezessete cidades russas, fazendo apresentações que escandalizavam o público. Em 1915, conheceu o casal Lili e Óssip Brik. A convivência com eles, o socialismo e a guerra inspiraram muitas de suas produções da época, como os poemas "Облако в штанах"/ "Óblako v chtanákh" [Nuvem de calças], "Флейта-позвоночник"/ "Fleita-pozvonótchnik" [Flauta-vértebra] e "Человек"/ "Tcheloviék" [O homem]. Maiakóvski abraçou a revolução e, em 1919, trabalhou para a agência de telégrafo estatal (Rosta) criando pôsteres de agitação e propaganda. Entre 1922 e 1928, foi membro da Frente de Esquerda das Artes (LEF), que reunia artistas em prol do comunismo. No fim da década, a arte experimental passou a ser rejeitada pelo regime, e, com isso, surgiram críticas a Maiakóvski. Em 1930, o poeta se juntou à Associação dos Escritores Proletários, um de seus últimos movimentos de aproximação com o regime. Em meio a rejeições artísticas e pessoais, Maiakóvski cometeu suicídio, no dia 14 de abril de 1930.

O texto a seguir foi escrito em fevereiro/março de 1923, no contexto da participação de Maiakóvski na Rosta e do aniversário de cinco anos do Exército Vermelho.

(Por Priscila Marques.)

RECOLHAM A HISTÓRIA*

Não é comum encontrar nem mesmo coisas impressas escritas sobre a Revolução Russa e lançadas em nossas capitais. Mas em algum lugar por aí há um folheto ou um periódico que se dedica a isso. A vida e o trabalho nos ensinam. Durante a luta, com frequência trocamos os *slogans*, os métodos de agitação, referimo-nos com hostilidade ao que é velho e de tudo o que caracteriza o dia anterior simplesmente nos esquecemos e avançamos. Agora, por exemplo, no quinto ano de Exército Vermelho, muitos se recordam:

— Havia naquele tempo um cartão interessante e também um cartaz, mas onde eles estão... não se sabe, talvez tenham virado embrulho de peixe.

Nos primeiros anos de nossa revolução, foi precisamente assim o "esquecimento" – foi esse especialmente seu aspecto comum. Nossa revolução andava num terrível fracasso tecnológico. A tecnologia para impressão que havia restado caía aos pedaços, despreparada para o correr da vida. Uma enorme quantidade de nosso trabalho de agitação conduzíamos de forma caseira, conduzíamos manualmente.

Recordemos, contudo, os "jornais boca a boca", os "cartazes de estêncil", as "vitrines em pontos de agitação". Por exemplo, o primeiro jornal ferroviário foi simplesmente escrito a giz na parede do vagão e, claro, quando do "lançamento" do número seguinte, cruelmente eliminado.

No Centro de Impressões de Moscou, todas as paredes eram cobertas de cartazes. Durante a primeira "reorganização", as paredes e toda essa preciosidade foram pura e simplesmente pintadas.

---

* Tradução de Mário Ramos Francisco Júnior. (N. E.)

O arquivo-cartaz Rosta* foi largado num quarto pelo qual passaram três emissários e emissárias do Exército, e os camundongos devoraram seus retalhos.

Por esses retalhos, dia após dia, era possível rastrear, em rimas e caricaturas, toda a história da revolução.

Se assim cuidava da história uma cidade relativamente calma, como então tudo era dilacerado numa província qualquer, que por dez vezes tenha passado por mãos brancas e vermelhas?

O que veio desse trabalho, mesmo que bruto e inculto (umas cantigas de soldados), era bem mais interessante do que quaisquer ficções pomposas e delicadas da alta literatura, escritas sobre a revolução em confortáveis gabinetes, não sujeitados à redução de espaço.

Por isso, não se deve ter melindres com a aparente insignificância do material.

É preciso guardar cada retalho.

Enquanto nem tudo está perdido.

Província: vilas, cidades, aldeias, recolham tudo que tenha a ver com nossa luta e entreguem a museus e outras instituições responsáveis por zelar pela história.

Fonte: Vladímir Maiakóvski, "Собирайте историю"/ "Sobirátie istóriiu" [Recolham a história] (1923), em Сочинения в двух томах/ *Sotchiniéniia v dvukh tomákh* [Obras em dois volumes]. Moscou, Правда/ Pravda, 1987-1988.

---

* Acrônimo de Rossiískoie Telegráfnoie Aguénstvo [Agência Russa de Telégrafo]. (N. E.)

ÓSSIP
MANDELSTAM

Da esquerda para a direita, os poetas da Era de Prata Óssip Mandelstam, Kornei Tchukóvski, Benedikt Lívchits e Iúri Ánnenkov, em foto de 1914 tirada por Karl Bulla.

ÓSSIP EMÍLIEVITCH MANDELSTAM (1891-1938) • Nasceu em 3 (15) de janeiro de 1891, em Varsóvia. Logo em seguida, a família se mudou para São Petersburgo. Em 1908, Mandelstam começou seus estudos na Sorbonne, em Paris, transferindo-se para Heidelberg no ano seguinte. De volta à Rússia, juntou-se a Nikolai Gumilióv, Anna Akhmátova e Serguei Gorodiétski para fundar o grupo acmeísta, um dos principais frutos do modernismo russo. Durante os anos 1920, além de publicar traduções, escreveu ensaios, críticas literárias, prosa memorialística e poesia, tornando-se um dos maiores representantes desse gênero no século XX. Em 1933, leu em público um epigrama crítico a Stálin (ato que Pasternak chamou de "suicídio") e, em decorrência, foi preso e exilado em Vorônej, onde continuou publicando poesia. Em 1937, voltou a ser atacado pela imprensa oficial. Em 1938, foi preso por atividade contrarrevolucionária e mandado para um campo de trabalhos forçados, onde faleceu, no mesmo ano.

"O humanismo e o presente" foi escrito em 1922, em resposta a um artigo de Aleksandr Blok (publicado em 1921; escrito em 1919) intitulado "**Крушение гуманизма**"/ "Kruchénie gumanizma" [O colapso do humanismo], em que Blok propunha que a *intelligentsia* encampasse integralmente a revolução, mesmo em seus aspectos mais destruidores.

(Por Priscila Marques.)

O HUMANISMO E O PRESENTE*

Há épocas que dizem não se preocupar com o ser humano, que é preciso utilizá-lo como tijolo, como cimento, construir a partir dele, mas não para ele. A arquitetura social é mensurada pela escala da pessoa. Às vezes, ela se torna inimiga do homem e alimenta a própria grandeza com a humilhação e a insignificância humana. Prisioneiros assírios formigam como franguinhos sob os pés de um rei enorme; guerreiros personificando o poder hostil do governo contra o ser humano matam com longas lanças pigmeus amarrados; os egípcios e os construtores egípcios tratam a massa humana como um material abundante, que deve ser proporcionado em qualquer quantidade.

No entanto, existe outra arquitetura social na qual a pessoa também é a escala e a medida, porém ela não constrói a partir do ser humano, e sim para o ser humano. Ela não constrói sua grandeza na insignificância da individualidade, e sim na mais alta utilidade, compatível com as necessidades do indivíduo.

Todos sentem a monumentalidade das formas da arquitetura social que se aproxima. A montanha ainda não é visível, mas já lança sua sombra sobre nós e, desacostumados às formas monumentais da vida social, habituados à superfície plana jurídico-governamental do século XIX, movemo-nos nessa sombra com medo e hesitação, sem saber se isso é uma asa da noite que se aproxima ou a sombra de nossa cidade natal, na qual precisamos adentrar.

A simples enormidade mecânica e a quantidade nua são inimigas do homem, e não é uma nova pirâmide social que nos seduz, mas o gótico social, o jogo livre entre pesos e forças, a sociedade humana projetada como uma floresta arquitetônica complexa e densa onde tudo é oportuno e individual e cada detalhe ressoa com a massa.

---

* Tradução de Gabriela Soares da Silva. (N. E.)

O instinto de arquitetura social – isto é, a estruturação da vida em grandiosas formas monumentais que, aparentemente, estão muito além das necessidades imediatas do homem – é profundamente inerente às sociedades humanas e não é ditado por um capricho vazio. Renuncie à arquitetura social e você demolirá a construção mais simples, incontestável e necessária a todos: demolirá a casa do homem, a morada humana.

Em países ameaçados por terremotos, as pessoas constroem habitações planas; por sua vez, a tendência ao nivelamento, a rejeição à arquitetura, começa pela Revolução Francesa e atravessa toda a vida jurídica do século XIX, que transcorreu inteira na tensa expectativa de um tremor subterrâneo, de um golpe social.

Mas o terremoto não perdoou nem as habitações planas. Um mundo caótico irrompeu – em inglês, *home*[1], em alemão, *Gemüt*[2]. O caos canta em nossos fogões russos, bate as tampas de nossas chaminés e as portas dos fornos.

Como proteger a morada humana dos tremores terríveis? Onde assegurar suas paredes diante dos golpes subterrâneos da história? Quem ousará dizer que a morada humana, que a casa livre do homem não deve manter-se de pé na terra como seu melhor ornamento e o mais sólido de tudo o que existe?

A criação jurídica das últimas gerações se mostrou impotente para proteger aquilo que ela mesma se propusera, para o qual lutara e sobre o qual filosofara em vão.

Nenhuma lei sobre os direitos do homem ou princípio sobre propriedade e inviolabilidade protegem agora a morada humana, já não salvam as casas de uma catástrofe nem oferecem garantias e segurança.

O inglês, mais do que os outros, está preocupado de maneira hipócrita com as garantias legais do indivíduo, mas ele esqueceu que o conceito de "*home*" surgiu muitos séculos atrás, em seu próprio país, como um conceito revolucionário, como uma justificativa natural da primeira revolução social na Europa, de um tipo mais profundo e familiar ao nosso tempo do que a francesa.

A monumentalidade da arquitetura social que se aproxima é condicionada por sua inclinação a organizar a economia mundial segundo um princípio de domesticidade universal a serviço do homem,

---

[1] "Casa".
[2] Aqui, "estrutura".

ampliando a esfera de sua liberdade doméstica até os limites mundiais, inflando a chama de seu lar individual em dimensões de uma chama universal.

O futuro é frio e terrível para quem não compreende isso, mas o calor interno do futuro, o calor da utilidade, da gestão econômica e da teleologia é tão claro para o humanista contemporâneo como as brasas incandescentes do fogão de nossos dias.

Se uma legítima justificativa humanista não repousa na base da futura arquitetura social, ela esmagará o homem, assim como Assíria e Babilônia fizeram.

Que os valores do humanismo tenham rareado nos dias atuais, como se fossem removidos do uso e ocultados, não é em absoluto um mau sinal. Os valores humanísticos apenas se retiraram, esconderam-se, como divisas áureas, mas, assim como as reservas de ouro, eles asseguram toda a circulação do ideário da Europa moderna e, de forma velada, a governam com ainda mais poder.

A passagem para o padrão-ouro é o negócio do futuro e, no âmbito da cultura, significará a substituição das ideias temporárias – notas de papel – pela cunhagem do ouro da herança humanística europeia, e não é sob a pá do arqueólogo que os formosos florins do humanismo retinirão. Eles verão seu próprio dia e, como sonora moeda corrente, passarão de mão em mão quando chegar a hora.

Fonte: Óssip Mandelstam, "Гуманизм и современность"/ "Gumanizm i sovriemiénnost" [O humanismo e o presente] (1923), em *Накануне/ Nakanúne* [Na Véspera], Berlim, n. 36, 21 jan. 1923.

NIKOLAI BERDIÁEV

Retrato de 1912 de Nikolai Berdiáev, aos 38 anos.

NIKOLAI ALEKSÁNDROVITCH BERDIÁEV (1874-1948) • Nasceu em 6 (18) de março de 1874, em Obúkhov (atual Ucrânia). Estudou ciências naturais e direito na Universidade de Kíev. Em 1897, foi preso e enviado para Vólogda. No começo do século XX, publicou textos em oposição ao positivismo e se aproximou do idealismo metafísico. Em suas obras, manifestou-se contrariamente aos revolucionários radicais. Em 1913, criticou o Santo Sínodo e foi acusado de blasfêmia, mas, devido à Segunda Guerra Mundial e à Revolução de 1917, não chegou a ser julgado. Criou sua própria academia de estudos espirituais e, em 1920, tornou-se professor da Universidade de Moscou. No mesmo ano, foi acusado de conspiração contra o governo; preso, acabou expulso da União Soviética, no famoso "navio dos filósofos", composto por estudiosos e literatos despachados para o exterior por ordens dos bolcheviques. Viveu em Berlim e em Paris, onde publicou quinze livros, entre os quais seus trabalhos mais importantes, como *Русская идея/ Rússkaia idéia* [A ideia russa], de 1946; *О рабстве и свободе человека/ O rábstve i svobôde tcheloviéka* [Sobre a escravidão e a liberdade do homem], de 1939; e *Опыт эсхатологической метафизики/ Ópyt eskhatologuítcheskoi metafíziki* [Experimento de metafísica escatológica], de 1947.

Berdiáiev foi um dos ensaístas mais influentes do entreguerras (inclusive no Brasil, onde seus textos foram muito usados como referência crítica sobre a cultura russa) e fez uma ponte entre a cultura simbolista russa, a emigração e a filosofia existencialista francesa. Faleceu em 1948, em Paris. O texto aqui traduzido foi publicado poucas semanas antes da Revolução de Outubro.

(Por Priscila Marques.)

SOBRE A LIBERDADE E A DIGNIDADE DE EXPRESSÃO*

I

Quando se fala com entusiasmo a respeito das liberdades conquistadas na revolução, antes de tudo deve-se ter em mente aqueles direitos do ser humano que não podem ser dele separados em nome de qualquer bem terreno que seja. Mas cada vez menos nós pensamos neles e pouco nos preocupamos com esses direitos sagrados e indissociáveis do ser humano. O entusiasmo pela liberdade não está nos elementos da Revolução Russa. Há muitos fundamentos para se pensar que os russos não amam a liberdade nem prezam por ela. Nossa chamada "democracia revolucionária", obcecada por uma paixão pela igualdade que o mundo ainda não viu, entende por liberdade o direito à violência ao próximo em nome de seus interesses e a arbitrariedade na uniformização geral. Em nome da igualdade, ela está pronta para destruir qualquer liberdade que seja. E a procedência moral da negação dos direitos que garantem a liberdade deve ser buscada na fraqueza da consciência da responsabilidade e no mau desenvolvimento da dignidade individual. O direito do homem pressupõe antes de tudo a responsabilidade do homem. Sem a consciência da responsabilidade de preservar o direito sagrado do próximo não é possível falar em nenhum direito; todos os direitos serão dilapidados. Mas a consciência revolucionária russa nega terminantemente a responsabilidade humana; ela consiste exclusivamente nas pretensões humanas. E aquele que tem as pretensões e as exigências mais fortes do que a responsabilidade e o dever, esse perde moralmente seus direitos e enterra moralmente sua liberdade. Na imagem espiritual revolucionário-democrática russa desbotou-se completamente o sentimento de culpa, próprio dos filhos de Deus, substituído pelo sentimento de pretensões infinitas, próprio dos filhos deste mundo. Toda a consciência de responsabilidade desbotou-se naquele elemento que atualmente impera na Rússia, e, por

---
* Tradução de Rafael Frate. (N. E.)

isso, completa-se sobre os direitos do ser humano uma violação ininterrupta. Nas garantias dos direitos do ser humano, o mais importante não é a demanda daquele que tem os direitos, mas a obrigação daquele que deve respeitar esses direitos de não atentar contra eles.

A democracia revolucionária russa vê as conquistas mais preciosas da revolução no direito ao sufrágio universal, na Assembleia Constituinte, no desenvolvimento da luta de classes, na democratização e na socialização da sociedade, mas não as vê nos direitos do ser humano, nos direitos livres do ser humano. E isso não é de surpreender. A democracia revolucionária está totalmente alheia à compreensão espiritual da liberdade e está pronta a entregar essa liberdade, ligada à primogenitura do ser humano, pelos interesses de um prato de lentilhas. E nem direitos reais e substanciosos nem liberdade humana a Revolução Russa nos deu. Não temos nosso próprio *habeas corpus*. Pelo contrário, na medida em que "se desenvolveu" e "se aprofundou" a revolução, cada vez mais reinou a violência sobre quaisquer direitos humanos e quaisquer liberdades humanas. Acima de tudo, viu-se atropelado o mais sagrado dos direitos do ser humano, a mais sagrada das liberdades: a liberdade de expressão. Estamos vivendo o período da mais terrível escravidão da palavra e da mais terrível escravidão do pensamento. Em nossos dias de pesadelo, poucos são os que decidem pensar livre e independentemente e expressar livre e independentemente seus pensamentos em palavras. Nossa imprensa está acorrentada. Ela se encontra em um estado de repressão. É forçada a manter-se em um estado de mentira condicional impingido pelas forças soberanas. Antes eram necessárias muitas mentiras condicionais para se falar da grandeza do imperador soberano. Agora é preciso um número não menor de mentiras condicionais para se falar da grandeza da revolução democrática. E ninguém ousa dizer que o rei está nu (como no conto de Andersen). Nas ruas e nas praças, poucos são os que decidem em voz alta dizer seus pensamentos e seus sentimentos; todos olham com temor para o companheiro ao lado. Os russos começaram a falar em sussurros como nos piores tempos do antigo regime. E é preciso dizer ampla e diretamente que a liberdade de pensamento e a liberdade de expressão encontram-se agora em um perigo maior do que no antigo regime. Naquela época, prendiam e exilavam para a Sibéria pela livre expressão, agora podem despedaçar e matar. Naquela época, sob a opressão antiga, o pensamento livre trabalhava e criticava radicalmente as forças soberanas, protestava moralmente contra a opressão, e por um século inteiro minou-se o prestígio moral daquela força que privava as pessoas de seus direitos e suas liberdades. A opinião pública era contrária às fundações da antiga tirania e sempre expressou isso, ainda que em língua esópica. Agora a opinião pública tornou-se menos livre. Poucos são os que decidem se erguer contra as fundações da opressão atual e denunciar a deformidade moral da tirania de hoje. A tirania de massas é mais terrível que a tirania de um ou de poucos. O pensamento russo se encontra em pesados grilhões. A opinião pública está paralisada, ela está privada de um centro moral. Não soa livre, independente, soerguendo-se sobre a luta de interesses e a fúria dos elementos, a voz da consciência nacional, da razão nacional, da palavra-pensamento (*lógos*).

II

Muitos de nós criticam a tática da democracia revolucionária e apelam para a unidade e a coalizão, mas capitulam moralmente diante do elemento que faz brotar a tirania que coage o pensamento e a palavra. Todos recriminam demais os bolcheviques, que se tornaram o alvo convencional; no entanto, o mal não está apenas neles, e não apenas eles arruínam a liberdade na Rússia. O mal está amplamente disseminado, e sua fonte é mais profunda. Nossa *intelligentsia* confessou uma visão de mundo servil; ela negou o real princípio da liberdade – a natureza espiritual do homem, do homem filho de Deus. O povo já viveu por muito tempo nas trevas e na escuridão. Os direitos mais sagrados do homem e a justificação de sua natureza espiritual infinita se viram entregues ao poder da numerosa massa humana, ao despedaçamento da multidão. Se o destino da liberdade de expressão for entregue aos cálculos e aos interesses utilitários, então serão reconhecidos somente os direitos daquela expressão que servirá aos interesses da democracia revolucionária e serão rejeitados e violentados os direitos da expressão servidora de objetivos maiores e mais profundos. Nesse solo instável, somente a palavra servil aos interesses e aos instintos da massa tem liberdade irrestrita. Todos os outros discursos que soarem de profundezas maiores serão alvo de suspeita e coação. A abominável chantagem gerada pela acusação de "contrarrevolucionário" conduz à violência da liberdade de pensamento e expressão e à violência da inviolabilidade da personalidade. É preciso, enfim, declarar que a real liberdade de expressão na Rússia pressupõe a possibilidade de expressar tudo, inclusive aquilo que diz respeito aos defensores da monarquia. Se a liberdade de expressão for dada somente aos defensores da república democrática, então ela não será maior, mas menor do que na época do antigo regime – lá, então, havia liberdade de expressão irrestrita pronunciada por orientações opostas. E na Rússia livre querem cercear a liberdade de expressão a apenas uma orientação! Até se supôs que a Assembleia Constituinte, isto é, o povo soberano, decidiria se na Rússia haveria um regime republicano ou monárquico e que, por conseguinte, as esferas mais díspares poderiam se preparar para ela. Mas convicções monárquicas ninguém entre nós ousa livremente expressar. Isso seria perigoso, pois o direito e a liberdade dessas pessoas não estariam garantidos. E isso é uma mentira moral, de onde brota a tirania. Republicanos dignos desse nome deveriam garantir a todos uma liberdade maior que os monarquistas. É preciso despojar o direito moral de falar sobre a liberdade daqueles que só reconhecem liberdade para si e para os seus.

As organizações autogeridas de trabalhadores e soldados completam já meio ano de violação dos direitos do homem. Elas vivem a negação da liberdade. Não se pode negar o direito, tampouco o dever, dos trabalhadores de se organizarem na defesa de seus interesses essenciais e do engrandecimento de seu papel social. Mas nossos sovietes desde o início da revolução puseram-se a trilhar o caminho de uma ditadura de classes semelhante à ditadura monárquica, e isso desembocou na destruição da liberdade na Rússia. A violação da liberdade e da dignidade de expressão atingiu seu ponto máximo quando se encenou a tragédia de Kornýlov. De imediato, a treva envolveu a sociedade russa e ninguém ousou abrir a boca. A imprensa foi aterrorizada e se portou sem dignidade o bastante. Ela decidiu não se aferrar à verdade e assumiu a mentira convencional da "rebelião do general Kornýlov". Iniciou-se uma investigação, e sobre a Rússia pendeu o terrível espectro do terror vermelho, da violência arbitrária sobre os suspeitos de simpatizar com o general Kornýlov. O medo se apoderou da pobre sociedade russa, medo ainda maior que nos mais duros tempos do tsarismo. O medo é sempre exagerado, mas ele é próprio da atmosfera espiritual da Revolução Russa. A opressão moral desencadeou-se na sociedade russa. Sussurrava-se, com medo, sobre as provocações que haviam gerado a tragédia de Kornýlov. O direito de defender livremente o general, um herói de guerra, ardoroso patriota e democrata indubitável não foi concedido. Somente aos poucos penetraram na imprensa os desmascaramentos que lançaram luz a essa história obscura e funesta. Mas tais dias de pesadelo finalmente revelaram a ausência entre nós da liberdade de expressão, a humilhação do pensamento e a opressão da alma. O curso da revolução desdobrou em nós a covardia.

III

É preciso gritar a plenos pulmões que na Rússia revolucionária a liberdade de expressão, a liberdade de imprensa e a liberdade de pensamento não existem. Elas são menores que na velha Rússia autocrática. A comunidade revolucionário-democrática lê melhor os corações e demanda mais uniformidade de pensamento do que o poder reacionário pré--revolucionário, bastante indiferente a todo pensamento social e incapaz de compreendê-lo bem. A censura da nova sociedade revolucionário--democrática é mais abrangente e mais intrusiva que nossa velha censura. E é preciso dizer que a censura que instiga as massas populares é sempre mais terrível que a censura do poder dirigente, da qual muito escapa. Quando o próprio povo atenta contra a liberdade de pensamento e expressão, esse atentado é mais terrível e opressivo que o do poder dirigente – dele não há como fugir. Depois do golpe revolucionário, caíram os grilhões da censura, sendo nulificada inclusive a censura militar indispensável nos tempos de guerra, mas não houve uma declaração do direito à liberdade de pensamento e de expressão. O atentado a estas é um crime contra o homem e contra Deus. A libertinagem e o desregramento da palavra não são liberdade. A libertinagem e a licenciosidade enterraram entre nós a liberdade de expressão. A liberdade e a dignidade de expressão pressupõem a disciplina dela, um ascetismo interno. O direito à liberdade de expressão pressupõe a responsabilidade na relação com a palavra. Toda liberdade pressupõe disciplina e ascetismo, e quando há libertinagem ela sempre perece. As orgias libertinas da palavra que foram praticadas nesses meses na imprensa socialista-revolucionária prepararam a destruição de toda liberdade de expressão. A libertinagem, o desregramento e a arbitrariedade destroem a liberdade. A liberdade precisa da manutenção da dignidade humana, da observação da pureza e do autocontrole. A relação devassa com a palavra arruína a dignidade de expressão e a escraviza. Na imprensa revolucionária está ocorrendo a orgia da devassidão verbal. A fraseologia revolucionária descambou na mais autêntica devassidão. Acaso não são devassidão os mentirosos gritos sobre a "contrarrevolução"? Não são devassidão todas essas promessas mentirosas da rápida chegada ao paraíso social? Não são devassidão todos esses discursos sobre a sacralidade da revolução, sobre a sacralidade da Internacional etc.? Para a conquista da liberdade de expressão é indispensável lutar contra essa devassidão verbal.

Os escritores russos, conscientes de sua vocação, sua dignidade e sua responsabilidade para com a pátria, deveriam exigir uma proclamação de garantias de liberdade de expressão e pensamento. Mas essa proclamação se impôs moralmente apenas nas vozes daqueles escritores que observaram a mais alta dignidade de expressão e pensamento, que colocaram a verdade acima de quaisquer interesses. Nesses meses revolucionários praticamente desbotaram a dignidade e o sentido da literatura e da liberdade de pensamento russas. Muitíssimos escritores russos pareceram opressos pelos gritos das ruas sobre seu "caráter burguês", sobre o caráter burguês de todos os ilustrados, de todos os criadores da cultura. Eles não tiveram forças suficientes para se opor aos elementos desencadeados e eles mesmos começaram a pronunciar palavras que não provinham do fundo de sua essência. Muitíssimos escritores russos não tiveram as ideias próprias para cuja introdução na vida do povo foram convocados; eles procuraram as ideias naquele mesmo povo que se encontra nas trevas e tem necessidade de luz. Na Rússia, é preciso que se propague a palavra verdadeiramente livre acima da selvageria e do horror moral a que chegamos, e essa palavra deve ressoar acima da luta de classes, dos grupos e dos partidos, acima das lutas por interesses e pelo poder. Ela deve ser o reflexo da palavra divina, a única sobre a qual pode ser fundado o lugar sagrado da expressão e do pensamento livre atualmente profanado e oprimido. Isso não é uma questão política, é uma questão de ética popular e de consciência religiosa do povo. A consciência popular e a razão popular devem ter um centro. E tal centro deve consistir apenas nos portadores da alta cultura espiritual, livre de orgias escravizadoras. Nós chegamos à inevitabilidade da regeneração da base de nossa vida e da busca pela fonte interna da liberdade. O caminho puramente exterior nos conduz à destruição e à escravidão. Nós não queremos mais nenhuma escravidão, nem velha nem nova. A violência revolucionária traz consigo a contrarrevolução, ela é a violência do velho obscurantismo e não pode ser tolerada em um país livre.

Fonte: Nikolai Berdiáev, "О свободе и достоинстве слова"/ "O svobode i dostoinstve slova" [Sobre a liberdade e a dignidade de expressão], em *Народоправство/ Narodoprávstvo* [Democracia], n. 11, 7 out. 1917.

MAKSIM
GÓRKI

Retrato de Maksim Górki feito em 1906 pelo fotógrafo russo naturalizado estadunidense Herman Mishkin.

MAKSIM GÓRKI (nome verdadeiro: Alekséi Maksímovitch Pechkóv) (1868-1936) • Nasceu em 16 (28) de março de 1868, em Níjni Nóvgorod. Sua carreira literária iniciou-se com novelas, canções e contos de inspiração romântica. Em 1901, passou a dedicar-se à dramaturgia de tendência social-democrata e de oposição à autocracia, com peças como *На дне/ Na dnié* [Ralé], de 1902, e *Дети солнца/ Diéti sólntsa* [Filhos do sol], de 1905, escrita na prisão. Sua trajetória é marcada por idas e vindas, longos períodos de exílio da Rússia e, depois, da União Soviética. Em 1913, quando voltou à Rússia, esteve próximo das lideranças bolcheviques. Contudo, em 1917, seu periódico *Новая жизнь/ Nóvaia Jízn* [Vida Nova] foi censurado durante a Guerra Civil. Além de escritor, Górki destacou-se no papel de editor de periódicos e coleções de literatura. Em 1919, fundou, entre outras instituições similares, a Дом искусств/ Dom Iskússtv [Casa das Artes], que oferecia cursos, leituras e palestras, além de suporte material a escritores. Em 1921, retornou à Itália para tratar-se de tuberculose. Na Europa, foi uma figura importante para a aproximação dos escritores emigrados e a Rússia, em particular com seu periódico *Беседа/ Bessiéda* [Conversa]. Em 1932, retornou à União Soviética a convite de Stálin. Nesse período, desenvolveu intensa atividade de editor. Górki faleceu em 1936, de pneumonia.

O texto aqui publicado faz parte da série de ensaios intitulada Несвоевременные мысли/ Nesvoevrêmennye mysli [Pensamentos extemporâneos], que trazia críticas severas ao novo governo soviético.

(Por Priscila Marques.)

DE: *A VIDA NOVA**

"O proletariado é o criador de uma nova cultura." Essas palavras contêm o maravilhoso sonho do triunfo da justiça, da razão e da beleza, o sonho da vitória do ser humano sobre a fera e a canalha. Milhares de pessoas de todas as classes pereceram na luta pela realização desse sonho.

O proletariado está no poder; hoje ele tem a possibilidade de livre criação. É conveniente e oportuno perguntar: em que se expressa essa criação? Em decretos do "governo dos comissários do povo", folhetins jornalísticos, e nada mais. É uma literatura que está "escrita na areia" e, apesar de esses decretos conterem ideias valiosas, a realidade atual não oferece condições para que elas se realizem.

O que a revolução trouxe de novidade? Como ela alterou o bestial cotidiano russo? Será que trouxe luz para a escuridão da vida do povo?

Desde a revolução, já se contam 10 mil "linchamentos". Eis como a democracia julga seus pecadores: perto do mercado Aleksandróvski pegaram um ladrão; uma multidão imediatamente o espancou e foi realizada uma votação: que morte merecia o bandido, por afogamento ou tiro? Decidiram pelo afogamento e jogaram o homem na água gelada. Mas, de algum modo, ele conseguiu nadar e se arrastar até a margem; então, um dos que estava na multidão se aproximou e atirou nele.

A Idade Média da história foi uma época de repugnante crueldade, mas, mesmo então, se um criminoso sentenciado pelo juiz à pena de morte escapasse da forca, era mantido vivo.

Como os linchamentos influenciam as novas gerações?

Os soldados levam o ladrão espancado e semimorto para ser afogado no rio Moika**. Ele está coberto de sangue, seu rosto está totalmente destroçado e com um olho arrancado. Ele é acompanhado

---
* Tradução de Priscila Marques. (N. E.)
** Um dos rios de Petrogrado. (N. E.)

por uma multidão de crianças; depois, algumas delas retornam do rio Moika e, pulando numa perna só, gritam alegres:

— Enfiaram ele na água, afogaram!

Essas são nossas crianças, os futuros edificadores da vida. Na avaliação delas, a vida humana valerá pouco, e de fato o ser humano – não devemos nos esquecer disso! – é a criação mais maravilhosa e valiosa da natureza, a melhor que existe no universo. A guerra tornou o ser humano menos valioso do que um pedacinho de chumbo. Essa avaliação nos deixava justificadamente indignados, e por ela reprovávamos os "imperialistas"; mas quem vamos reprovar agora pelo massacre bestial e cotidiano das pessoas?

Por força de uma série de circunstâncias, a impressão e edição de livros foi quase totalmente suspensa e, ao mesmo tempo, as bibliotecas mais valiosas têm sido destruídas, uma após a outra. Não faz muito tempo, mujiques saquearam as propriedades de Khudekóv, Oboliénski e muitas outras. Os mujiques levaram das casas tudo o que, a seus olhos, havia de valor, mas atearam fogo nas bibliotecas, destruíram os pianos com machados, rasgaram os quadros. Os objetos da ciência e da arte e as ferramentas da cultura não têm valor aos olhos da aldeia; pode-se duvidar se elas têm algum valor aos olhos das massas citadinas.

O livro é o principal veículo da cultura, e, para que o povo tenha a ajuda de títulos eruditos e honestos, os trabalhadores da área editorial poderiam fazer alguns sacrifícios; afinal, eles mais do que ninguém estão especialmente interessados em criar em torno de si um meio ideológico que contribua para o desenvolvimento e a realização de seus ideais.

Nossos professores – Radíschev, Tchernychévski, Marx –, produtores espirituais de livros, sacrificaram a liberdade e a vida por seus livros. De que maneira hoje os produtores físicos dos livros facilitarão o desenvolvimento da área editorial?

Há quase duas semanas, todas as noites, turbas roubam adegas de vinhos, se embebedam, acertam a cachola uns dos outros com garrafas, cortam as mãos com estilhaços de vidro e rolam na imundice e no sangue como porcos. Nesse período, foram consumidos algumas dezenas de milhões de rublos em vinho e, é claro, centenas de milhões ainda o serão.

Se essa valiosa mercadoria tivesse sido vendida na Suécia, poderíamos ter recebido por ela ouro ou bens necessários ao país (produtos têxteis, remédios, maquinário).

O pessoal do Smólny caiu em si um pouco tarde e ameaçam os bêbados com penas severas, mas estes não têm medo das ameaças e continuam a destruir mercadorias que havia muito deveriam ter sido confiscadas, declaradas propriedade da nação pauperizada e vendidas com lucro e proveito para todos.

Durante os *pogroms* de vinho, atiraram nas pessoas como se elas fossem lobos raivosos, habituaram-se gradativamente ao tranquilo extermínio do próximo.

No *Pravda*, escrevem sobre os *pogroms* dos bêbados como "provocação dos burgueses", o que, é claro, é mentira, um "dito espirituoso" que pode intensificar o derramamento de sangue.

A bandidagem viceja, os saques aumentam, os descarados exercitam a prática do suborno com tanta destreza quanto o faziam os funcionários do poder tsarista; uma gente escusa, reunida perto de Smólny, tenta extorquir moradores assustados. A grosseria dos representantes do "governo dos comissários do povo" desperta reprovação geral, e eles estão na lei. Os peixes pequenos, aproveitando-se do poder, tratam o cidadão como derrotado, ou seja, da mesma maneira que a polícia do tsar fazia. Berram com todos, berram como a polícia de Konotop ou de Tchúkhloma. Tudo isso é feito em nome do "proletariado" e em nome da "revolução social", e tudo isso é o triunfo do modo de vida bestial, um desenvolvimento daquele asiatismo que nos faz apodrecer.

Onde e como se expressa aquele "idealismo do operário russo", sobre o qual tão lisonjeiramente escreveu Karl Kautsky?

Onde e como é encarnada na vida a moral do socialismo, a "nova" moral?

Fico esperando que um dos "políticos reais" exclame com desprezo em relação a tudo o que foi apontado:

— O que você quer? Esta é uma revolução social!

Não, eu não vejo uma expressão clara dos elementos da revolução social nessa explosão de instintos zoológicos. Isso é um motim russo sem socialistas de espírito e sem a participação da psicologia socialista.

Fonte: Несвоевременные мысли/ Nesvoevrémennye mýsli [Pensamentos extemporâneos], publicado originalmente sem título na revista *Новая жизнь/ Nóvaia Jizn* [Vida Nova], n. 195, 7 (20) dez. 1917.

ANATÓLI LUNATCHÁRSKI

Anatóli Lunatchárski como Comissário do Povo para a Instrução Pública (1917-1929).

ANATÓLI VASSÍLIEVITCH LUNATCHÁRSKI (1875-1933) • Nasceu em 11 (23) de novembro de 1875, em Poltáva (atual Ucrânia). Entrou em contato com o marxismo no ginásio, em Kíev. Em 1895, foi para a Suíça e estudou na Universidade de Zurique. Nesse período, aproximou-se do grupo socialista Libertação do Trabalho, de Plekhánov. Na virada do século, voltou à Rússia, onde foi preso e exilado por agitação revolucionária. Em 1903, juntou-se aos bolcheviques e tornou-se um dos líderes da facção. Em Capri, em 1909, fundou, com Górki e Bogdánov, uma escola para operários. Em 1915, uniu-se a Liébedev-Polianski para organizar o periódico *Вперёд/ Vperiód* [Adiante], com ênfase na cultura proletária. Depois da Revolução de Outubro, ocupou o cargo de Comissário do Povo para a Educação. Nessa posição, defendeu ativamente a herança intelectual, cultural e arquitetônica russa e contribuiu para o estabelecimento do Teatro de Drama Bolshói e do movimento Proletkult. Era profundo conhecedor de arte e um crítico prolífico, tendo escrito ensaios sobre Aleksandr Púchkin, Bernard Shaw e Marcel Proust. Suas produções incluem ainda textos sobre teoria da arte, história da literatura e literatura operária, além de dramas, como *Фауст и город/ Faust i górod* [Fausto e a cidade], de 1918, e *Оливер Кромвель/ Oliver Cromwell*, de 1920. Em 1933, foi nomeado embaixador da Espanha, mas faleceu na França, a caminho de assumir o posto.

O trabalho aqui apresentado, texto jornalístico resultante de uma conferência pronunciada em 1919, foi escrito no âmbito da atividade de Lunatchárski como um dos responsáveis pela organização dos museus na nova Rússia soviética.

(Por Priscila Marques.)

O PODER SOVIÉTICO E
OS MONUMENTOS DO PASSADO*

Entre a infinidade das várias calúnias difundidas sobre o poder soviético, a que mais me indignou foi o boato que chegou a nós pela Sibéria sobre artigos de jornais estadunidenses que nos acusavam de vandalismo em relação a museus, palácios, grandes propriedades senhoriais e igrejas, magníficos monumentos dos tempos passados e, com frequência, também obras de arte excepcionais.

Podemos com orgulho e convicção livrar-nos dessa acusação e dizer que realizamos milagres no campo da conservação desses monumentos. Claro, com isso não quero de modo algum dizer que, na época das insurreições e dos combates revolucionários, bens artísticos isolados não tenham perecido. Sabemos de algumas propriedades rurais queimadas, bibliotecas destruídas, coleções roubadas etc. Mas é preciso entender que um abalo tão grande como uma revolução não pode não ser acompanhado de excessos isolados. Os senhores imperialistas sabem muito bem que a destruição sofrida pelos patrimônios culturais da humanidade na época da guerra em localidades ocupadas pelos próprios exércitos burgueses "civilizados" ocorreu em uma proporção incomparavelmente maior.

De nosso lado, esse desastre teve caráter temporário e se estendeu apenas enquanto a contrarrevolução ofereceu oposição, até que o novo poder tomasse as rédeas do país. Atualmente, não só em Petersburgo e nas redondezas, onde estão acumulados inumeráveis tesouros desse tipo, não só em Moscou e nos arredores (que também apresentam exemplares únicos), mas inclusive nas províncias, por vezes nas mais remotas, o Departamento de Conservação de Monumentos Históricos e Obras de Arte possui agentes que, com ajuda de camponeses e trabalhadores da *intelligentsia*, velam por todo o patrimônio popular como se ele fosse a menina de seus olhos: os bens artísticos.

---

* Tradução de Priscila Marques. (N. E.)

Os jornais estadunidenses ousaram falar sobre saques e tumultos nos palácios tsaristas. Fiquei muito feliz quando se apresentou a oportunidade de mostrar a alguns estrangeiros o que está acontecendo nesses palácios.

Sim, passamos por tempos difíceis, em que todo tipo de destacamento farsante, e às vezes até bandos de criminosos, iam de lá para cá em Gátchina e Tsárskoie, e em Petersburgo não havia nenhuma força organizada que mantivesse a ordem. Nessas condições, proteger os incontáveis tesouros dos palácios e museus parecia, no geral, uma tarefa sem esperança. Acrescente-se que, em muitos palácios, especialmente no Palácio de Inverno, os porões estavam repletos de vinho, vodca e conhaque. Tivemos de destruir tudo isso implacavelmente, senão os tumultos de bêbados podiam se espalhar pelo Hermitage, pelas salas do Palácio de Inverno e se transformar em uma desgraça sem precedentes. O vinho é um chamariz terrível, e eu me lembro de um soldado da guarda de Pávlovsk que, como os outros guardas, não resistiu a tomar um vinhozinho das centenas de milhares de garrafas que ele vigiava. Depois, pedindo desculpas, ele me disse: "Ponham-me perto de uma caixa aberta com ouro, eu não vou tocar, mas ficar perto de vinho é impossível...".

Apesar de tudo isso, saímos com honra dos perigos daquela época. Se vocês entrarem agora no Palácio de Inverno ou no de Gátchina e virem ali alguns vestígios de destruição, estejam certos de que é ainda um resquício não restaurado da administração de Kérenski, seus *junkers* e seus cossacos.

Aliás, vocês quase não notariam esses resquícios agora – nós os restauramos.

No que se refere aos museus, eles se encontram na mais exemplar ordem e funcionam sob a chefia dos melhores museólogos; eles foram extremamente enriquecidos graças à transferência para lá de todo tipo de obras de arte e monumentos históricos oriundos de palacetes rurais e mansões senhoriais.

Ao mesmo tempo que os melhores quadros do antigo Hermitage foram removidos para Moscou por vontade de Kérenski e ainda estão fechados em caixas à espera do dia em que estejamos absolutamente tranquilos com a situação de Petersburgo, as salas do Hermitage outra vez estão se enchendo de magníficas obras de arte, em parte compradas, em parte simplesmente trazidas de tesouros particulares até hoje não disponíveis para o público. E que maravilhas estão abertas atualmente para a contemplação das massas populares e dos estudantes nos palácios de Iussúpov, Stróganov e outros!

Os próprios palácios nos servem para os objetivos mais variados. Apenas alguns deles – como os que são pouco interessantes do ponto de vista artístico-histórico, como o Marínski ou o Anítchkov – estão ocupados com propósitos utilitários. O próprio Palácio de Inverno foi transformado em um palácio das artes. Em suas gigantescas e luxuosas salas construídas por Rastrelli e seus discípulos, vocês sempre encontrarão uma multidão que escuta excelente música, concertos do coro estatal e da orquestra estatal ou que assiste a uma sessão de cinematógrafo ou espetáculos especiais. Constantemente organizam-se exposições ali, algumas delas de fato grandiosas devido ao número de objetos expostos.

Estamos fazendo o possível para transformar as exposições e os museus em verdadeiras fontes de conhecimento, acompanhando-os com aulas, dando a todo grupo de visitantes um instrutor-guia especial.

Selecionando dos museus algumas pequenas exposições isoladas (por exemplo, a de arte religiosa budista, a das cerimônias fúnebres e crenças dos egípcios etc.), criamos fontes para uma educação concreta, e massas de interessados visitam essas exposições na Petersburgo esvaziada.

Outros palácios foram totalmente transformados em museus. Aqui em primeiro plano figura o enorme Palácio de Tsárskoie Seló de Catarina e, ao lado dele, o de Alexandre. Ali, toda a história da autocracia passa diante dos olhos dos trabalhadores e dos estudantes que chegam de Petersburgo em multidões, passeiam pelos parques seculares, depois entram no palácio, conservado em perfeita ordem para que obtenha seu objetivo com sucesso. Diante da afluência massiva de visitantes, é preciso proteger da destruição e da deterioração não só revestimentos e murais das paredes, móveis, obras de arte, mas até as interessantes peças do piso da sala. Apesar da aguda carência de material, tivemos o cuidado de chegar a fornecer para os visitantes – nos lugares onde não é possível pôr caminhos – pantufas especiais de linho, calçadas sobre os sapatos para não estragar os pisos. Isso também inspira no visitante, não importa quão desabituado esteja com essa situação, a ideia de que ele está em um patrimônio do povo, onde tudo deve ser protegido pelo Estado e pelo público com o mais extremo cuidado.

No palácio de Catarina ele verá a pompa pesada e refinada dos tempos de Elisabete e a suntuosidade graciosa, agradável e harmoniosa da era de Catarina. E essa cultura tsarista-senhorial, que atraiu do Ocidente para a Rússia os melhores arquitetos, os melhores decoradores, os mestres da porcelana, do bronze, da tapeçaria etc., chega a uma espécie de apogeu no reinado de Paulo, na incomparável perfeição das obras do Primeiro Império.

Além disso, a vizinha Pávlovsk é o melhor monumento da completa integridade do gosto dessa época. A refinada seleção de obras de arte que compõem esse ambiente, combinada com a notável decoração de suas salas, fazem de Pávlovsk um monumento que encontra poucos equivalentes na Europa. Explorando o trabalho dos servos, os tsares daqueles tempos, na liderança segura de sua corte, souberam usar toda a Europa e substituíram a pompa asiática de seus antecessores moscovitas pelas mais refinadas obras da cultura europeia.

Durante o reinado de Alexandre, o bom gosto se rebaixou um pouco. Em seu império transparece certa frieza, que, no entanto, não é desprovida de grandeza. É um reflexo do militarismo napoleônico sobre o militarismo feudal da Rússia.

Depois, os quartos de Alexandre II, elegantes, confortáveis, com um toque do gosto da burguesia inglesa: nada de pompa, gabinetes e salas de um *gentleman* britânico, de um proprietário abastado.

De repente, Alexandre III, um estilo estranho, grosseiro, pseudorrusso, uma pompa principalmente material.

Essa decadência começa ainda durante o reinado de Nicolau I com seu bronze sólido, com objetos parisienses de segunda linha, obras do Segundo Império.

Mas o espírito grosseiro e russificado de Alexandre III acrescenta a tudo isso algo que nos faz retornar à Ásia. Com supremo esforço, vocês encontrarão aqui algum vislumbre de arte verdadeira. São todos objetos que custam caro, soberbos, vulgares, que criam um efeito grosseiro. Tem-se a sensação de que a nobreza já estava obsoleta. Seus tsares já se adaptavam a uma vida em recintos esteticamente detestáveis, calculados exclusivamente para deixar os súditos pasmos com uma suntuosidade ilusória, puramente falsa. Sente-se que a autocracia se mantém de forma artificial: ela não está segura de si, ela tenta deslumbrar, mas não tem como, e daí a tendência para os tamanhos colossais e o preço do próprio material.

Mas, se já encontramos uma queda veloz nos níveis de Alexandre I a Nicolau, de Nicolau a Alexandre II, de Alexandre II a Alexandre III, então com nossos próprios olhos estacamos diante de uma verdadeira queda no abismo, quando passamos para o mau gosto dos aposentos de Nicolau II. O que não tem ali! Uma chita colorida, e por toda parte cartõezinhos de fotografia pendurados – igual, sem tirar nem pôr, ao quarto da primeira copeira de alguma milionária. Ali também há o cantinho de Raspútin, atravancado por ícones banhados a ouro; há uma banheira incomum e sofás colossais e "banheiros" adornados de forma muito estranha, que dão a ideia de uma grosseira sensibilidade animalesca; ali, há também a mobília de feira, a mesma com a que mobiliam sua casa arrivistas enriquecidos sem linhagem nem estirpe, que compram qualquer cacareco que agrade seu gosto selvagem.

De forma meio extravagante, aqui se entrelaçam duas correntes: o abominável mau gosto do degenerado senhor russo com o não menos abominável mau gosto do pequeno-burguês alemão.

E estamos tratando de casas dos rebentos do tsar! Impossível afastar a ideia – mesmo que ninguém a aponte de propósito – da vertiginosa queda moral e estética da dinastia e da sociedade que servia de apoio a ela.

Nossos artistas propuseram deixar completamente intocadas todas as moradas de Nicolau II como exemplo de mau gosto – e assim fizemos, pois esse passeio pelo passado, o recente passado da derrocada dos Románov, acompanhado da lição correspondente, é uma magnífica ilustração da história cultural do tsarismo.

Nesse sentido, Gátchina é muito mais instrutiva. Mas temo profundamente que o general Iudénitch e os colonizadores imperialistas britânicos que o acompanham talvez tenham lançado muitos golpes sobre os palácios-museus tão cuidadosamente conservados por nós e tão populares entre as massas.

O Kremlin, descontando alguns prédios, ocupados por repartições públicas, inteiro, incluindo aqui as igrejas, foi transformado em um enorme museu.

As propriedades em torno de Moscou estão sendo conservadas. Nos casos em que elas em si não representam um conjunto inteiro, delas e dos mosteiros é retirado tudo o que é suficientemente valioso do ponto de vista artístico ou histórico e transferido para museus especiais, o que enriquece o mundo dos museus de Moscou. As propriedades que se distinguem por uma unidade de estilo, como Arkhánguelskoe ou Ostánkino, mesmo em nossos tempos difíceis são lugares de peregrinação para aqueles que querem contemplar monumentos íntegros dos tempos gloriosos da nobreza, quando, extenuando e matando gerações inteiras de escravos, ela conseguia ao menos viver elegantemente e sabia exatamente o que comprar na Europa, para onde, em troca de "mobiliário", corriam rios de suor do trabalho russo.

Em um país que passa por uma crise revolucionária, na qual as massas, cheias de ódio natural aos tsares e aos senhores, transferem involuntariamente esse ódio para as moradas e as posses deles, por não estarem em condição de avaliar seu sentido artístico e histórico em função da ignorância em que eram mantidos o tempo todo pelos próprios senhores e tsares, neste país, parar uma onda de destruição, não só preservar objetos de valor cultural, mas até agir para reavivá-los e, a partir de múmias de museu, criar verdadeiras belezas, e a partir de propriedades e palácios fechados onde, entediados, vegetavam, acostumados a tudo e indiferentes, os degenerados que outrora foram linhagens gloriosas a seu modo, fazer casas públicas, preservadas com amor e que dão horas de alegria para inúmeros visitantes – isso, claro, foi difícil.

O Narkompros e seu Departamento de Preservação de Monumentos Históricos e Obras de Arte pode, a qualquer momento, dar um relatório para toda a humanidade de seu trabalho nessa direção e, com segurança, declara que não só o proletariado internacional, a melhor parte da humanidade civilizada, mas também qualquer pessoa honesta deve render homenagem a esse esforço colossal.

Não é preciso prestar atenção a destruições isoladas – elas aconteceriam em qualquer país, até no mais avançado –, mas sim no fato de que, em um país cujo desenvolvimento foi criminosamente mantido em um estado de barbárie, essa destruição não teve dimensões amplas e foi transformada pela força do povo e do governo trabalhador-camponês em uma poderosa preservação do patrimônio do povo.

Fonte: Anatóli Lunatchárski, "Советская власть и памятники старины"/ "Soviétskaia vlast i pámiatniki stariny" [O poder soviético e os monumentos do passado], em *Коммунистический Интернационал/ Kommunistítcheskii Internatsional* [A Internacional Comunista], n. 7-8, 1919.

ALEKSANDR VORÔNSKI

Retrato de Aleksandr Vorônski aos 45 anos, feito na cidade russa de Lipetsk, em 1929.

ALEKSANDR KONSTANTÍNOVITCH VORÔNSKI (1884-1937) • Nasceu em 19 (31) de agosto de 1884, na região de Tambóv. Frequentou o seminário, mas foi expulso por envolvimento com atividade política. Em 1904, entrou para o Partido Operário Social-Democrata Russo. Foi exilado por quatro anos. Depois da Revolução de Fevereiro, trabalhou no Soviete de Odessa. Em 1911, fez sua estreia literária sob o pseudônimo Nurmin, no periódico *Ясная заря/ Iásnaia Zariá* [Aurora Clara], de Odessa. Nos anos 1920, tornou-se um dos mais importantes teóricos do marxismo no campo da literatura. Em 1923, fez parte da oposição de esquerda e, em 1927, foi expulso do partido e exilado para Lípetsk. Lá, escreveu prosa autobiográfica. Suas ideias sobre arte (especialmente na sua defesa dos escritores "companheiros de viagem") são mais próximas das de Trótski do que do realismo socialista da era stalinista, uma vez que via o artista como facilitador de uma compreensão mais profunda do humano por meio de um exercício entre os mundos objetivo e subjetivo. Em 1929, retirou-se da oposição e obteve autorização para retornar a Moscou, onde lhe foi designado o posto de editor da seção de literatura clássica da editora estatal, a Gossizdat. Foi preso ainda duas vezes, em 1935 e em 1937, e executado no dia 13 de agosto de 1937, em Moscou.

O artigo a seguir, de 1922, polemiza com um setor (o da emigração de revolucionários russos da esquerda não bolchevique) da imensa comunidade russa em Berlim, cidade que, àquela altura, era o principal destino da emigração. O texto foi publicado na revista *Красная новь/ Krásnaia nov* [Solo Virgem Vermelho], editada pelo próprio Vorônski. Ela era, provavelmente, o principal periódico literário soviético de orientação marxista, e tentava reativar, no novo contexto, a tradição russa oitocentista das "Revistas grossas", periódicos que forneciam as linhas gerais das discussões culturais.

(Por Priscila Marques.)

F. DAN, *DOIS ANOS DE VIDA ERRANTE* (1919-1921)*

O livro de Dan é bom no sentido de deixar patente a que nível de vulgaridade política pequeno-burguesa chegaram os líderes do menchevismo russo contemporâneo.

"De uma torre de marfim", Dan narra suas errâncias na Rússia soviética. Nelas há Moscou, "armadilhas", Semáchko, Ecaterimburgo**, os exércitos trabalhadores, o *front* da Polônia, o congresso dos sovietes, Petrogrado, a fortaleza de Pedro e Paulo, a Casa de Detenção Provisória, a Tch.K. e a Butýrka***, que com a Tch.K. chega a quase dois terços do livro. O relato sobre isso tudo e muitas outras coisas tem como objetivo demonstrar: eis como os bolcheviques se relacionam desonestamente com os bons e autênticos socialistas.

Porém, é difícil dizer que esse objetivo tenha sido alcançado. Em relação à Tch.K., os SR [socialistas-revolucionários] se saem bem melhor. Eles contam com a voz trêmula, com olhos arregalados, com gritos, lamentos e maldições (no livro deles, é a "Tche-ká"). Começarão narrando, por exemplo, sobre o "comissário da morte" ou sobre mais alguém – fazem lembrar o Rocambole, os romances de Dumas, Sherlock Holmes, Pinkerton e Louis Boussenard. No geral, é muito sentimental e cheio de enredos.

Dan não tem nem sentimentalismo nem enredo.

"Passamos a virada de ano alegremente", relata Dan sobre sua estadia forçada na Tch.K. "De início, foi feita uma noite literário-musical organizada com recursos domésticos. Depois, nos dividimos em grupos,

---

* Tradução de Cecília Rosas. (N. E.)
** Cidade russa onde a família imperial foi executada, em 1918. (N. E.)
*** Respectivamente, a Tch.K., sigla da Comissão Extraordinária para o Combate à Contrarrevolução e à Sabotagem, a polícia política criada em 1918 (Vorónski usa a sigla de forma "oficial", em contraste com a forma atribuída aos SR no parágrafo seguinte; há também a forma V.Tch.K., usada alguns parágrafos adiante), e uma famosa prisão moscovita. (N. E.)

e cada um passou a virada de ano de uma forma particular: houve um jantar e conseguiram um pouco de vinho. À uma hora da madrugada foi aberto um 'baile' geral, que continuou até a manhã" (p. 237)*. Assim não dá. Essas confissões e descrições talvez só possam fazer mal aos SR, que pintam a V.Tch.K. como pior do que aquele inferno que antigamente era oferecido pelos editores de *lubok*** a pacientes simplórios, *okurovtsi**** e comerciantes sedentos por penitência. Claro que é muito difícil ficar na Tch.K., de maneira geral. Nesse ponto, Dan não descobriu nenhuma América. Prisão é prisão. É preciso também lembrar que na Tch.K. ficaram detidos em 1919-1921 os inimigos do poder soviético, quando nos *fronts* acontecia a mais encarniçada Guerra Civil, quando nem a Entente, nem os generais brancos, nem os SR, nem os mencheviques tinham a menor hesitação em escolher formas de luta contra a república dos sovietes. E, se ao menos Dan tivesse uma gota de honestidade política, se lembraria das prisões mencheviques e SRs em Povólje, Arkhánguelsk, Tíflis etc. e, ao lado delas, talvez as ordens da Tch.K. descritas por ele empalideceriam. Em essência, essas "ordens", no que diziam respeito a Dan, pelo que fica claro no livro dele, consistiam em uma relação muito atenciosa e cortês: encontravam-se "amigos", "velhos conhecidos" o "reconheciam", "intercediam" por ele, levavam-no cordialmente em automóveis para a presidência da V.Tch.K., e assim por diante. Uma parte significativa da narrativa é dedicada justamente a isso. É o momento em que a Rus soviética se contorcia de cãibra e desfalecia na batalha. Não temos nada contra todas essas regalias e amigos, mas pressupomos que elas teriam sido um pouco menores se os "amigos" que provinham dos campos bolcheviques soubessem a que ponto da mentalidade política pequeno-burguesa decaíra o líder do menchevismo.

O livro sobre a vida errante é um testemunho extremamente fiel disso. Ele não se distingue em nada de escritos comuns de intelectuais da Guarda Branca: é só riscar o sobrenome de Dan em todos os lugares. Talvez aqueles sejam até melhores, mais interessantes, mais vivos, mais propagandistas, mais condensados.

Dan passou quatro anos na Rússia soviética. Esteve no *front*, nos Urais, em Píter, em Moscou, na Tch.K. – e que pobreza e estreiteza de

---
* As páginas entre parênteses remetem ao original de Dan. (N. E.)
** Tipo de gravura popular russa, feita em madeira, que conta uma narrativa. (N. E.)
*** Personagens de *Gorodok Okurov* [A cidadezinha de Okurov], de Górki. (N. E.)

observação e de material! Que mesquinhez nas percepções! As mesmas piadas e anedotinhas, a mesma incompreensão e incapacidade de conceber o que há ao redor, a mesma inabilidade de se posicionar e uma triste vida vegetativa nos mais grandiosos anos da mais grandiosa revolução. Tudo isso foi lido e relido nos jornais e nos livros brancos, escutado e reescutado nos círculos da *intelligentsia*.

Em um ponto de seu livreco, Dan escreve com reprovação sobre sabotagem e sabotadores. Mas folheie as páginas: o próprio Dan se dedicou à absoluta sabotagem, e apenas a ela. O "trabalho" de Dan em Moscou, em Ecaterimburgo e no *front* consistia em não fazer nada dentro das instituições e no uso de sua situação profissional para os interesses do Comitê Central menchevique, ou seja, na sabotagem e na luta contra o poder soviético. Fica claro que esse cidadão não levou nem podia levar nada ao exterior além de animosidade para com a Rússia soviética. A propósito, a que bobagens lamentáveis o líder do menchevismo se permite rebaixar é o que demonstra seu relato sobre o VIII Congresso dos Soviêtes, para o qual foi convidado pela presidência do Supremo Comitê Executivo Central.

Afirma Dan:

> No congresso não havia uma gota de entusiasmo, e até Lênin encontrou um auditório "evidentemente frio". Para criar a impressão de uma "ovação", Lênin correu para os bastidores do teatro, coisa que, confesso, eu não o considerava capaz de fazer. Ele ficou nos bastidores e saiu para o palco bem no momento em que a orquestra rebentou a Internacional, e toda a multidão de 4 mil pessoas se levantou. E assim não se soube se o ato de se levantar e em seguida bater palmas se referia ao hino ou à personalidade do líder... (p. 92)

Confissão por confissão, nós também confessamos que não esperávamos tamanha bobagem por parte de Dan. Lênin caçando ovações com a ajuda de truques de teatro – essa é realmente uma pérola. Que imagem! Eis aqui o laboratório "para notícias confiáveis" da Sukharévka*, de abençoada memória.

Não são poucas as "observações" como essa no livro de Dan.

---

* Provável referência ao imenso mercado de Sukharévka, no centro de Moscou, visto como antro de intriga e contrabando por Lênin e os bolcheviques. O Soviete de Moscou decidiu fechá-lo em dezembro de 1920, mas a decisão só foi efetivamente cumprida anos depois. (N. E.)

Dan esteve no *front* e retirou de lá o seguinte: 1 milhão corre, 1 milhão fica sentado, 1 milhão captura e leva embora – esses são os piolhos e o Exército Vermelho.

E aquela língua depravada não vira um pedaço de toco, e aqueles olhos sem-vergonha não rebentam, e aquela cara não se ruboriza de vergonha e desonra! Enquanto isso, deveriam existir e existiram fatos de outra ordem na observação objetiva de Dan, só que não lhe foi possível compreendê-los. Ao falar sobre a prisão na fortaleza de Pedro e Paulo, conta como ele se dedicou a desmoralizar o guarda. Nas palavras de Dan, a questão avançou com bastante sucesso.

Só um indivíduo de origem operária, inteligente e instruído, se posicionou firmemente a favor do bolchevismo... Ele me contou que vivia na Crimeia e fora recrutado por Wránguel. Vivia bem melhor e mais bem alimentado do que na Rússia soviética. Mas a relação "senhorial" dos oficiais com os trabalhadores e os soldados ele não suportava – e foi graças a isso que ele se dispôs a perdoar tudo nos bolcheviques. Ali não há "senhores". Novamente tive a ocasião de observar a expressão muito aguda – e, de alguma maneira, insuficientemente avaliada por muitos – desse traço da psicologia revolucionária do povo.
[...] Alguém dos SR gritou aos camaradas: senhores, venham aqui, vamos cantar. Rolando no catre, o soldado do Exército Vermelho que acabara de conversar bondosamente com algum dos detentos saltou como se tivesse levado uma picada, com o rosto vermelho e olhos flamejantes, e gritou grosseiramente: não ouse falar "senhores". Essa palavra me corta o coração. Se vocês falarem "senhores" vou trancar todos nas celas. (p. 141-2)

Dan acha que alguém avaliou insuficientemente esses traços da psicologia revolucionária do povo. Que subestimou... Mas é nesses traços que está toda a essência, todo o sentido e todo o conteúdo de Outubro! Antes de mais nada, quem subestimou foi o próprio Dan; ou ele teria entendido todo o vazio de seus raciocínios sobre o democratismo burguês, ao contrário da ditadura soviética, "partidária", que permeia todo o livro. Aos olhos dos trabalhadores e dos soldados do Exército Vermelho, só Outubro eliminou pela raiz os "senhores", só Outubro deu andamento ao autêntico *"demos"*. Isso Dan não entende. E por isso resmunga que eles subestimaram.

Dan usou de suas ligações com os bolcheviques, usou de sua posição profissional para arranjar e acertar os negócios com o Comitê Central menchevique, fingindo ser da oposição legalizada. Em essência, ele era e é um inimigo da República dos Sovietes tão ativo quanto qualquer SR. O camarada Rádek já notou no *Pravda* os famosos e característicos raciocínios do autor sobre os otimistas e os pessimistas no dia de Kronstadt. Nesses raciocínios, fica claro, com absoluta evidência, que Dan assumia essencialmente o ponto de vista da derrubada do poder dos sovietes, só que considerava o momento impróprio (cf. p. 110-3).

No geral, em todo tom e disposição, o livro de Dan afirma que o poder soviético não cometeu nenhum erro ao conceder ao autor a possibilidade de, no exterior, se juntar ao coro dos caluniadores contrarrevolucionários.

Fonte: Aleksandr Vorônski, "Ф. Дан. Два года скитаний (1919-1921 г.г.). Берлин, 1922"/ "F. Dan. Dva goda skitánii (1919-1921gg). Berlin, 1922" [F. Dan. *Dois anos de vida errante* (1919-1921). Berlim, 1922], em *Красная новь/ Krásnaia nov* [Solo Virgem Vermelho], n. 5, 1922, p. 291-3.

ANDREI POLIÁNIN
(SOFIA PARNÓK)

Retrato de Sofia Parnók quando era estudante do Ginásio para Garotas de Tangarog, sua cidade natal.

SOFIA PARNÓK (1885-1933) • Nascida em Tangarog, Ekaterinoslav, em 30 de julho (11 de agosto) de 1885, Parnók foi poeta, jornalista e tradutora. Sua poesia, marcada por sete relacionamentos homossexuais, entre os quais um com Marina Tsvetáieva, rendeu-lhe a alcunha de "Safo russa". A relação entre as duas mulheres, que se iniciou em 1914 e terminou de modo dramático – Tsvetáieva havia se envolvido com o poeta Óssip Mandelstam, e Parnók, com a atriz Liudmila Erarskaia – em princípios de 1916, deixaria marcas profundas no trabalho de ambas. Como jornalista, Parnók atuou sob o pseudônimo de Andrei Poliánin, colaborando como crítica literária do *Siéviernyi Zápiski* entre 1913 e 1917.

Os anos da Guerra Civil a poeta passou em Sudak, na Crimeia. De volta a Moscou, em 1922, conseguiu, com a ajuda de Vladímir Maiakóvski, ingressar na União dos Escritores. Devido ao conteúdo religioso, seus escritos sofreram consecutivas censuras; não obstante, sua produção é consistente, com quatro livros de poemas: ***Розы Пиерии***/ *Rozy Pierii* [Rosas da Pieria], de 1922; ***Лоза***/ *Lozá* [Videira], de 1923; ***Музыка***/ *Múzyka* [Música], de 1926; e ***Вполголоса***/ *Vpólgolossa* [A meia-voz], de 1928.

A partir de 1928, com o fechamento do selo Úzel, pelo qual publicava desde 1925, fica cada vez mais isolada e deprimida. Dedica-se principalmente à tradução, em especial de poemas de Charles Baudelaire e romances de Marcel Proust. Em 1930, a ópera *Almast*, de Aleksandr Spendiarian, a convite do qual ela compusera o *libretto* em 1918, é por fim apresentada, com grande sucesso, no Teatro Bolchói.

Com o passar dos anos, sua saúde fica cada vez mais frágil, até culminar em um ataque fatal do coração, na manhã de 26 de agosto de 1933. A poeta estava acompanhada da amiga e protetora de longa data, a matemática Olga Tsuberbiller, e de seu último amor, a física Nina Vedienéieva. Seu primeiro poema foi publicado em 1906 e o último saiu uma semana depois de sua morte.

(Por Paula Vaz de Almeida.)

DIAS DA LÍRICA RUSSA*

Oh, neste teste tão severo
Na última funesta luta
Não sejas traidora de si
E justifica-te perante Deus.

TIÚTCHEV

Tanto nos períodos pacíficos da história quanto nos conturbados, o ser humano é um eterno devedor diante de Deus, e a obra de toda a humanidade em todas as esferas da alma foi, é e será o pagamento dessa longa dívida. O nível da solvência espiritual na balança da eternidade se verifica no apreço mundial, nacional e individual de uma personalidade. O Deus-Filho saldou de Deus-Pai a dívida de todo o mundo. O gênio humano é Púchkin. No período tão breve dado a ele, foi a dívida de um povo inteiro. Todo ser espiritual deve, na medida de suas forças, retribuir a Deus o que foi por Ele dado e não contar com o fato de que terceiros saldem o que não foi pago. Não cabe a nós, mas à história, determinar o lugar dos sacerdotes na eterna escada dos que retribuíram. Todos somos apenas ceifeiros nesta colheita eterna. A verificação da alegria da alma é o assunto de cada uma de nossas consciências, e atrás do véu, oculta de todos, exceto do Grande Espectador, a cada dia, a cada momento, se desenrola a tragédia do destino individual da personalidade. Mas há momentos – e eles são periódicos na história – em que esse espectador se transfere do bastidor íntimo para a arena do mundo; momentos de uma imensa verificação da alma, quando se resume a insustentabilidade dos caminhos do espírito, da ideologia não apenas da vida, mas de uma geração, não da personalidade, mas das classes sociais. As revoluções, com esse turbilhão que varre tudo que é obsoleto, fazem irromper

---

* Tradução de Rafael Frate. (N. E.)

novas fontes, alçam a novas alturas, escancaram novos abismos e, por conseguinte, o povo que a vive e, em parte, cada um de nós abre um novo crédito com Deus. Por esse crédito, fazemos uma nova dívida diante d'Ele. Diante de cada pessoa espiritualmente viva, das criativas particularmente, com uma agudeza maior que nunca, agora se impõe a pergunta: com que retribuirei, como retribuirei e, até mesmo, será que retribuirei? Esse é o punhal sobre a consciência de cada um de nós.

A que se dirigir senão à lírica, a língua direta do sentimento, para a corroboração de nossas próprias esperanças e expectativas?

Nunca nos soou tão perturbador o elevado poema de Tiútchev sobre a palavra:

> Oh, neste teste tão severo
> Na última funesta luta
> Não sejas traidora de si
> E justifica-te perante Deus.

Como pode a palavra se justificar perante Deus? O tempo da luta desesperançada sobre a forma e o conteúdo está acabado. O período da prematuridade poética de Nadson, que definiu sua relação com a forma pelo ingênuo bordão "de qualquer modo", bem como o período de florescimento da maestria versificatória, de Briússov até nossos dias, que retrabalhou brilhantemente as possibilidades formais da poesia, na prática nos mostraram que estão igualmente mortas – sobre o que quer que se fale – tanto a palavra dita de qualquer modo quanto a palavra que não diz nada, seja qual for o modo em que ela tenha sido dita.

Mas quais condições providenciaram a justificação divina para a palavra? São duas:

1. Quando a palavra é pronunciada não diante das pessoas, mas diante de Deus.
2. Quando ela é pronunciada no último momento.

No momento da última madureza, rompe-se o botão verde, amontoando a folhagem primaveril. Ele aparece porque não pode não aparecer naquele momento – nem um segundo antes –, quando não tem poder para suportar o cativeiro.

Assim é a palavra. Somente pode ser pronunciada aquela que não pode não ser pronunciada, somente no momento em que essa necessidade amadurece na forma da última, inelutável inevitabilidade.

A revolução, com sua trágica dinâmica, nos deu a unidade de medida concreta da tensão de cada vida, e sua voz, como um excelente diapasão, nos ajudará a verificar a pureza do som da palavra em nossa poesia.

Estrado de ferro
Cama de pinheiro
Doce é não precisar
Sentir ciúmes mais.

Me estendem os lençóis
Com soluço e oração.
Vai para onde queiras
Agora, vai com Deus.

Agora não mais fere
Teus ouvidos a voz
Agora ninguém acende
Velas até a aurora.

Conseguimos com a calma
Uns dias sem pecado
Tu choras, eu não valho
Uma lágrima sequer.[1]

Embriaguez maldita – assim define Akhmátova o amor em versos de 1918. Ao ser fermentado, o açúcar do vinho jovem se evapora, e então, nobre, privado de qualquer doçura, amadurece o vinho seco da paixão.

Da maldição do amor a sua afabilidade e sua bênção como uma "tortura na cruz", o caminho da vida e, por conseguinte, da obra de Akhmátova está traçado. Em versos de 1918, a endoidecedora sede da morte, a oração, a súplica desesperada:

---

[1] A. Akhmátova, Anno Domini MCMXXI, Петрополис/ Petrópolis.

Para que a morte do peito arranque
Para sempre essa embriaguez maldita.

Em versos de 1921, há uma obstinada vontade de vida:

Por isso no afã sem memória
Do meu coração cuidarei,
Que a morte sem esse minuto
Não posso em mim conceber.

Qual é esse minuto que se realiza como um sentido para a longa tortura da vida? Aquele em que ela diz: "Já chega, vê bem, eu também desculpei". O minuto que coroa todo o caminho da solvência da dívida. A vida para Akhmátova é a espera desse minuto, uma espera criativa. O coração espera e o espírito cria. O caminho de sua criação é sacrifical, e a estrela guia sobre ele é um testamento.

Legou-me, quando morria,
Miséria e beatitude.

A alegre perplexidade diante do enigma:

Tudo pela saudade faminta roído
Que de claro sobrou para nós?

Resolve-se com o entusiasmo da consolidação: a fonte dessa luz está na renúncia.

Para ti entreguei o primogênito
Em *retorno não desejo nada*[2]
E por isso os trapos do órfão
Eu trago como um vestido de noiva.

Indissociavelmente ligado à façanha da vida, a obra de Akhmátova ressalta seu severo caminho sacerdotal:

Para as crianças, para os vagabundos, para os amantes
As flores crescem nos campos.

---

[2] Itálico meu, A. P.

Mas as minhas são para Santa Sofia
Naquele claro dia solitário,
Quando as liturgias pronunciadas
Revoam por sobre o lindo abrigo.

O ascetismo da carne verbal do verso, a indisputável e inquestionável legalidade de sua rítmica, é a garantia da importância e de autenticidade que se completa em um poeta de assuntos espirituais. Somente em um grande fogo, e temperado pelo gelo, o aço torna-se duro, resistente. A paixão que funde esse verso é um grande fogo. A musa que o tempera é uma grande resfriadora; então, temos a gratidão divina, nós ouvimos uma palavra que verdadeiramente não se trai.

E eis aí mais um na grande trilha.[3]

O terrível cativeiro da "casinha feliz" com a matéria estelar da morte para diante dele, esgotado. Coração palpitando pela vista da cova aberta:

Ó gelo nevezinha,
Parado aí!
Transforme-se
O mercado de Smoliensk.

– e acabou.

Assim começa o caminho na severa escola da contemplação. O poeta traz um voto de desinteresse, de autoesquecimento e, enfim, a impronunciável transformação se realiza no calafrio do medo da morte cheio de amor-próprio:

[...] e tudo o que ouço,
Transformado por algum sábio milagre
Tão pesado no peito me bate
Que nem palavras nem pensamentos são necessários,
Como a uma visão espelhada eu olho
Para mim.

---

[3] V. Khodassiévitch, *Pelo caminho do grão: terceiro livro de poemas* (Moscou, Ed. Tvôrtchestvo, 1920).

A vista desse olhar refletido revela ao espírito a fonte da embriaguez eterna da contemplação depois da qual o espírito não tem mais nenhuma satisfação. Sob essa "visão espelhada", revela-se a essência de tudo que existe, a proveniência das aparições a partir de apenas um canal, e essa unidade divina Khodassiévitch saúda também no marceneiro que abre o primeiro caixão vermelho, no menino sonhador com um "sagrado sorriso sem sentido" e no macaco que foi realmente visto com inspiração:

Doces tradições de profunda antiguidade,
Aquela miserável fera no peito despertou,
E nesse momento apareceu-me a vida cheia
E pensei – coro de astros e ondas do mar
A música de órgão de ventos e esferas
Invadiu-me os ouvidos, ressoou como antes
Naquelas priscas eras.

"E a minha alma vai pelo caminho do grão.
Descendo à treva, morre e é revivida.
E tu, ó meu país, e tu o povo dele,
Morrerá e reviverá passando por este ano
Porque a sabedoria é nossa única dádiva:
Tudo que vive vai pelo caminho do grão".

A abençoada – abençoada seja – e preciosa garantia de a vítima ter sido aceita: a palavra alcança a cristalinidade da fórmula.

Na voz de Sologub sente-se aquele nobre enfraquecimento do som, que é condicionado pela distância do que fala. Nas distâncias congeladas da altura passa o fluxo que cria a vida da inspiração – "o eterno balanço balança".

Na terra querida saudosa,
Nada mais me contém para esfregar.

Para aqueles que querem prevalecer
E da vida a bênção retirar,
Deixou a minha porção
E canto uma livre canção.

Todos os direitos da felicidade da vida por um único direito do pensamento livre, da canção livre. Isso não é uma troca pacífica; é uma divisa de guerra no estandarte do sábio e do poeta. O direito à livre canção deve ser conquistado, e o caminho para a vitória desse porta-estandarte não contorna o campo ensanguentado da luta pela vida, mas sim conduz pelos lugares mais perigosos.

Eu experimentei as falsidades do destino.

Essa experiência foi alimentada pelo fogo da inspiração do último conhecimento –

Sei de uma última sabedoria
Que não tem forças esta escuridão.
Sei da verdade, acredito no milagre
E percebo em todo canto
O som calmo de forças ocultas.
O clarão de cada aparição
Que assusta as pessoas no escuro
Sem temor eu amei.

Uma amostra da sanguinidade desse amor no elemento cósmico da poesia de Sologub (ver os poemas "Как же я богат слезами"/ "Kak je ia bogat slezami" [Como eu sou rico de lágrimas] e "Не думай, что это березы"/ "Ne dúmai, tchto eto beriózy" [Não pense que isso são bétulas]), uma amostra da coragem desse amor está no enlevo místico conclamado por ele:

Sei que logo abrirei
Margens próximas à alma
Pelo jogo do mundo
Me contentarei também eu.

Em seus "Фимиамы"/ "Fimiámy" [Incensos], Sologub alcançou o cume do conhecimento, no qual a canção livre se torna um hino.

Quando falamos das palavras que não se traem na "derradeira luta funesta", não é possível contornar aquilo que Briússov fez com a palavra, ou melhor, o que a palavra fez com Briússov em *Naqueles dias**. Que aqueles a quem falta o talento do respeito se perturbem com o fato da queda de Briússov e encham-nos de exemplos do esgotamento

---

* V *Takie Dni*, livro de poemas de Briússov. (N. E.)

de sua obra. Acreditamos que a coletânea de Briússov é significativa como o último ato de uma tragédia, como o legítimo desenlace de uma paixão amadurecida. Nunca nenhuma das imagens poéticas de Briússov nos perturbou tanto quando na imagem criada por ele de si próprio como o "grande poeta", na imagem cuja criação foi a questão da vida inteira de Briússov, uma paixão que o conduziu como um herói trágico pela extensão de todos os cinco atos de sua vida. É o duelo de muitos anos com a palavra, que, finalmente, estremeceu sob a genial arremetida enérgica do criador de "Urbi et Orbi" e "Stephanos" para que, no entanto, com uma obstinação ainda maior e crescente de se opor a esse desejo embotado, ele se acabasse. Briússov não tem nada a superar: a palavra elevada, o material artístico não entra na luta com ele. Briússov não tem mais força para o chamado, e aquela palavra de uso corrente de que ele se vale agora se entrega em suas mãos, rastejando entre os dedos de um serpenteante tagarelar.

"*Quem, quem erigiu a barragem do fluxo mongol, senão tu?*" "*Num único feixe, ponha-nos, foice. Numa única base, martelo, nos forje.*" "*Na fogueira, o arbusto é supérfluo.*" "*Não, a loucura se fixa.*" "*Sino nas sombras. Sono! Sono! Protele.*" Nem vírgulas nem sinais de exclamação têm a força de quebrar a unidade métrica do verso e, ouvindo essas palavras (e há muitas delas em *Naqueles dias*), como "*quem, quem; nos--foice; martelo-nos; arbusto supérfluo; loucura se fixa; sono, sono*", parece que tais versos estão escritos em uma língua desconhecida e desagradável ao ouvido.

Depois destas palavras de César a Cleópatra,

Que se esconda sua loucura em ti, vagabunda,
César também não é novato no amor.[4]

tudo se torna simplesmente doloroso, como diante do espectador do escárnio sobre o homem, horrível como diante da vista de uma caricatura desavergonhada.

Ei-lo, o último traço de tão complexa e grandiosa compaixão. Sua terrível ironia é tão conspícua que salta aos olhos como a cauda de um diabinho se esgueirando pelo quadro. Mas será que a alma da palavra, da incorruptível, selvagem e maravilhosa palavra, pode não ser abençoada, pode não ser traidora? Não, mas a palavra é vingativa.

---

[4] Itálico meu, A. P.

Ela entrega os impostores. A palavra se vingou de Briússov, que a foi conquistando no decorrer da vida em prol de se tornar um grande poeta; contudo, ela se dá facilmente a um poeta que não medita sobre seu lugar no Parnaso e que cria seu espírito e sua vida não perante o tribunal da história da literatura, mas perante o terrível Tribunal de Deus.

Fonte: Andrei Poliánin, "Дни русской лирики"/ "Dni rússkoi líriki" [Dias da lírica russa], em F. Stepún (org.), *Шиповник. Сборник литературы и искусства/ Chipôvnik. Sbornik literatúry i iskusstva.* Moscou, n. 1, 1922, p. 158-9.

ÍNDICE ONOMÁSTICO

Aikhenvald, Iúli Issáievitch (1872--1928), crítico literário russo. 232, 233
Akhmátova, Anna Andrêievna (1889-1966), poeta acmeísta russo-soviética. Autora do célebre poema "Réquiem". 133, 215, 294-5, 300n, 135, 251
Aleksandróvski, Vassíli Dmítrievitch (1897-1934), poeta proletário soviético. 112, 113, 223
Aleksêiev, Mikhail Vassílievitch (1857-1918), um dos líderes do Exército Branco, foi voluntário no sul da Rússia. 71
Arquimedes (287 a. C.-212 a. C.), matemático, físico, engenheiro e astrônomo grego. Tido como um dos principais cientistas da Antiguidade clássica. Elaborou alguns dos mais importantes teoremas da física e da geometria elementares. 25n
Auslénder, Serguei Abrámovitch (1886-1937), escritor e crítico literário. 74
Aviértchenko, Arkádi Timofiéevitch (1881-1925), satirista e dramaturgo, teve suas publicações declaradas antissoviéticas e foi exilado. 152-3, 196-201, 206

Azef, Evno (1869-1918), socialista revolucionário que serviu de agente duplo para a polícia secreta tsarista, a Okhrana. 18
Babeuf, Grachus (1760-1797), jornalista e participante da Revolução Francesa. Foi preso em 1796 e executado no ano seguinte, por insurreição contra o regime. 212
Balmont, Konstantín Dmítrievitch (1867-1942), poeta simbolista e tradutor. 112, 232
Beloboródov, Aleksandr Gueórguevitch (1891-1938), político soviético, apoiou Trótski após a morte de Lênin. Foi preso, torturado e condenado à morte por fuzilamento. 139
Bestújev, Aleksandr Aleksándrovitch (1797-1837), poeta, dezembrista. 230, 233
Biély, Andrei (pseudônimo de **Borís Nikoláievitch Bugáiev**) (1880-1934), expoente do simbolismo russo, é autor do romance *Petersburgo*, dentre outras obras em prosa e verso. 216
Brik, Óssip Maksímovitch (1888--1945), escritor e crítico literário da vanguarda russa. 110, 245

ÍNDICE ONOMÁSTICO

Briússov, Valiéri Iákovlevitch (1873-1924), poeta simbolista, tradutor, dramaturgo e crítico literário russo. Ocupou cargos no regime bolchevique. 53, 66, 293, 298-9

Carlyle, Thomas (1795-1881), escritor, historiador e ensaísta escocês; autor, entre outras obras, de *História da Revolução Francesa*; defensor do culto aos heróis. 18

Catarina II (1729-1796), chamada Catarina, a Grande, foi imperadora da Rússia entre 1762 e 1796, liderando o Império então cada vez mais integrado à vida política e cultural da Europa. 9, 276-7

Chelgunov, Nikolai Vassílievitch (1824-1891), crítico literário e destacado militante radical antitsarismo. 233

Chingarióv, Andrei Ivánovitch (1869-1918), ministro das Finanças do governo provisório. 174, 177

Chklóvski, Viktor Boríssovitch (1893-1984), escritor e crítico literário, foi um dos principais teóricos do formalismo russo. 101, 226, 229,

Crommelynck, Fernand (1886--1970), dramaturgo belga. 111

Dan, Fiódor Ilítch (1871-1947), líder menchevique, foi preso e mandado para o exílio em 1921. 284-8

Deitch, Aleksandr Iossífovitch (1893-1972), escritor, tradutor e crítico literário. 169

Deníkin, Antón Ivánovitch (1872--1947), general do Exército Branco na Guerra Civil contra os bolcheviques. 49, 225-6

Dobroliúbov, Nikolai Aleksándrovitch (1836-1861), crítico literário e revolucionário. 232

Dostoiévski, Fiódor Mikháilovitch (1821-1881), escritor e jornalista, considerado um dos grandes romancistas de todos os tempos. Autor, entre outras obras, de *Crime e castigo*, *Os irmãos Karamázov* e *O idiota*. 9, 18, 22, 24, 33, 120

Drozdov, Vassíli Mikháilovitch (1783-1867), nome secular de Filariet, foi metropolita de Moscou e principal figura da Igreja russa entre 1821 e 1867. 119

Dukhônin, Nikolai Nikoláievitch (1876-1917), tenente-general do Império Russo e, posteriormente, do governo provisório. 167, 170, 173

Durnovó, Piotr Nikoláievitch (1845-1915), ministro do Interior de Nicolau II de 1905 a 1906. 18

Ehrenburg, Iliá Grigórievitch (1891-1967), escritor, jornalista e tradutor russo. Sua obra *Uma oração para a Rússia* expressa sua oposição aos bolcheviques. 69, 113

Eikhenbaum, Borís Mikháilovitch (1886-1959), crítico literário, representante do método formal russo. 229, 231

Einstein, Albert (1879-1955), cientista, ensaísta e socialista alemão. Tido como o fundador da física moderna, desenvolveu a teoria da relatividade, que viria a revolucionar não só a física, mas

também a ciência e a filosofia como um todo. 215, 218
Evréinov, Nikolai Nikoláievitch (1879-1953), diretor teatral e dramaturgo associado ao simbolismo russo. Autor da peça comemorativa de três anos da Revolução de Outubro, *O assalto ao Palácio de Inverno*. 202
Filossófov, Dmitri Vladímirovitch (Dima) (1872-1940), crítico literário e artista russo. 172
Fritche, Vladímir Maksímovitch (1870-1929), filólogo, enciclopedista, crítico literário e especialista em sociologia da literatura. 76, 224
Gógol, Nikolai Vassílievitch (1809-1852), considerado um dos maiores escritores russos do século XIX, é autor de *Almas mortas*, *O inspetor geral* e *O capote*, entre outros. 18, 22, 113, 119, 129
Gumilióv, Nikolai Stepánovitch (1886-1921), poeta modernista. Fundou e liderou o movimento acmeísta russo nos anos anteriores à Primeira Guerra Mundial. 44
Hardenberg, Georg Philipp Friedrich von (Novalis) (1772-1801), escritor que deu ao romantismo alemão seu maior símbolo, a flor azul, que aparece em sua obra *Heinrich von Ofterdingen*. 57
Iavórskaia, Lídia Boríssovna (1871-1921), célebre atriz de teatro russa. 70
Ibsen, Henrik (1828-1906), dramaturgo norueguês considerado o "pai do realismo". Em suas obras, carregadas de interioridade, o uso da técnica analítica acaba por subordinar ao passado o tempo presente da ação. 59, 62
Iessiénin, Serguei Aleksándrovitch (1895-1925), poeta e grande expoente do imagismo russo. Considerado o último poeta da "Rússia de madeira", bucólica e pré-revolucionária. 113
Inber, Vera (1890-1972), escritora, tradutora e poeta soviética, escreveu sobre a vida e a resistência dos cidadãos soviéticos. 67, 79
Iudénitch, Nikolai Nikoláievitch (1862-1933), general do Exército Branco. 226, 278
Jukóvski, Vassíli Andréievitch (1783-1852), poeta, é creditado como o introdutor do romantismo na Rússia e um dos grandes autores do início do século XIX. Também traduziu para sua língua materna poetas como Goethe e Byron. 119
Kaledín, Aleksiéi Maksímovitch (1861-1918), general do Exército Branco. 173
Kalmanson, Labori Guílelevitch (1901-1937), poeta e crítico literário. 110n
Kandínski, Vassíli Vassílievitch (1866-1944), pintor e teórico da arte, é reconhecido como o primeiro a criar obras puramente abstratas. 187
Kartachóv, Anton Vladímirovitch (1875-1960), ministro de Assuntos Religiosos. 171
Katchenóvski, Mikhail Trofímovitch (1775-1842), historiador, tradutor e

ÍNDICE ONOMÁSTICO

editor, foi reitor da Universidade de Moscou. 230
Katénin, Pável Aleksándrovitch (1792-1853), poeta e crítico literário. 230
Kautsky, Karl (1854-1938), político e escritor alemão, líder da Segunda Internacional. Socialista reformista, foi atacado duramente por Lênin. 270
Kázin, Vassili Vassílievitch (1898--1981), poeta soviético. 111-3, 223
Kérenski, Aleksandr Fiódorovitch (1881-1970), socialista revolucionário russo. Era primeiro--ministro do governo provisório quando este foi derrubado pelos bolcheviques. 96, 173, 275
Khodassiévitch, Vladislav Felitsiánovitch (1886-1939), poeta e importante crítico literário, presidiu o círculo de literatos russos em Berlim e depois foi nome importante da emigração parisiense. 296n, 297
Kíchkin, Nikolai Mikháilovitch (1864-1930), ministro das Ações Sociais. 171
Kogan, Piotr Semiónovitch (1872--1932), historiador e crítico literário marxista. 68, 79, 224-6
Koiranski, Aleksándr Aarónovitch (1884-1968). Escritor, artista, crítico de arte. 67
Kokochkin, Fiódor Fiódorovitch (1871-1918), um dos fundadores do Partido Constitucional-Democrático (Cadetes). 174, 176
Konoválov, Aleksandr Ivánovitch (1875-1949), ministro da Indústria e Comércio. 171, 172, 176

Kornýlov, Lavr Gueórguievitch (1870-1918), comandante em chefe do Exército russo, tornou-se um dos principais líderes do Exército Branco. 261
Kossitchkin, Feofilakt, pseudônimo usado por Aleksandr Púchkin. 20, 22, 26, 119, 136, 142, 233, 273, 292
Krylienko, Nikolai Vassílievitch (1885-1938), comissário do Povo. 167, 170
Liébedev, Pável Ivánovitch (1882--1948), cujo pseudônimo era Valerian Polianski, foi crítico, teórico e editor. Foi presidente do conselho do Proletkult e diretor do Glavlit, o órgão censor oficial soviético. 222-3, 225-6
Liérmontov, Mikhail Iúrievitch (1814-1841), poeta, escritor e pintor romântico, considerado o mais importante poeta depois da morte de Púchkin em 1837. É autor de *Um herói de nosso tempo*. 119
Lobatchévski, Nikolai Ivánovitch (1792-1856), físico russo que desenvolveu os fundamentos da geometria não euclidiana. 210
Lunatchárski, Anatóli Vassílievitch (1875-1933), comissário do Povo para a Educação até 1929. 13, 75, 79, 110-1, 128, 131, 271-3
Makkavéiski, Vladímir Nikoláievitch (1893-1920), poeta modernista e tradutor. 32
Mandelstam, Óssip Emílievitch (1891-1938) poeta e ensaísta russo ligado ao movimento acmeísta. 13, 101, 111-2, 249-51

Manúkhin, Ivan Ivánovitch (1882--1958) médico, foi membro da Cruz Vermelha. 166-8, 170-2, 175-6
Maria Fiódorovna (1847-1928), imperatriz consorte do Império Russo de 1881 a 1894. Foi esposa do tsar Alexandre III. 96
Marienhof, Anatóli Boríssovich (1897-1962), poeta, romancista e dramaturgo russo ligado à corrente imaginista. 111
Marx, Karl Heinrich (1818-1883) – filósofo, economista e político socialista alemão, desenvolveu uma ideia de comunismo ligada à sua concepção da história e a uma resoluta intervenção na luta política. Suas obras mais importantes são *O capital* e *A ideologia alemã*. 13, 130, 269
Merejkóvski, Dmitri Serguéievitch (1865-1941), marido de Zinaída Guíppius, era também poeta simbolista. 53, 117, 165, 169-70, 172, 174
Meyerhold, Vsiévolod Emiliévitch (1874-1940), ator, diretor e teórico de teatro. 110-1, 202
Miliukóv, Pável Nikoláievitch (1859-1943), político russo, foi líder do Partido Constitucional Democrata. 49, 171-2
Mstislávski, Serguei Dmítrievitch (1876-1943), cujo sobrenome verdadeiro era Maslóvski, foi escritor, editor e revolucionário ligado aos SR de esquerda. 170
Nádson, Semión Iákovlevitch (1862-1887), poeta russo. Apesar da morte precoce, sua obra foi muito popular nas décadas que precederam a Revolução. 293
Nietzsche, Friedrich Wilhelm (1844-1900), filósofo e um dos mais importantes pensadores do século XIX. Escreveu aforismos, como *Assim falou Zaratustra* (1884), estudos sobre música, como *O nascimento da tragédia no espírito da música* (1871) e o autobiográfico *Ecce homo* (1888). 56, 214, 215
Obradóvitch, Serguei Aleksándrovitch (1892-1956), poeta proletário soviético. 111
Oriéchin, Piotr (1887-1938), poeta e prosador soviético, autor de obras histórico-revolucionárias e de temática campestre. 111, 113
Orlov, Vassíli Grigórievitch (1866--1917), monarquista, membro da organização União Popular Russa de São Miguel Arcanjo. 169
Pânina, Sófia Vladímirovna (1871-1956), condessa, foi ativista política e vice-ministra da Educação no governo provisório. 172, 174
Pasternak, Borís Leonídovitch (1890-1960), poeta, romancista e tradutor soviético. Autor de *Doutor Jivago* (1957) e premiado com o Nobel em 1958. 112, 135
Pechekhónov, Alexei Vassílievitch (1867-1933), economista, jornalista, ministro de Abastecimento do governo provisório. 169
Píssariev, Dmitri Ivánovitch (1840-1868), escritor e crítico social. 225
Platão (427 a. C.-347 a. C.), pensador e fundador da Academia,

elaborou a doutrina em que as ideias aparecem como verdade das coisas, pois trata-se de verdades que a alma possui de maneira inata. Foi aluno de Sócrates, cujo pensamento elaborou, e professor de Arquimedes. 22

Podvóiski, Nikolai Ilitch (1880-1948), membro do Partido Comunista Russo, um dos organizadores do levante de outubro em Petrogrado. 168

Popov, Aleksandr Serafimóvitch (1863-1949), escritor russo, membro do grupo literário moscovita Sredá. Foi premiado com a Ordem de Lênin em 1933. 110

Púchkin, Aleksandr Serguéievitch (1799-1837), grande dramaturgo, poeta e novelista. Considerado o maior poeta russo e o fundador da literatura moderna no país. 20, 22, 26, 119, 136, 142, 233, 292

Radíschev, Aleksandr Nikoláievitch (1749-1802), escritor tido como fundador da tradição revolucionária na literatura russa. 269

Rakhmâninov, Serguei Vassílievitch (1873-1943), pianista e compositor russo. 169

Raspútin, Grigóri Efímovitch (1869-1916), místico, curandeiro e principal conselheiro do tsar Nicolau II e da imperatriz Alexandra Fiódorovna. 18, 119, 278

Rastrelli, Bartolomeo Francesco (1700-1771), de origem italiana mas nascido na França, foi o arquiteto de importantes palácios russos. 93, 276

Rázin, Stepan (1630-1671), líder cossaco que conduziu uma rebelião entre 1670 e 1671, a maior e mais importante do período anterior a Pedro, o Grande. 136

Rodziánko, Mikhail Vladímirovitch (1859-1924), marechal, deputado na Duma, figura importante entre as revoluções de 1905 e 1917. 119

Románov, Aleksandr Aleksándrovitch (1845-1894), coroado Alexandre III, foi o tsar russo de 1881 até sua morte. Grande conservador, governou de acordo com preceitos de ortodoxia e autocracia. 80, 277

Románov, Aleksandr Nikolayevich (1818-1881), coroado tsar Alexandre II da Rússia em 1855, é conhecido por suas reformas liberais e modernizantes. 96, 277

Románov, Aleksandr Pávlovitch (1777-1825), coroado Alexandre I, foi tsar entre 1801 e 1825. 276-7

Románov, Nikolai Aleksándrovitch (1868-1918), coroado como Nicolau II, foi executado ao lado de toda a família pelos revolucionários. Foi o último tsar da Rússia. 139, 171, 278

Románov, Nikolai Pávlovitch (1796-1855), coroado imperador Nicolau I da Rússia em 1825, reinou até sua morte. 277

Salikóvski, Oleksander (1866-1925), jornalista e político. 76

Sávinkov, Borís Víktorovitch (1879-1925), revolucionário e ativista político russo. 173

Schneur, Vladímir Konstantínovitch (s.d.-s.d.), oficial hussardo que

participou de ações militares ao lado dos bolcheviques. 170-1, 174
Schopenhauer, Arthur (1788-1860), filósofo alemão alcunhado "o filósofo do pessimismo". Desenvolveu uma doutrina metafísica da vontade em reação quase imediata ao idealismo hegeliano. Foi grande influenciador do existencialismo e da psicologia freudiana. 214
Scriábin, Aleksandr Nikoláievitch (1872-1915), compositor de peças para piano e orquestra. 103
Semáchko, Nikolai Aleksándrovitch (1874-1949), médico e Comissário do Povo para a Saúde de 1918 a 1930. 284
Severiánin, Igor Vassílievitch (1887-1941), poeta egofuturista. 113
Sócrates (c. 469-399 a. C.), pensador ateniense considerado um dos fundadores da filosofia ocidental, conhecido sobretudo por meio dos escritos de Platão. 28
Sologub, Fiódor Kuzmitch, era o pseudônimo de Fiódor Kuzmítch Tetiérnikov (1863-1927), escritor e poeta simbolista. Autor de *O diabo mesquinho*. 170, 216, 297-8
Stolýpin, Piotr Arkádievitch (1862-1911), presidente do Conselho de Ministros de Nicolau II de 1906 a 1911. 18
Sukhánov, Nikolai Nikoláievitch (1882-1940), nascido Himmer, foi um revolucionário e economista russo, líder menchevique--internacionalista. 166-7

Tchékhov, Anton Pávlovitch (1860-1904), médico, dramaturgo e escritor, é tido como mestre do conto moderno e grande representante da escola realista russa do fim do século XIX. 32, 216
Tchernóv, Viktor Mikháilovitch (1873-1952), um dos líderes do SR, foi ministro da Agricultura durante o governo provisório e presidente da Assembleia Constituinte. 49, 174-5
Tchernychévski, Nikolai Gavrílovitch (1828-1889), jornalista radical e democrata revolucionário, publicou o famoso escrito *O que fazer?* e teve influência sobre Lênin, Emma Goldman e a geração revolucionária russa. 269
Tchírikov, Evguéni Nikoláievitch (1864-1932), romancista, dramaturgo, ensaísta e jornalista. 76-7
Tchukóvski, Kornéi Ivánovitch (1882-1969), crítico e tradutor, autor de diários importantes e escritor de literatura infantil muito popular na Rússia. 48-9
Teriéschenko, Mikhail Ivánovitch (1886-1956), ministro do Interior. 171
Tiútchev, Fiódor Ivánovitch (1803-1873), diplomata, homem de Estado ligado ao pan-eslavismo e poeta célebre. Traduziu para o russo obras de Schelling e Heine. 20, 66, 174n, 292, 293
Tolstói, Liev Nikoláievitch (1828--1910), escritor, é considerado um dos maiores nomes da literatura

ÍNDICE ONOMÁSTICO

russa e universal. Autor dos clássicos *Guerra e paz* e *Anna Kariênina*. 22, 24, 85, 120, 216
Tretiakóv, Serguei Nikoláievitch (1882-1943), dirigente do Conselho Econômico do governo provisório. 171
Tseretéli, Irákli Gueórguievitch (1881-1959), líder menchevique, foi brevemente ministro do Interior no governo provisório. 176
Ukhtômski, Aleksandr Aleksêievitch (1873-1937), conhecido como Arcebispo Andréi, foi um dos líderes da Igreja ortodoxa russa durante o período revolucionário. 120
Viázemski, Piotr Andréievitch (1792-1878), poeta do círculo de Púchkin. 230, 233
Wagner, Richard (1813-1883), teórico, compositor e maestro, foi grande influenciador do curso da música ocidental. Dentre suas obras mais famosas estão as óperas *Tristão e Isolda* e *A Valquíria*. 58-9

Weismann, August Friedrich Leopold (1834-1914), autor da teoria segundo a qual somente as células germinativas transmitem mutações de geração para geração. 212
Wilde, Oscar (1854-1900), célebre poeta, dramaturgo e ensaísta irlandês, representou o movimento esteticista, que advogava a "arte pela arte". Ganhou reputação sobretudo por seu único romance, *O retrato de Dorian Gray*. Foi objeto de processos envolvendo sua homossexualidade, que terminaram em sua prisão. 74
Witte, Serguei Iúlievitch (1849-1915), ministro das Finanças de 1892 a 1903 e presidente do Conselho de Ministros de Nicolau II de 1905 a 1906. 18
Zlatovrátski, Nikolai (1845-1911), escritor ligado ao movimento populista e especializado em narrativas sobre a vida camponesa. 232

SOBRE O ORGANIZADOR

Bruno Barretto Gomide é professor livre-docente de literatura russa na Faculdade de Filosofia, Letras e Ciências Humanas da Universidade de São Paulo (FFLCH-USP). Doutor em literatura comparada pela Universidade Estadual de Campinas (Unicamp), com estágio Capes na Universidade da Califórnia, em Berkeley, foi pesquisador-visitante no Instituto Górki de Literatura Mundial (IMLI), em Moscou; no Púchkinski dom, em São Petersburgo; e nas Universidades de Glasgow, Londres, Harvard e Berkeley. É criador e coordenador do grupo de literatura russa da Associação Brasileira de Literatura Comparada (Abralic). Publicou, entre outros, *Da estepe à caatinga: o romance russo no Brasil, 1887-1936* (Edusp, 2011), *Nova antologia do conto russo* (Editora 34, 2011) e *Antologia do pensamento crítico russo* (Editora 34, 2013).

Sobre os autores dos textos de capa
Martín Baña é doutor em história pela Faculdade de Filosofia e Letras da Universidade de Buenos Aires, onde atua como professor de história da Rússia. É também professor da Universidade Nacional de San Martín e pesquisador do Conselho Nacional de Investigações Científicas e Técnicas (Conicet), ambos em Buenos Aires.

Tiago Pinheiro é doutor pelo departamento de teoria literária e literatura comparada da Universidade de São Paulo (USP), com estágio na Universidade de Buenos Aires, e pós-doutorando na Universidade Estadual de Campinas (Unicamp).

OUTRAS PUBLICAÇÕES DA BOITEMPO

O ano I da Revolução Russa
VICTOR SERGE
Orelha de **Daniel Bensaïd**
Apresentação de **David Renton**

Guerra e revolução: o mundo um século após Outubro de 1917
DOMENICO LOSURDO
Tradução de **Ana Maria Chiarini** e **Diego Silveira Coelho Ferreira**
Orelha de **Antonio Carlos Mazzeo**

O homem que amava os cachorros
LEONARDO PADURA
Prefácio de **Gilberto Maringoni**
Orelha de **Frei Betto**

Manifesto Comunista/Teses de abril
KARL MARX E FRIEDRICH ENGELS/
VLADÍMIR ILÍTCH LÊNIN
Com textos introdutórios de **Tariq Ali**

Margem Esquerda 28 (Dossiê: 100 anos da Revolução Russa)

Mulher, Estado e revolução: política da família Soviética e da vida social entre 1917 e 1936
WENDY GOLDMAN
Prefácio de **Diana Assunção**
Orelha de **Liliana Segnini**
Coedição: **ISKRA**

Às portas da revolução: escritos de Lenin de 1917
SLAVOJ ŽIŽEK E VLADIMIR LENIN
Orelha de **Emir Sader**

A revolução das mulheres: emancipação feminina na Rússia soviética, v. 1: artigos, atas panfletos, ensaios
GRAZIELA SCHNEIDER URSO (ORG.)
Orelha de **Daniela Lima**
Quarta capa de **Wendy Goldman**

A Revolução de Outubro
LEON TRÓTSKI
Inclui artigo "Os sovietes em ação", de **John Reed**
Orelha de **Emir Sader**

Teoria geral do direito e marxismo
EVGUIÉNI B. PACHUKANIS
Apresentação de **Alysson Leandro Mascaro**
Prefácio de **Antonio Negri**
Posfácios de **China Miéville** e **Umberto Cerroni**

BARRICADA
Laika (HQ)
NICK ABADZIS

BOITATÁ
O que eu vou ser quando crescer? (infantil)
VLADÍMIR MAIAKÓVSKI

Selo russo de 1968 reproduzindo cartaz com propaganda soviética, de 1939, no qual camponês beija soldado do Exército de Libertação. No texto se lê: "'Nosso exército é um exército que liberta os trabalhadores', assinado J. Stálin".

Publicado em setembro de 2017 – ano que marca o centenário da Revolução Russa, que derrubou o tsarismo, deu o poder aos sovietes e levou à construção da URSS –, este livro foi composto em New Baskerville, corpo 10,1/12,12, e impresso em papel Avena 80 g/m² na gráfica Rettec, para a Boitempo Editorial, com tiragem de 2 mil exemplares.